P. JOSEPH-MARIE VERLINDE · DIE VERBOTENE ERFAHRUNG

P. Joseph-Marie Verlinde

Die verbotene Erfahrung

vom Ashram ins Kloster

Vorwort von
Mgr. ANDRÉ-MUTIEN LÉONARD
Bischof von Namur

Bibliografische Information der Deutschen Bibliothek
Die Deutsche Bibliothek verzeichnet diese Publikation in der Deutschen Nationalbibliografie; detaillierte bibliografische Daten sind im Internet über http://dnb.ddb.de abrufbar.

ISBN 3-935189-12-5

Aus dem Französischen übersetzt von Christine und Elmar Bachhuber

Titel der Originalausgabe
„L'Expérience Interdite"
Père Joseph-Marie Verlinde

Hochaltingen, St.-Ulrich-Straße 4, D-86742 Fremdingen
Gestaltung & Produktion: Gernot Stuchlik UAC
Gesamtherstellung: Druckerei Steinmeier, Nördlingen

Inhaltsverzeichnis

Spät hab ich Dich geliebt,
Du Schönheit, ewig alt und ewig neu!
Spät hab ich Dich geliebt,
Und siehe, Du warst innen
Und ich war draußen
Und da suchte ich nach Dir.
Und auf das Schöngestaltete,
das Du geschaffen, warf ich mich,
Selber eine Missgestalt.
Du warst bei mir, ich war nicht bei Dir.

Augustinus[1]

1 Bekenntnisse, Buch X, Kösel-Verlag München, 2. Auflage 1960,
Übersetzung Joseph Bernhart

Vorwort

Das vorliegende Buch von Joseph-Marie Verlinde habe ich geradezu verschlungen. Ich kannte den Autor bereits aus unserer gemeinsamen Zeit an der Universität von Lourain, wo ich seine Doktorarbeit begleitete. Ich wusste damals zwar, dass er Priester war; keine Ahnung aber hatte ich von dem Weg, den er vorher gegangen war. Es war dies ein Weg, der ihn durch Hinduismus und Buddhismus, durch Yoga und New Age geführt hatte. Dass er über diesen Lebensabschnitt nicht gesprochen hatte, ist auf sein selbstauferlegtes Verschwiegenheitsgebot zurückzuführen, auf das er im autobiographischen Teil dieses Buches zurückkommt. Bei dessen Lektüre habe ich sowohl das pädagogische Gespür als auch die naturwissenschaftliche, philosophische und theologische Denkschärfe des Verfassers wiederentdeckt, die ich bereits seinerzeit an dem Studenten schätzte und woran der Leser dieses außergewöhnlichen Buches seine helle Freude haben wird.

Dem christlichen Glauben und dem Hinduismus/Buddhismus ist gemeinsam, dass sie Wert legen auf die innere Sammlung und jede Zerstreuung meiden, die von den Nichtigkeiten der Welt ausgeht. Während aber die östlichen Weisheitslehren nur ins eigene Innere führen wollen, und zwar mit dem Ziel, den Kern der Person in eine undifferenzierte Leere aufzulösen, geht der Christ den Weg ins Innere in der Absicht, dort eine immer engere Beziehung mit seinem Herrn eingehen zu können. Der Herr ist es ja, der ihn einlädt, sich IHM in Liebe zu verbinden und so selbst zur vollen Entfaltung zu kommen.

Diesen Gedanken formuliert der hl. Augustinus so: *Ab exterioribus ad interiora et ab interioribus ad superiora.* Es geht einfach darum, den Bereich der äußeren Zerstreuung zu verlassen und in das Innere, in das je eigene persönliche Heiligtum, einzutreten. Dabei gilt es jedoch, dort den unendlich liebenswerten und anbetungswürdigen Herrn zu finden, der zugleich unendlich erhaben ist über die Welt und unser Ich, und der in Jesus gekommen ist, diese Welt zu retten und unsere Herzen zu verwandeln.

In einer sehr einfachen Sprache, behutsam und fein differenzierend, analysiert J.-M. Verlinde die Weisheitslehren des Orients und konfrontiert sie mit der Wahrheit Christi.

Er greift damit ein ganz wesentliches Thema unserer Zeit auf, ohne sich mit ihm nur auf akademischer Ebene auseinander zu setzen. Vielmehr hat der Autor das Problem in der Tiefe seiner Seele und seines Körpers durchlebt. So kann er uns ein lebendiges Zeugnis und zugleich das Ergebnis höchst anspruchsvoller gedanklicher Arbeit vorlegen.

Sehr angerührt war ich von den Zeilen, in denen der Verfasser erzählt, wie das Licht der Liebe Christi, wie das Erbarmen Jesu sein Herz neu und unvermittelt und – wie er hofft – für immer durchströmt und rein gemacht hat, und wie er bittere Tränen weinte ob all der Treulosigkeiten in seinem bisherigen Leben. So wird es Jesus wohl machen, wenn er in Herrlichkeit wiederkommt: er wird die Herzen derer, die ihn nie erkannten und derer, die ihn verkannten, in eine solche Gewissheit seiner Gegenwart eintauchen, dass sich alle mit der ganzen Spontaneität ihres Wesens der demütigen Majestät der Liebe zu Füßen werfen, einer Majestät, die von Ewigkeit her geliebt hat und die so lange auf unsere Gegenliebe hat warten müssen. *Spät erst habe ich dich geliebt, dich so alte und so neue Schönheit; spät erst habe ich dich geliebt (Augustinus).*

Das vorliegende Buch wird viel Gutes stiften. Deshalb wird es auch auf heftige Kritik stoßen. Es wird die Herzen anrühren, vor allem die Herzen junger Menschen. Denn es ist mit hoher wissenschaftlicher Kompetenz geschrieben, vor allem aber mit dem Blut der gelebten Erfahrung. Mich hat seine Lektüre erschüttert. Als ich auf der letzten Seite angelangt war, musste ich an die Worte Paul Claudels denken, die mir als Jugendlichem in meinem intellektuellen Suchen den Weg wiesen: *Sei gepriesen, mein Gott, Du hast mich von meinen Götzen befreit und bewirkst, dass ich Dich allein anbete und nicht Isis oder Osiris oder die Gerechtigkeit oder den Fortschritt oder die Wahrheit oder die Göttlichkeit oder die Menschlichkeit oder die Naturgesetze oder die Kunst oder die Schönheit ... und du hast nicht zugelassen, dass all das sei, was nicht ist oder nur Leere ist, wenn du nicht gegenwärtig bist. Ich weiß, Du bist nicht der Gott der Toten, sondern der Lebenden ... Herr, ich habe Dich gefunden. Wer dich findet, in dem ist kein Raum mehr für den Tod.*"

Monsignore André-Mutien LÉONARD
Bischof von Namur (Belgien)

Einleitung

Père Joseph-Marie Verlinde, Sie stehen im Verdacht, in alle nur möglichen Wissensgebiete „Ihre Nase hineinzustecken". Erkennen Sie sich in diesem Bild wieder?

Wenn man als jemand bezeichnet wird, der „überall seine Nase hineinsteckt", so ist das niemals schmeichelhaft. Freilich, wenn ich auf meinen bisherigen Lebensweg zurückblicke, muss ich zugeben, dass die einzelnen Etappen, die ich entschlossen und radikal angegangen bin, doch sehr unterschiedlich waren. Zweifellos entspricht diese Haltung meinem Temperament. Ich glaube allerdings auch, dass die Epoche der kulturellen Umwälzungen, in der ich ein Suchender war, dabei eine Rolle spielte. Die 60er-Jahre waren eine Zeit, in der alles allenthalben in Frage gestellt wurde; eine Zeit, die die Sinnfrage in beunruhigender Weise neu aufwarf – was ja vor allem immer dann geschieht, wenn die Gültigkeit traditioneller Antworten auf diese Frage angefochten wird.

Was kann ich wissen? Was kann ich damit anfangen? Auf welches Ziel hin? Diese drei Fragestellungen, die ich später in einer philosophisch ausgereifteren Formulierung bei Immanuel Kant[1] wiederfinden sollte, ließen mich nicht mehr los. Damals allerdings war es eher existenzielle Unruhe als intellektuelle Neugier, die mich auf meiner Suche vorantrieb. Es drängte mich zu verstehen, wer ich war, was ich von diesem mir anvertrauten Leben erwarten durfte und was das Leben seinerseits von mir erwartete. Ich muss zugeben, dass ich bei all dem leidenschaftlichen Forschen nicht immer genug Urteilsvermögen hatte, um Fallstricken und Irrwegen zu entgehen – ich denke da vor allem an mein vorübergehendes Verstricktsein in Esoterik und Okkultismus. Daher möchte ich mit meinem Zeugnis in erster Linie meinem Gott ein

---

1 „Was kann ich wissen, was muss ich tun, was darf ich hoffen?" Diese drei Fragen geben dem transzendentalen Idealismus Kants (1724-1804) Orientierung und Struktur.

Danklied singen dafür, dass ER so lange mit mir Geduld hatte und sich so barmherzig an mir erwies. Es gilt, an der Seite dieses „Sinnsuchers", dem es mitunter am rechten Überblick fehlte und dessen Lebensweg wir verfolgen wollen, den Guten Hirten auszumachen, der verborgen gegenwärtig ist und immer Acht gibt auf sein Schaf, gerade dann, wenn es sich verirrt.

Ihr Weg ist in der Tat zumindest ungewöhnlich: Im Alter von 21 Jahren bereits Doktor der Naturwissenschaften und mit einem Forschungsauftrag des F.N.R.S.[2] am Beginn einer steilen Karriere, geben Sie diese auf, um Schüler eines hinduistischen Gurus*[3] zu werden. Zurück in Europa empfangen Sie okkulte Weihen und werden Anhänger von New Age. Heute leben Sie ein gottgeweihtes monastisches Leben und sind Priester Jesu Christi.
Lassen Sie uns diesen Weg kurz überblicken, bevor wir auf Einzelheiten zu sprechen kommen. Gleich zu Beginn eine Frage nach Ihrer Herkunft. Sie sind in Belgien geboren?

Richtig. Genauer gesagt in Flandern, in einer Stadt, die an der „Sprachgrenze" liegt und mir damit vollkommene Zweisprachigkeit bescherte – im Hochsommer des Jahres 1947, das ausgezeichneten Wein hervorgebracht haben soll.

Sie haben Ihre Schullaufbahn früh angetreten und sie rasch und erfolgreich beendet?

Aufgrund bestimmter Umstände und einer von meinen Eltern getroffenen Entscheidung.
Deshalb konnte ich im Alter von 16 Jahren an die Universität von Gand gehen und als 20-Jähriger das Studium der Naturwissenschaften mit Auszeichnung abschließen. Ein Stipendium des F.N.R.S. ermöglichte es mir, eine Dissertation auf dem Gebiet der

---

2 Fonds National de Recherche Scientifique (Belgique)

*3 Die mit Sternchen * bezeichnen Begriffe, sind im Glossar ab Seite 215 des Buches in alphabetischer Reihenfolge jeweils mit einer kurzen Definition zu finden.*

analytischen Chemie zu erstellen, und zwar im Labor für Nuklearchemie an der besagten Universität. In dieser Zeit, als ich mit wissenschaftlicher Forschung befasst war, machte ich Bekanntschaft mit New Age.

New Age – ein Wort in vieler Munde. Was genau muss man sich unter dieser Bewegung vorstellen?

New Age ist ziemlich schwierig zu definieren, weil alle Bereiche der Kultur davon betroffen sind. Man könnte New Age als einen Gattungsbegriff ansehen, unter dem sich die Gesamtheit der neuen Denkströmungen zusammenfassen lässt, die den Eintritt der Menschheit in eine neue Phase ihrer Entwicklung ankündigen und auch vorbereiten soll, und zwar zeitlich parallel zum Eintritt unseres Planeten in das astrologische Zeichen des Wassermannes.

Wie wird man Anhänger des New Age?

Heutzutage aus freiem Entschluss. Man schließt sich dieser Bewegung an, weil man glaubt, so auf viele Bedürfnisse und Fragen eine Antwort zu finden. Aber was heute bereits eine relativ strukturierte und geeinte Bewegung ist, war vor etwa 30 Jahren, als ich zu dieser Bewegung stieß, nichts anderes als eine Vielzahl einzelner, unzusammenhängender Behauptungen, die man sehr häufig originell, ja extravagant fand.

Ich kam auf dem Umweg über fernöstliche Meditationsweisen dazu, die damals die westliche Welt zu überschwemmen begannen; genauer gesagt, durch die Transzendentale Meditation (TM) , die von dem Guru Maharishi Mahesh Yogi begründet wurde. In diese Meditationstechnik, die zur *vedantischen** Tradition des Hinduismus gehört, bin ich eingeweiht worden. Sie stellte sich dar als eine einfache, leicht erlernbare und effektive Methode für alle, die zu höheren Bewusstseinszuständen gelangen wollten, und diese Zustände sollten ihrerseits zur vollen Verwirklichung des eigenen Selbst führen. Soweit ich mich erinnere, war das im Jahr 1969.

Brachten Sie irgendwelche persönlichen Voraussetzungen mit für diesen Weg?

Nicht mehr und nicht weniger als die Tausende von jungen Menschen, die damals wie heute der Verlockung erliegen, sich auf „die Reise nach innen" zu machen, sei es mittels östlicher Initiationen oder esoterischer Schulen oder sogar halluzinogener Drogen.

Nachdem Sie die Bekanntschaft des Gurus gemacht hatten, ließen Sie alles hinter sich: Forschung, Familie, Heimatland?

Den Guru lernte ich erst später kennen. Erstmals eingeweiht wurde ich in Belgien. Dort habe ich damit begonnen, diese Technik intensiv, ja exzessiv zu praktizieren. Bald hatte sich mein Befinden so sehr verändert, dass ich meiner Verantwortung im Labor, in dem ich arbeitete, nicht mehr gerecht werden konnte. Ich war gezwungen, eine Auszeit zu nehmen und entschloss mich, den berühmten Maharishi aufzusuchen, der sein Hauptquartier damals in Spanien hatte. Da er Wissenschaftlern gegenüber sehr aufgeschlossen war, empfing er mich wohlwollend. Zuerst veranlasste er mich, die Technik noch intensiver zu praktizieren, weil die Schwierigkeiten, unter denen ich litt, angeblich auf die Lockerung tiefsitzender Spannungen zurückzuführen waren.

Nach dieser Zeit der „Reinigung" schlug er mir vor, selber Initiationskurse durchzuführen, und bildete mich entsprechend aus.

Sie sind also bei ihm geblieben?

Nicht sogleich. Ich muss gestehen, dass ich ihn damals gefragt habe, ob ich bleiben könne. Er lehnte aber ab. Er verlangte von mir, zuerst meine Dissertation fertig zu stellen; wenn sie angenommen sei, könne ich zu ihm zurückkommen.

Welches Interesse mag ein indischer Guru daran haben, sich mit Wissenschaftlern zu umgeben?

Mir scheint, Maharishi hatte eine echte Sympathie für Wissenschaftler. Dem Vernehmen nach hatte er selber an der Universität von Allahabad Mathematik gelehrt, bevor er in einer Höhle von Uttar Kashi, dem Tal der Heiligen des Himalaya, als Einsiedler lebte. Was das Interesse anbelangt, das ihn dazu veranlasst haben mochte, Leute aus der Wissenschaft um sich zu sammeln: ich würde sagen, es lag ganz einfach an der Glaubwürdigkeit der Technik. Wir stellten Garanten der Glaubwürdigkeit der TM dar. Wenn selbst Wissenschaftler sich für sein, Maharishis, Angebot interessierten, dann musste TM doch wohl gut fundiert sein.

Er hat Sie also dazu ermutigt, an die Universität zurückzukehren. Wie ging das vor sich?

Nicht problemfrei. Ich hatte ja meine Wahl bereits getroffen und wollte den eingeschlagenen spirituellen Weg auch zu Ende gehen. Ich blieb auf der Suche nach der Erfahrung der „Erleuchtung", von der ich immerhin schon einen „Schimmer" wahrgenommen hatte. Dennoch konnte ich, obgleich ich an den Abenden Kurse in Meditation gab, meine akademischen Arbeiten zu Ende führen. Meine Dissertation wurde 1971 angenommen.

Mit dem Diplom in der Hand sind Sie sodann zum Guru zurückgekehrt?

So war es. Er hat mich ohne Umschweife in die Leitung der von ihm gegründeten Bewegung berufen. Ich sollte TM bekannt machen und für ihre Verbreitung sorgen. Da ich mich aber mehr für die spirituelle als für die administrative Dimension von TM interessierte, bat ich ihn sehr bald, mich zu seinem „Jünger", man könnte auch sagen: zu seinem Privatsekretär zu machen. Dabei war es von vornherein klar, dass die Nähe des Meisters für mich den spirituellen Wert darstellte. Nach kurzer Überlegung willigte er ein. Von da an begleitete ich ihn auf allen seinen Reisen und zog großen Nutzen aus seinen Lehren und den Begegnungen, die er in aller Herren Länder hatte. Von besonderem Vorteil für mich waren die mehrmaligen vorübergehenden Aufenthalte in den *ashrams** des Himalaya, wo Maharishi selber Schüler seines Meisters, Guru Dev, gewesen war.

Kann man diese Ashrams mit unseren Klöstern vergleichen?

Wenn man so will. Aber es ist ein klösterliches Leben, das viel weniger strukturiert ist als das Leben in christlichen Klöstern des Westens. Es handelte sich dabei um ein Ensemble von kleinen, eher bescheidenen Bungalows, um das Haus des Meisters herum angelegt, in einsamer Gebirgslandschaft, inmitten einer üppigen Vegetation. Die Tage verliefen im Wechsel von persönlicher Meditation, Begegnungen mit dem Meister und vielerlei Formen von Unterweisung. Für mich war es eine sehr wertvolle Zeit, in der ich sowohl den theoretischen Aspekt der Meditation – also alles was zur Philosophie und Religion gehörte – als auch deren Praxis vertiefen konnte. Zu letzterer gehörten übrigens auch zusätzliche Übungen wie Körperhaltungen und Atembeherrschung, ohne dass man den rituellen Aspekt vergessen durfte, der in den *ashrams* sehr betont wird.

Sind Sie mehrere Jahre dort geblieben?

Nein. Denn den Guru hielt es nicht lange an einem Ort. Ich glaube, ich musste mit ihm zweimal die Erde umkreisen, mit wiederholten Aufenthalten in Indien, und zwar in den eben genannten *ashrams*.
Aber diese relativ kurzen Aufenthalte erlaubten es mir, das wirkliche Gesicht des Hinduismus zu entdecken, nicht nur das sehr verwestlichte Bild, das Gurus von ihm zeichnen, sobald sie aus ihrem Kulturkreis heraustreten.

Hat das wahre Gesicht des Hinduismus Sie enttäuscht?

Keineswegs. Ich wollte die Möglichkeiten dieser Erfahrung vollständig ausschöpfen. Ich hatte ganz bewusst „die Brücken hinter mir abgebrochen“ und dachte nicht mehr an Rückkehr. Der Guru nahm mich sogar in den Kreis der *brahmacharya* auf, die eine der beiden monastischen Lebensformen des Hinduismus repräsentieren: ein gänzlich unerwartetes Ereignis, das mein Lebensschiff schwer ins Schlingern brachte. Wenn Sie so wollen, war es eine der Initiativen, die Jesus ergriff, um mich spontan an seine Gegenwart zu erinnern und mich, der ihn immer verleugnet hatte, seiner treuen Liebe zu versichern.

Jesus Christus, ist er Ihnen im Ashram begegnet?

So würde ich es nicht sagen. Eher so: er gab mir zu verstehen, dass er immer noch auf mich wartete. Ich wurde gewahr, dass der, den ich am anderen Ende der Welt, in einer mir fremden Tradition suchte, geduldig darauf wartete, dass ich ihn doch erkennen und aufnehmen wollte. Es war eine Begegnung, ebenso erschütternd wie unerwartet. Sie tauchte mich tief in die unendliche Barmherzigkeit unseres Gottes ein und erlaubte es mir, Jesus Christus wieder zu meinem Herrn und Retter zu erwählen.

Wie lange waren Sie nun tatsächlich bei diesem Guru?

Lassen Sie mich nachrechnen. Mit 22 Jahren werde ich in die TM eingeführt, ein Jahr später treffe ich den Guru; ein Jahr später, als meine Dissertation angenommen ist, werde ich sein „Jünger“: da bin ich 24; ich trenne mich von ihm mit 27. Also war ich drei Jahre lang an seiner Seite.

Nach dieser Begegnung mit Jesus – haben Sie da den Guru verlassen, um in die Kirche zurückzukehren?

Leider ist das alles nicht so einfach. Zurück in Europa, wusste ich anfangs nicht recht, wie ich mit den so intensiven Erfahrungen der letzten Jahre umgehen sollte. Wen könnte ich um Hilfe bitten bei dem Versuch, das alles in meine Geschichte zu integrieren: einerseits all die Erlebnisse in und mit dem Hinduismus, andrerseits die

Begegnung mit dem Herrn Jesus, die mich völlig aus den Angeln gehoben hatte?
Mich an einen Vertreter der Kirche zu wenden wagte ich nicht – ich war ihr schon zu lange fern. Vielleicht auch sprach ich ihnen die Fähigkeit ab, mich zu verstehen.
Deshalb suchte ich Kontakt mit Leuten, von denen ich mir mehr Hilfe bei meinem Suchen nach Klarheit versprach. Sie schienen über bestimmte hinduistische Vorstellungen Bescheid zu wissen, zugleich aber nahmen sie auch Bezug auf die Evangelien. So vertraute ich ihnen, ohne zu ahnen, dass ich mich damit in die Einflusssphäre esoterisch-okkulter Schulen begab. Ich schloss Freundschaft mit einem „Naturheiler", der wegen der wichtigen Rolle, die er bei meiner Konversion gespielt hatte, mein ganzes Vertrauen genoss. Im Umgang mit ihm entdeckte ich, dass die östlichen Techniken in mir sehr starke mediale Fähigkeiten * entwickelt hatten. Er wiederum regte an, ich solle diese Fähigkeiten nicht brachliegen lassen, sondern die okkulten Kräfte, zu denen ich so leichten Zugang hatte, doch nutzen.

Wenn ich Sie recht verstehe, so haben Sie sich nach Ihrem Initiationsweg in Indien auf esoterische Schulen eingelassen ...

In der Tat. Das ist aber auch nicht wirklich verwunderlich, denn da bestehen Beziehungen; es gibt Gemeinsamkeiten zwischen den esoterisch-okkulten Schulen und dem Hinduismus, und zwar was den spirituellen Horizont betrifft als auch die Praktiken. Allerdings bedarf diese Behauptung einer Präzisierung. Man kann es so sagen: Die genannten Schulen haben sich zwar eine Vielzahl von Vorstellungen und Techniken, die dem Hinduismus zugehören, zu Eigen gemacht; sie benützen diese aber nicht im Zusammenhang mit der Spiritualität dieser großen religiösen Tradition.

Ist es Ihnen ebenso leicht gefallen, die Lehren dieser Schulen anzunehmen wie die Ihres ehemaligen Gurus?

Das Verhältnis war ein anderes. Was mich mit dem Freund verband, waren gemeinsame Tätigkeiten, die umso effektiver wurden, je mehr wir dabei traditionelle esoterische Elemente miteinbezogen. Aber geistige Orientierung bezog ich daraus nicht: meine Bindung an Jesus war ehrlich. Ihm versuchte ich zu dienen, indem ich meinen Brüdern „diente" – ohne mir bewusst zu sein, dass ich mich dabei in Praktiken verwickelte, die mit einem Leben gemäß dem Evangelium nicht vereinbar waren.

Wie lange haben Sie Okkultismus praktiziert?

Es dauerte etwa zwei Jahre, bis mir die Augen aufgingen. In der Zwischenzeit hatte ich zwar wieder in meinem Beruf gearbeitet, meine Freizeit freilich war von esoterischen Praktiken ausgefüllt.

Waren Sie während dieses ganzen Zeitraums praktizierender Katholik?

Sicher. Meine Umkehr war ja aufrichtig. Auch wenn ich es nicht gewagt hatte, mich mit meiner Vergangenheit Vertretern der Kirche anzuvertrauen, so nahm ich doch täglich an der hl. Eucharistiefeier teil und hielt zusätzlich Gebets- oder Anbetungszeiten ein; auch der Rosenkranz war mir wichtig. Nur allmählich wurde ich mir einer subtilen, von den okkulten Praktiken herrührenden Entfremdung bewusst. Und wieder war es der Herr, der mir die Augen für diese Bindung öffnete.

Welcher Art war diese Bindung, und wie sind Sie davon frei geworden?

Meiner Überzeugung nach waren es gefährliche Abhängigkeiten von geistigen Wesen, von denen die okkulten Bereiche beherrscht werden. Es war einzig und allein die Autorität des Namens Jesu, des Retters, und die Kraft des von Brüdern im Glauben angerufenen Hl. Geistes, wodurch ich von diesen Störungen befreit wurde, die mir Herz und Seele vergiftet und den Körper entkräftet hatten.

Sie sprachen von Bindungen und gefährlichen Abhängigkeiten. Ist das nicht eine eher verschämte Bezeichnung für etwas, was in Wirklichkeit mit diabolischen Praktiken zu tun hat?

Da ich bisher noch nicht klargestellt habe, um welche Praktiken es sich handelte, könnte ich schwerlich Ihre Frage beantworten, es sei denn, ich bringe die etymologische Bedeutung des Begriffs diabolos ins Spiel: „einer, der trennt". Ich glaube wirklich, dass es sich beim medialen Zustand, in dem diese Mächte wirksam werden, um einen Zustand handelt, der mich von mir, von meinem tiefen und wirklichen „Ich" abtrennt – und damit von Gott dem Vater, der mich jeden Augenblick als Person ins Dasein ruft, um IHM in einem Dialog der Liebe zu begegnen. Zugleich macht dieser Zustand offen und verletzbar für das, was ich „geistige Wesen" genannt habe, die meiner Erfahrung nach den Beweis geliefert haben, dass sie nicht unter der Fahne Christi kämpfen.

Auf diese Praktiken zu verzichten, bedeutet einen weiteren Bruch und einen neuen Start ... aber wohin?

Trotz aller Verirrungen seit meiner Rückkehr aus Indien reifte in meinem Herzen die Berufung zum Priestertum heran. Ich entschloss mich dazu, mich der Kirche zu offenbaren. Ich wollte mir diesmal die nötige Zeit dazu nehmen und Maßnahmen ergreifen, die es mir erlaubten, die Erfahrungen meines Lebens mit dem Sinn des Lebens, wie ihn das Evangelium verkündet, in Einklang zu bringen. Dazu hatte ich in den rund zehn Jahren, die ich mit philosophischen und theologischen Studien verbringen durfte, reichlich Gelegenheit. Diese Studien führten mich vom Seminar in Avignon (1976-1978) an die Gregoriana in Rom (1978-1982) und dann wenig später an die Universität von Lourain (1985-1987).

In dieser Zeit haben Sie dann endgültig Ihre geistige Heimat gefunden?

Ja. Durch das Zusammentreffen verschiedener Umstände machte

es mir der Herr möglich, das Werk des hl. Joseph von Mont-Rouge in Südfrankreich kennen zu lernen. Jetzt konnte ich endlich „meine Koffer auspacken“. Ich hatte einen einladenden Ort und eine für mich bestimmte Spiritualität gefunden, aus der sich heute mein Leben speist: das verborgene Leben der Heiligen Familie von Nazaret. Ich konnte an der Gründung der Gemeinschaft teilnehmen, die an dem Wallfahrtsort stattfand, der dem hl. Joseph geweiht ist. Dort bin ich auch im August 1983 zum Priester für die Diözese Montpellier geweiht worden.

Wie kommt es aber, dass ein in Montpellier geweihter Priester seinen Wirkungsort in Lyon hat?

Meine erste Diözese gehört zu dem apostolischen Bezirk, dessen Zentrum die Katholische Universität von Lyon ist. Deshalb hat dieser Bezirk auch den Auftrag, der Universität Lehrer zuzuführen. So hat mich mein Bischof beauftragt, im Hinblick auf ein Lehramt in der „Hauptstadt der Gallier“ eine Dissertation abzufassen. Ich bekam die Chance, diese Arbeit unter der gemeinsamen Anleitung von Mgr. André Léonard und Herrn Jean Ladrière in Lourain zu schreiben. Sie wurde im Dezember 1987 angenommen. Damals hatte ich bereits ein Jahr in Lyon unterrichtet.

Zu welchem Orden gehört denn die Mönchstracht, die Sie tragen?

Es handelt sich nicht um einen eigentlichen Orden im eigentlichen Sinn. Ich trage die Tracht der Geweihten der Familie des hl. Joseph. Es ist das eine neue Gemeinschaft, die noch viel zu jung ist, um schon die bischöfliche Approbation zu erhalten. Sie entstand während der ersten Jahre meiner Lehrtätigkeit in Lyon als eine Art Ableger des Werkes von Mont-Rouge. Die Familie des hl. Joseph kennt einen Laien-Zweig und einen Geweihten-Zweig, wo Männer und Frauen nach einer monastischen Regel leben. Ich habe hier mein ewiges Versprechen im Jahr 1991 abgelegt.

Was hat Sie nach 20 Jahren des Schweigens bewogen, jetzt ein Lebenszeugnis zu geben?

Ich war immer der Meinung, dass diese Jahre in ganz besonderer Weise dem Herrn gehörten. Auch hatte ich mich entschieden, nur aus Gehorsam mein Schweigen zu brechen. Ich wollte damit sichergehen, dass ich nicht von meinem persönlichen Willen geleitet würde. Ich habe also gewartet ... bis zu dem Tag, an dem mein geistlicher Vater mich aufforderte, das Schweigen zu brechen. Gründe dafür waren zum einen die Opfer, die der Okkultismus forderte, zum anderen der durch New Age verbreitete Synkretismus, der in den Herzen der vielen unaufgeklärten Gläubigen Verwirrung stiftet.

Eine letzte Frage, Père Joseph-Marie: Sind schon weitere Abenteuer in Sichtweite?

Daran zweifle ich keinen Augenblick. Das Leben im Geist Christi ist ein tägliches Abenteuer. *Der Wind weht, wo er will; du hörst sein Brausen, weißt aber nicht, woher er kommt und wohin er geht. So ist es mit jedem, der aus dem Geist geboren ist*[4].
Nicht mehr ich sitze am Steuer des Schiffes, das von der Kraft aus der Höhe angetrieben wird. Der Steuermann ist jetzt Jesus Christus; und um nichts in der Welt würde ich ihm das Steuer aus der Hand nehmen wollen.

---

4 Joh 3,8. Alle Bibelzitate sind entnommen der „Einheitsübersetzung der Heiligen Schrift", Stuttgart 1980.

1. Am Tor zum Unbekannten

Sie haben uns das Tor Ihrer Erfahrungswelt schon weit aufgetan. Sprechen Sie jetzt darüber, wie Sie Bekanntschaft mit dem Fernen Osten gemacht haben.

Nun, ich bog um eine Ecke, und da fiel mein Blick auf ein Plakat, das Werbung machte für die berühmt-berüchtigte TM. Das lächelnde Gesicht eines Inders mit langen grauen Haaren war darauf abgebildet. Aber nicht das war es eigentlich, was meine Aufmerksamkeit auf sich zog, sondern der Plakattext, der eine Technik anbot, mit der man tiefere Bewusstseinsebenen erschließen könne. Weil ich in den großen philosophisch-politischen Auseinandersetzungen der Zeit – es war das Jahr 1969 – keine Antwort auf meine Sehnsüchte und Fragen bekommen hatte, hielt ich auf meiner Suche nach dem Sinn Ausschau nach einem anderen Weg.

Wie lange waren Sie damals schon auf der Suche?

Seit meiner Jugend. Aber es war kein absoluter Neubeginn. Ich machte mich auf die Suche vor dem Hintergrund intensiver religiöser Erfahrungen, die ich während meiner ganzen Kindheit gemacht hatte.

War das ein christlicher Hintergrund?

Ja. Ich hatte das Glück getauft zu werden und eine solide christliche Erziehung zu genießen. Ich hatte eine vorbildliche Mutter, die ihren Glauben lebte. Auch mein Vater war gläubig, lebte aber die sakramentale Dimension seines Glaubens erst später.

Erzählen Sie ein bisschen von Ihrer Familie …

Mein Vater war Steinmetz, ein angesehener Beruf, den bereits sein Vater ausgeübt hatte. Joseph hieß mein Vater mit Vornamen.

Wahrscheinlich hat Joseph, der Mann der Jungfrau Maria, das gleiche Handwerk ausgeübt, da der griechische Begriff *tektonos* [5], mit dem das Evangelium den Beruf des hl. Joseph kennzeichnet, jedwede Form von Bearbeitung harter Materialien einschließt: Bearbeitung von Eisen – Schmied oder Schlosser; von Stein – Maurer oder Steinmetz; oder von Holz – Tischler, Wagner, Zimmermann. Während meiner ganzen Kindheit habe ich meinen Vater nur an Wochenenden gesehen, denn er arbeitete zusammen mit meinem Großvater in einer anderen Stadt. Meine Eltern heirateten relativ spät, der Krieg hatte die Umsetzung ihrer Pläne verzögert. Daher hatten sie auch nur zwei Kinder: meine Schwester, die ein Jahr älter war als ich, und eben mich. Meine Mutter war Lehrerin, gab aber nach meiner Geburt ihren Beruf auf. Ein paar Einzelkurse hielt sie weiterhin ab, um uns finanziell über das Monatsende zu bringen. Der Beruf des Steinmetzen war zwar sehr hart, machte aber nicht reich. Einige Jahre später verbesserte sich unsere Situation, als mein Vater sich in unserer Stadt selbständig machen konnte. Durch unternehmerischen Mut und Hartnäckigkeit gelang es ihm, unseren Lebensstandard so anzuheben, dass meine Schwester und ich die Universität besuchen konnten. Meine Mutter war die bewundernswerte Frau, wie sie uns das Buch der Sprichwörter beschreibt.

Eine tüchtige Frau, wer findet sie? Sie übertrifft alle Perlen an Wert. Noch bei Nacht steht sie auf, um ihrem Haus Speise zu geben. Sie gürtet ihre Hüften mit Kraft und macht ihre Arme stark, auch des Nachts erlischt ihre Lampe nicht. Öffnet sie ihren Mund, dann redet sie klug, und gütige Lehre ist auf ihrer Zunge. Sie achtet auf das, was vorgeht im Haus, und isst nicht träge ihr Brot.[6]

Ich möchte hinzufügen, dass sie eine Frau des Gebets war, eines Gebets, das unauffällig, gleichsam unablässig aus der Tiefe kom-

5 Mt 13,55 - 6 Spr 31,10-27

mend, ihr Gott hingegebenes Leben speiste. Sie hat uns Kindern beigebracht, uns Gott zuzuwenden, seine Gegenwart zu erspüren und Ihn anzusprechen. Auch hat sie uns mit den Sakramenten vertraut gemacht, auf deren Empfang sie auch an Tagen voller Stress nicht verzichten wollte.

Um das Bild der Familie abzurunden, muss ich auch noch auf meinen Onkel, den Bruder meiner Mutter, zu sprechen kommen. Da er erst sehr spät heiratete, lebte er während meiner ganzen Kindheit und Jugend bei uns im Haus. Als Professor für Physik hatte er mit Sicherheit einen bestimmenden Einfluss auf die berufliche Orientierung von uns Kindern: meine Schwester studierte ebenfalls Physik, und ich wandte mich der Chemie zu.

Sie sprachen von einer religiösen Erfahrung in Ihrer Kindheit ...

Ich spielte auf die sehr schöne, sehr tiefe und doch sehr einfache Beziehung an, die mich während der Kinderjahre mit meinem Herrn verband. Ich würde sagen, dass ich den Herrn in seiner realen eucharistischen Gegenwart schon geliebt habe, noch bevor ich wusste, was Transsubstantiation bedeutet – und gebe damit in eigenen Worten ungefähr wieder, was der hl. Pfarrer von Ars von der Jungfrau Maria gesagt hat. Meine schönsten und intensivsten Kindheitserinnerungen haben zu tun mit diesen innigen Begegnungen vor dem Tabernakel, die meine ganze Freude waren.

Ich hatte das Glück, schon mit fünf Jahren zur Ersten hl. Kommunion gehen zu dürfen. Diese Begegnung hat sich in mir tief eingebrannt. Es machte mir große Freude als Ministrant am Altar zu dienen, und so sehr war ich von der Größe des Mysteriums, das sich vor mir abspielte, gefangen genommen, dass ich manchmal vergaß, die Schelle zu bedienen.
Aus dieser Zeit datiert der erste Ruf zum Priestertum. Leider konnte mein Freund, dem ich mich anvertraute und von dieser Sehnsucht erzählte, mit dieser vertraulichen Mitteilung nichts anfan-

gen! Er schwieg dazu und hinterließ damit in mir eine Ratlosigkeit, die mich zu dem Entschluss brachte, das alles zu vergessen.

Der Ruf hat nicht nachgewirkt?

Man könnte sagen, er wurde überlagert. Bald darauf sollten sich mir neue und dringende Fragen stellen, die ihrerseits die Frage nach der Berufung in den Hintergrund drängten. Das Kindesalter wurde von der Jugendzeit mit all ihren Schwierigkeiten abgelöst. Neue Beziehungen sollten sich entwickeln: mit anderen, mit mir selbst und natürlich mit Gott. Welchen Platz sollte er in diesem Leben einnehmen, das sich vor mir auftat und für das ich mich auf einmal verantwortlich fühlte? War Er darin der absolute Herrscher, unter dessen Blick die Freiheit nur eine grausame Illusion war? Der eifersüchtige Rivale, der sich Augenblicke der Freude, die man ihm entreißt, teuer bezahlen lässt? War Er „der Vater, der Kastrationsängste" verursacht und uns daran hindert, das Leben zu bejahen und es zu meistern? Es fand ein Kampf in mir statt zwischen dem Bild eines mir nahen, zärtlichen und barmherzigen Gottes einerseits und den Trugbildern eines Gewissens andrerseits, das unter den vom Über-Ich produzierten Schuldgefühlen litt. Ich habe in dieser Lebensphase niemand gefunden, der mir aufmerksam hätte zuhören wollen oder gar hätte helfen können, die Geister auszumachen, die mich in Unruhe versetzten, um mit Ignatius zu sprechen. So ließen meine Kräfte mehr und mehr nach. Mich vertrauensvoll in die Arme meines Gottes zu werfen, wagte ich nicht mehr. Ebenso wenig aber konnte ich mich von ihm lösen. Ich erinnere mich, dass ich einmal auf dem Heimweg vom Gymnasium verstohlen eine Kirche betrat und von ganz hinten, von einer Säule verdeckt, lange Zeit auf den Tabernakel blickte, in dem das Herz dessen schlug, den ich liebte, dem ich mich aber nicht näherte, weil ich mich unwürdig fühlte.

Mein Glaube, des ungleichen und aussichtslosen Kampfes müde, verkümmerte zu einer etwas magischen oder abergläubischen Frömmigkeit, mit der ich einen Gott mit mir versöhnen wollte, der mir deswegen fremd geworden war, weil ich es nicht mehr gewagt hatte mich ihm zu nähern.

Wie alt waren Sie da?

Zwischen 16 und 17. Das Abitur hatte ich mit 15 gemacht, nun stand ich am Anfang meines Studiums der Naturwissenschaften an der Universität. Das brachte es mit sich, dass ich einen Sprachwechsel vornehmen musste, und zwar vom Französischen, der Sprache meiner Gymnasialzeit, zum Flämischen, das an der Universität in Gand gesprochen wurde. Es war eine echte Herausforderung, die meinen ganzen Einsatz verlangte und mich dazu brachte, mich, im Pascalschen Sinne, der „theologischen Unruhe zu entziehen". Diese Distanzierung wurde übrigens auch durch die Konfrontation mit Strömungen des Strukturalismus und den „Philosophen des Zweifels" – Marx, Freud, Nietzsche – sehr beschleunigt, die, ohne ausdrücklich genannt zu werden, in den Universitätskreisen jener Zeit allgegenwärtig waren. Da es mir an einer philosophischen Ausbildung fehlte, hatte ich diesen die Wahrheit verkürzenden Gedanken kaum Argumente entgegenzusetzen. Ganz allmählich setzte sich in mir die Ansicht durch, ich müsse die „Krücke der Religion" fallen lassen, wenn ich mein Menschsein voll annehmen und verantwortlich leben wollte. Zum Bruch kam es ein Jahr später, an einem Sonntagvormittag, als ich den Entschluss fasste, nicht mehr zur Eucharistiefeier zu gehen.

Bis dahin waren Sie regelmäßig zur hl. Messe gegangen?

Ja, ich hatte diese Begegnung mit dem lebendigen Gott, der Quelle meines Lebens, gebraucht.
Das mag widersprüchlich klingen, aber ich erlebte die Eucharistiefeier sogar in dieser schwierigen Übergangszeit weiterhin sehr intensiv. Ich konnte mich dem Geheimnis öffnen, das meinem Leben Sinn verlieh. Deshalb war dieser Bruch auch so etwas wie ein echtes Sich-Losreißen.

Gab es ein „Vorher“ und ein „Nachher“?

Ich denke schon. Aber es schien mir, als sei dies der Preis, den ich für die Freiheit zahlen müsse. Ich habe sehr viele Jahre suchen müssen, bis ich entdeckte, dass die wahre Freiheit im Gegenteil gerade in der völligen Zugehörigkeit zu Gott besteht. Er allein ist wirklich absolut frei, weil Er nur Liebe ist und sich für immer in Freiheit verschenkt. Erst in einer zweiten Begegnung mit Jesus, dem Herrn, habe ich diesen Weg der wahren Freiheit und des Lebens entdeckt.

Damals freilich stürzte ich mich in das Zwielicht der Autonomie, des freien Willens. Es war der prometheische Traum dessen, der sich anmaßt, selber entscheiden zu können, was gut und was böse ist.

Können Sie näher auf den Unterschied eingehen, den Sie eben zwischen Freiheit und freiem Willen gemacht haben?

Ich denke, die ursprüngliche Freiheit, die der Mensch von seinem Schöpfer am Morgen der Schöpfungsgeschichte empfangen hat, besteht darin, dass er sich spontan für das Gute entscheidet. Alle Bäume des Gartens sind für ihn geschaffen[7], einschließlich des Baumes des Lebens in der Mitte des Gartens.[8] Trotzdem strecken Mann und Frau, von der Lüge des Versuchers verführt, die Hand aus nach dem geheimnisvollen Baum der Erkenntnis von Gut und Böse[9], von dem zu essen tödlich ist. Der Mensch ist nicht zum Guten determiniert. Dies würde ihm nämlich die Möglichkeit nehmen, das Angebot Gottes in freier Zustimmung anzunehmen.

Der Mensch hat also tatsächlich die Möglichkeit, sein Leben ohne Gott zu gestalten. Dabei legt er selber den Wert der Dinge fest und zieht es vor, die sich ihm bietenden Alternativen auszuprobieren,

---

7 Gen 2,16 - 8 Gen 2,9 - 9 Gen 2,9.17

statt sich von der Weisheit seines Schöpfers leiten zu lassen. So verkommt denn die Freiheit zum freien Willen, wenn der Mensch sich dazu entscheidet, ohne Gott oder gar gegen Ihn zu leben. Damit macht er von seiner erstaunlichen Möglichkeit Gebrauch, sich nicht nur zu entfalten, sondern auch sich selbst zu zerstören.

Haben Sie versucht, sich der moralischen Normen zu entledigen?

Es ist jetzt die Rede von den 60er-Jahren. Da wird nicht nur die moralische Autorität in Frage gestellt, sondern jedwede Autorität: die politische, die zivilisatorische, die moralische und die religiöse. Ich war Teilnehmer an dieser einschneidenden kulturellen und sozialen Bewegung und wollte sowohl mich freimachen von traditionellen Werten als auch meinen Durst nach dem Absoluten stillen, und zwar dadurch, dass ich mich menschlich einbrachte: durch naturwissenschaftliche Forschung, durch politisches und soziales Engagement, durch Teilnahme an der Studentenbewegung.
Es war aber umsonst: ich fand kein Mittel gegen meine innere Leere.

War das der Moment, wo Sie sich der östlichen Spiritualität zuwandten?

Noch nicht gleich. Ich war nicht glücklich, obwohl für mich dazu alle Voraussetzungen gegeben waren: ich war jung, ich ging einer vielversprechenden Zukunft entgegen. Aber das Glück, das ich gekannt hatte, bevor ich den Bund mit Gott brach, war nicht mehr da. Im Johannesevangelium steht über Judas geschrieben: „Er ging hinaus (nach seinem Verrat): es war aber Nacht“.[10] Genau das war auch meine Erfahrung: sobald ich von Ihm weggegangen war, der doch das „Licht der Menschen“[11] ist, war um mich Nacht.

---

10 Joh 13,30 - 11 Joh 8,12

Nun hätte ich doch bloß aus der Nacht herauszutreten brauchen, einen Schritt zurück tun zum Herrn. Stattdessen trug mich eine Art Trunkenheit mit sich fort: der Stolz des autonomen Menschen, der ein Leben ohne Gott führt und eben dadurch Seinen Platz einnimmt und sich Ihm gleichstellt.

Ich musste zuerst den Weg der Verlorenheit gehen, in die mich diese Illusion der Autonomie getrieben hatte, bevor ich umkehren und mir eingestehen konnte, dass ein Leben ohne Transzendenz keinen Sinn hat. Es wurde mir äußerst schmerzlich bewusst, dass ich absolut nicht Ursache meiner eigenen Existenz sein und meine Daseinsberechtigung nicht aus mir selbst beziehen konnte: eine derartige Annahme erschien mir geradezu lächerlich angesichts der Zufälligkeit meines individuellen Seins. Andrerseits konnte ich mich aber auch nicht dazu durchringen, die Sichtweise des atheistischen Existenzialismus zu übernehmen, demzufolge der Mensch nichts weiter ist als eine sinnlose Passion, ins Dasein geworfen, unbekannten Ursprungs, auf einen unvermeidlichen Tod zugehend, in dem sich endgültig alle Ideale in nichts auflösen. Gegen eine solche inhumane Bedingtheit der menschlichen Existenz zu revoltieren erschien mir ebenso absurd, wie ihr zuzustimmen. Als ich mit meinem Latein am Ende war, entschloss ich mich dazu, das fundamentale Axiom, nämlich die Nicht-Existenz Gottes, in Zweifel zu ziehen und mich wieder auf die Suche nach Ihm zu machen. Aber dieser innere Weg war sehr schmerzhaft und sollte lange Jahre dauern.

Warum sind Sie nicht zur Religion Ihrer Kindheit zurückgekehrt?

Darüber bin ich mir selbst nicht im Klaren. Ich denke, ich bin, ohne es zu wollen, in die große Protestbewegung hineingezogen worden. Soweit ich mich erinnere, habe ich nicht daran gedacht, mit der Kirche wieder in Kontakt zu treten. Sie schien mir in der Galerie der historischen Relikte, im Museum der Religionen abgestellt. „Christus" lag irgendwie in der Luft, aber doch nur in der Figur des *„Jesus Superstar"* der Hippiebewegung; er rief keinerlei Erinnerung an den Christus meiner Kindheit wach.

Inmitten dieser „metaphysischen Unruhe“ erregte das berühmt-berüchtigte Werbeplakat meine Aufmerksamkeit. Wir haben soeben davon gesprochen. Das Plakat veranlasste mich zum Besuch eines Informationstreffens über Meditation.

Wo fand das Treffen statt? Waren dort viele Leute?

Gewöhnlich ging ein solches Treffen von einem „Initiator“ aus – in meinem Fall war es eine Frau - der einige Plakate klebte, auf denen zu privaten Treffen eingeladen wurde. Wir waren etwa zu zehnt und wurden im Aufenthaltsraum eines Studentenwohnheims begrüßt.

Wie erging es Ihnen bei dem Vortrag?

Ich muss gestehen, dass mich die ausgedehnten stereotypen Ausführungen über die diversen Bewusstseinszustände und die „Wohltaten“ der TM (Transzendentale Meditation) nicht vom Stuhl gerissen haben. Ganz offensichtlich hatte die junge Frau am Pult ihre Lektion auswendig gelernt. Gewissenhaft hielt sie sich Punkt für Punkt an ihren vor ihr liegenden Spickzettel. Darüber hinaus ging mir die Art, wie sie sich als inspirierter Guru gab, gehörig auf die Nerven. Deshalb konnte ich der Versuchung nicht widerstehen, ihr im rechten Moment einige Fragen zu stellen, die sie in Verlegenheit brachten. Und das war, ehrlich gesagt, auch gar nicht zu schwer. Die Antworten, die ich bekam, waren von vornherein zu erwarten: „Es gibt Dinge, die man nicht erklären kann. Man muss sie ausprobieren“ - was im Klartext hieß: „Alles ist eine Frage des Bewusstseinsniveaus“ oder: „Mit ihrem derzeitigen Niveau können Sie das nicht verstehen, das ist ganz normal.“

Diese Frau machte es sich mit diesen faulen Ausflüchten leicht. Doch wird in vergleichbaren Situationen sehr häufig so verfahren.

Ich erinnere mich an eine junge Christin. Sie war eindrucksvoll besorgt, ob denn das alles, was sich da als Spiritualität ausgab, in

Wirklichkeit vielleicht doch nichts anderes wäre als „Nabelschau".

Da sie in ihrer Argumentation vom Evangelium ausging, bekam sie eine weitere klassische Antwort zu hören: „Die von uns angebotene Technik hat nichts Religiöses an sich. Sie macht es nur möglich, tiefere Bewusstseinszustände zu erreichen, d.h. solche, die Sie eher befähigen, in Ihrer eigenen Glaubenstradition tiefe religiöse Erfahrungen zu machen. Das Praktizieren der TM bedeutet keinen Religionswechsel; vielmehr verhilft es dazu, die eigene Religion besser zu leben."

Wie ging denn der Abend zu Ende?

Mit einer schüchternen Einladung der Initiatorin zu einem zweiten Treffen, das der Vertiefung dienen sollte. Angesichts meiner eher kritischen Einwürfe am ersten Abend war sie erstaunt mich wiederzusehen. Die junge Christin aber war weggeblieben.

Ehrlich gesagt, ich wollte einfach die Erfahrung dieser veränderten Bewusstseinszustände machen. So musste ich eben das Einführungspalaver über mich ergehen lassen.

Das zweite Treffen hatte vor allem zum Ziel, uns Teilnehmer auf den Initiationsritus vorzubereiten. Deshalb teilte man uns an jenem zweiten Abend mit, wir würden ein *mantra** bekommen, d.h. ein Wort, dessen Bedeutung prinzipiell unwichtig ist, dem aber ein ganz besonderer vibratorischer Wert zugesprochen wird. Der Initiator würde im Verlauf eines kurzen Gesprächs, das nach diesem zweiten Treffen stattfinden sollte, die Erkenntnis gewinnen, welches *mantra* welcher Person zugewiesen werden sollte. *Mantras* gelten ausschließlich für die dafür ausgesuchte Person. Man darf das eigene *mantra* niemandem verraten, wenn man nicht will, dass es seine Wirksamkeit verliert. Das „Wissen" um die richtige Auswahl der *mantras* habe – so teilte man uns mit – der Meister (Maharishi) persönlich an den Initiator weitergegeben.

In Wirklichkeit lässt der genannte Maharishi den Initiatoren nur eine Liste mit Silben zukommen. Darüber, welche Silben den einzelnen Kandidaten zugeteilt werden, entscheidet ausschließlich deren Lebensalter. Deshalb ist das mysteriöse Gespräch, in dem der Initiator, bevor er zur Wahl des jeweiligen *mantras* schreitet, einen Haufen Fragen stellt, pures Theater. Es soll lediglich die Banalität des Auswählmodus kaschieren.

Das alles ist nur psychologische Manipulation. Sie soll eine „Atmosphäre“ schaffen, durch welche die liturgische Zeremonie vorbereitet wird, im Laufe derer dieses denkwürdige *mantra* überreicht wird.

Eine liturgische Zeremonie? Wer leitet sie?

Der Initiator oder die Initiatorin werden vom Guru ermächtigt, über die Vergabe des *mantras* zu entscheiden. Zusätzlich haben sie sich die Gestik der *puja** angeeignet und deren *Sanskrit** - Worte auswendig gelernt. Es handelt sich um eine liturgische Zeremonie, die täglich Hunderte von hinduistischen Mönchen und Priestern in ihren *ashrams* ausführen. Im Verlauf des äußerst präzisen Rituals bringt der Leiter der Zeremonie in seinem eigenen Namen sowie im Namen der von ihm begleiteten Kandidaten der „Tradition der Meister“, die das Wissen um die Initiation weitergegeben haben, Opfergaben dar.

Können Sie genau sagen, an wen dieses Opfergebet gerichtet ist?

An das Göttliche Prinzip, das sich – dem hinduistischen Glauben zufolge – in jedem der Meister manifestiert, die während der Zeremonie angerufen werden. Die Zeremonie läuft als eine Reihe langer, auf einem einzigen Ton gesungener, Anrufungen ab und schließt die Aufzählung all der vergöttlichten Gurus ein sowie die Darbietung einer Reihe symbolischer Gegenstände (Blumen, eine Frucht, ein weißes Taschentuch, Reis, Kampfer, Sandelholz, Weihrauch). Der Initiator bietet diese Gaben im Namen des Kandidaten dem *shankaracharya* von Jyotir-Math dar, dem swâmi Brahmananda Saraswati Maraj-ji, dem Lehrer von Maharishi, vor dessen Abbildung die Liturgie stattfindet. An deren Ende lädt der Initiator den Kandidaten ein, sich zum Zeichen seiner Ganzhingabe an die „göttliche" Macht in Anbetung niederzuwerfen. Wenn der Kandidat nach dieser Zeit der Anbetung sich wieder erhoben hat, wird ihm vom Initiator das *mantra* übergeben.

Sind sich die Kandidaten der Tragweite all dieser rituellen Verrichtungen während der Initiation bewusst?

Ganz und gar nicht. Während dieses zweiten Abends greift der Initiator zu einer abenteuerlichen Rhetorik, um den Beginn der Zeremonie anzukündigen und zugleich deren Bedeutung herunterzuspielen: es handele sich hierbei nur um eine Geste der Dankbarkeit gegenüber der Tradition der Weisen, die diese Technik an uns weitergegeben hätten; der religiöse Aspekt sei ganz und gar zweitrangig; man solle sich doch einfach erfassen lassen von der Poesie ... Gerade, dass man das Ganze nicht als Folklore abtut! Dabei spielt aber die *puja* im Weiheritus eine entscheidende Rolle. Nie und nimmer könnte man einen Initiator dazu bringen ein mantra anderswo als innerhalb der *puja* zu übergeben. Denn allein aus der *puja* bezieht das *mantra* seine ganze „Kraft".

Diese spezielle „Kraft" wird ja wohl ihren Preis haben. Ist im Verlauf dieser Abende auch die Rede vom Geld?

Das zweite Treffen behält sich diesbezüglich eine große Überraschung vor: der Preis für die Initiation beträgt ... ein Monatsgehalt! Die Promotoren der TM sind Wohltäter der Menschheit, die durchaus wissen, was sie für ihre „Dienste" verlangen müssen.
Dieser Preis deckt die Kosten der Initiation sowie die zweier Kontrolltreffen.

Kommen wir nochmals zum **mantra** ***zurück. Es ist da die Rede von Kraft, Macht, Vibration ... Funktioniert das wirklich, und wenn ja,***

wie? Ist das nicht alles von der Disposition des Kandidaten abhängig?

Unbestreitbar ist die Einstellung des Kandidaten ein wesentlicher Faktor. Wenn jemand sein *mantra* nicht annehmen will, wird er auch seine Wirkung nicht erfahren. Warum aber sollte er sich dann überhaupt einweihen lassen?

Es geht darum, diesen Silbenklang in sich nachhallen zu lassen: erst mit lauter Stimme, dann leise, dann nur mehr innerlich. Dabei überlässt man dem *mantra* die Initiative bei der Meditation. Unser eigener Beitrag besteht lediglich darin, dem *mantra* zu folgen, es zu begleiten oder zu ihm zurückzukehren, sofern man sich in Zerstreuungen verirrt hat.

Das *mantra* ist variabel: es kann länger oder kürzer gesprochen werden, es formt sich um, sein Rhythmus kann sich bei der Wiederholung verändern – all das soll man mit wohlwollender Indifferenz annehmen und seine ganze Aufmerksamkeit darauf verwenden, dem *mantra* auf seinen Wegen mental nachzufolgen.

Welches Ziel hat man dabei im Auge?

Es kommt ein Augenblick, in dem das *mantra* nur noch undeutlich wahrgenommen wird; es scheint in tiefere Bewusstseinszonen abzutauchen. Wenn es gelingt, seine Spur wieder aufzunehmen, führt die damit verbundene innere Aufmerksamkeit, die sich vom normalen Bewusstsein sehr wohl unterscheidet, zu einer spürbaren körperlichen Entspannung. Das *mantra* kann sogar unvermittelt ganz verschwinden. Dann befindet man sich ein paar Augenblicke lang in einem Zustand, in dem der Intellekt und alle anderen geistigen Fähigkeiten irgendwie außer Kraft gesetzt sind und ruhen. Dieser Zustand kann eine leise Ahnung von jenen angestrebten Zuständen vermitteln, die als „erweitertes Bewusstsein“ bezeichnet werden.

Was versteht man denn unter erweiterten Bewusstseinszuständen?

Unter normalen Lebensbedingungen ist sich der Mensch seiner bewusst, insoweit er eine Tätigkeit ausübt, die sich nicht ständig wiederholt und somit ein bestimmtes Maß an Denkarbeit erfordert. Dadurch dass wir ständig prüfend auf das zurückkommen, was wir denken und tun, sind wir in unserem Tun uns selbst gegenwärtig. Das Bewusstsein ist das Sich-selbst-gegenwärtig-sein im Akt des Wissens oder Handelns. Das Tier weiß, ist sich dessen aber nicht bewusst: es weiß nicht, dass es weiß; der Mensch ist dessen, was er unternimmt, gewärtig, weil seine Fähigkeit zur Stellungnahme ständig aktiv ist, was ihn dem unreflektierten Tun entreißt.

Im Gegensatz dazu zielt die Technik der TM darauf ab, diesen Prozess der Bewusstwerdung zu unterbinden: Ich schließe meine Augen und nehme eine bequeme Körperhaltung ein, in der ich unbeweglich verharren kann. Ich entziehe mich also der körperlichen Aktivität und der sinnlichen Wahrnehmung der Außenwelt.

Meine gesamte nach innen gerichtete Aufmerksamkeit konzentriert sich auf die Wiederholung eines Lautes, der für sich allein nichts bedeutet und somit meine Intelligenz nicht anregen kann. Ich ersticke absichtlich jeden kritischen oder reflektierenden Impuls, der mich nur ablenken würde. Er gilt der Ablehnung. Ebenso wird jedwedes Produkt des Gedächtnisses oder der Vorstellungskraft als schädlich eingestuft. Die ganze Aktivität des Willens muss darin bestehen, den Launen dieses vagabundierenden *mantras* nachzugehen bis hin zu dem Moment, an dem das persönliche „Ich“, dieses Spieles müde, seine Aktivitäten einstellt.

Was bleibt dann noch, wenn die Sinne und der Intellekt nicht mehr funktionieren?

Ich würde nicht zu sagen wagen, dass sie nicht mehr funktionieren. Unsere Fähigkeiten – sinnliche wie psychische – werden jedoch nicht mehr von der Person, der letztlich die Verantwortung für ihre Handlungen zukommt, koordiniert und aktiviert. Wenn das „Ich" sich sozusagen verabschiedet hat, ruhen die für den Menschen typischen Fähigkeiten, die aber verfügbar bleiben und reaktiviert werden können. In diesem Zustand macht man die Erfahrung, dass sich das Bewusstsein in seine Um-Welt hinein auflöst.

Genau deshalb lehne ich den Ausdruck „erweitertes Bewusstsein" ab, weil es ja ein Bewusst-Sein in dem eben definierten Sinn nicht mehr gibt: der Person ist ihre „Gegenwärtigkeit" abhanden gekommen, insofern sie ihr Handeln nicht mehr reflektieren kann. Wegen der Auflösung des integrativen „personalen Pols" könnte man allerhöchstens von einem „erweiterten Empfinden seiner selbst" reden.

Bringt diese Erfahrung einen Gewinn?

Sicher. Denken wir einmal daran, dass das Verb „leiden", um konjugiert werden zu können, ein persönliches Fürwort braucht, also: „Ich leide". Wenn im Verlauf der Meditation das „Ich" aufhört eine Rolle zu spielen, kann das „leiden" keinem Subjekt mehr zugerechnet werden. Daher rührt dieses Gefühl des Wohlbefindens, der Entspannung: die Spannungen, unter denen das Ich leidet, verschwinden zusammen mit dem Ich. Freilich treten sie wieder in ihrer ganz persönlichen Schärfe auf, wenn das Ich erneut die Regie übernimmt ...

Alles in allem handelt es sich also um eine Flucht aus der Realität?

Wenn wir unser persönliches Ich als real betrachten und glauben, dass wir durch dieses Ich Zugang zur Realität haben, dann stellen diese veränderten Bewusstseinszustände tatsächlich eine zweite Seinsweise dar, die es möglich macht, der harten Realität des Alltags zu entkommen.

Es muss schon eine Versuchung sein, sich dieser Realität mehr und mehr zu entziehen ...

Ab dem Tag der Initiation hatte ich ziemlich intensive Bewusstseinsveränderungen erfahren. Das trieb mich dazu an, mich immer noch mehr anzustrengen. So schlug ich die zur Vorsicht mahnenden Ratschläge der Initiatorin, täglich nur zweimal 20 Minuten zu meditieren, in den Wind.

Seitdem ich täglich mehrere Stunden meditierte, traten wenig wünschenswerte Begleiterscheinungen auf: Schlaflosigkeit, Konzentrationsmängel, Lärmempfindlichkeit, Schwierigkeiten beim Führen eines Gesprächs, Teilnahmslosigkeit gegenüber meiner Umwelt ...

Konnten Sie denn noch ein normales Leben führen?

Das wurde immer schwieriger. Der Aufenthalt im Labor, für das ich verantwortlich war, bereitete mir Angst. Von dem Lärm, den Gerüchen, sogar von den Fragen der Studenten fühlte ich mich gehetzt, in die Enge getrieben ...

Freilich ließ sich meine Umgebung nicht täuschen. Man wusste, dass irgendetwas schief lief; aber ich wich den Fragen aus.

Trotz dieser Symptome haben Sie an der Meditation festgehalten?

Ja. Mit einer seltsamen Hartnäckigkeit. Ich denke, es gibt so etwas wie eine „Faszination der Leere", die mich nach und nach in ihren Bann gezogen hat. Es ist die Faszination des Eintauchens in einen Zustand, in dem man einfach nur wahrnimmt, dass man existiert, und zwar unbelastet vom oft so verwundeten personalen Bewusstsein.

Erinnert das nicht an das Freud'sche Gefühl der „ozeanischen Weite"?

Meines Erachtens gibt es da wirklich eine Ähnlichkeit. Und die Psychologie würde wohl von einer „Regression in den Leib der Mutter" sprechen, die von einer wirkungsvollen östlichen Technik ausgeübt und gelenkt wird. Der Begriff hat keinen guten Ruf, weshalb man lieber zu einer vorteilhafteren Vokabel greift. Es handelt sich aber sehr wohl um eine der psychischen Regression vergleichbare Erfahrung.

... und das wird als Spiritualität ausgegeben!

So ist es. Denn zu der Analyse, die ich soeben versucht habe, wäre ich seinerzeit noch keineswegs fähig gewesen. Da sich keine Alternative anbot, gab ich mich unkritisch mit den Erläuterungen zufrieden, die mir die Initiatorin während der beiden Kundendienst-Treffs lieferte, die als Kontrolltreffen deklariert waren. Ich sollte subtilere Zonen meines Bewusstseins wahrnehmen; dabei begann ich aber bereits zu ahnen, dass mein Bewusstsein die Fähigkeit hatte, sich ins Unendliche zu erweitern und schließlich den ganzen Kosmos zu umfassen. Dieses kosmische Bewusstsein – so die Initiatorin – müsse sich dann mehr und mehr verfeinern, bis es zur intensiven Erkenntnis der göttlichen Natur aller Dinge führe, die jeweils nur Modalitäten der allgegenwärtigen göttlichen Urenergie sind. Schließlich müsse ich noch die letzte Dualität hinter mir lassen, die in der illusionären Vorstellung bestehe, Gott und ich seien nicht ein und dasselbe. Mit dem Erreichen des „Bewusstseins vom Eins-Sein" hätte ich letztendlich meine eigene göttliche Natur verwirklicht ...

Diese Perspektive hat Sie dann nach Indien geführt?

Noch nicht gleich. Wie bereits erwähnt, habe ich durch das Meditieren mehr und mehr den Kontakt zur Wirklichkeit verloren. Das ging so weit, dass ich nicht mehr in der Lage war, meinen beruflichen Verpflichtungen nachzukommen. Ich sah mich gezwungen, eine „Auszeit" zu nehmen. Sie nutzte ich dazu, den Guru der TM aufzusuchen, eben den Maharishi Mahesh Yogi, der damals sein Hauptquartier in Spanien aufgeschlagen hatte.

Wurden Sie freundlich aufgenommen?

Ich wusste, dass er vor Naturwissenschaftlern Respekt hatte. So spielte ich diese Karte aus und gewann. Ich wurde Mitglied der Schülergruppe, die *long roundings** praktizierte, was bedeutet, dass wir über Wochen, ja Monate intensiv meditierten.

Haben Sie mit ihm über Ihre beunruhigenden Symptome gesprochen?

Selbstverständlich. Sie waren ihm keineswegs neu. Viele Menschen, die TM praktizierten, wiesen solche und noch viel bizarrere Symptome auf. Ich habe wiederholt Grüppchen von etwa zehn Schülern angetroffen, die beim Warten auf den Guru meditierten und dabei – ein jeder auf seine Weise – friedlich vor sich hin „psychotisierten", indem sie mit Kopf, Rumpf oder Gliedmaßen rhythmisch hin und her pendelten.

Wie interpretiert denn der Guru diese Symptome?

„*Unstressing*" war sein Zauberwort, das für all das herhalten musste, was den friedlichen Ablauf der Meditation beeinträchtigte. Dieses Wort sollte einen Prozess des Freiwerdens von inneren Spannungen bezeichnen: die Frucht der tiefen Entspannung, die durch die TM eingeleitet wurde.

Was mich stärker beunruhigte, und wofür man die Erklärung schuldig blieb: die Symptome hielten an, auch nach den Meditationszeiten. So konnte man Leute sehen, wie sie durch die Gänge liefen, wie sie ihre Mahlzeiten einnahmen, wie sie einen kleinen Spaziergang machten: die unkontrollierbaren Bewegungen ihres Körper hörten einfach nicht auf! Das Ganze ging friedlich vor sich. Offensichtlich bereitete ja dieses *unstressing* den Weg für außerordentliche innere Erfahrungen: So brauchte man nur abzuwarten, bis sich die Spannungen in nichts auflösten.

Was waren das für Leute um Sie herum? Wie sah der Kader aus?

Die Mannschaft war sehr willkürlich zusammengesetzt. Sie bestand mehrheitlich aus mehr oder weniger jungen, aber reichen Amerikaner(innen)n. Sie bildeten die berühmte Gruppe der „108“, eine Art harter Kern der Bewegung. Sie ließen sich ihr Privileg, in der Nähe des Gurus zu sein, etwas kosten; sie beglichen auch die Miete für die Luxushotels, in denen der Meister residierte. Im Allgemeinen wiesen sie keine besonderen Fähigkeiten auf.

Dazu kam noch die *Sanitätstruppe,* bestehend aus Ärzten und Kinesiotherapeuten verschiedener Nationalität. Sie interessierten sich für die TM und waren zu dem Zweck rekrutiert, sich dieser ungewöhnlichen Fälle anzunehmen. In Wirklichkeit waren sie absolut hilflos.

Wie denken Sie heute über diese Phänomene?

Meines Erachtens spielt die psychologische Komponente eine sehr große Rolle. Ich weiß sehr wohl, wie Esoteriker reagieren werden: Leute mit derartigen Phänomenen bewiesen durch ihre Reaktion, dass sie für die Initiation noch nicht bereit waren. Auch haben einige indische Gurus dem Maharishi zum Vorwurf gemacht, dass er eine Technik unter die Leute bringe, die viel zu wirkmächtig sei, als dass man sie Anfängern zumuten könne.

Mir aber scheinen diese Phänomene vor allem eine psychosomatische Reaktion darauf zu sein, dass das normale Funktionieren unserer Kräfte gehemmt wird, und zwar durch die Technik der TM. Psychiater werden die Phänomene mit dem Verhalten gewisser Kranker in der Regressionsphase in Verbindung bringen, einer Regression, die im Falle der TM durch eine Technik hervorgerufen wird.

Wovon lebten Sie? Haben Sie für das Privileg, dabei sein zu dürfen, ihr Sparschwein geplündert?

Die Aufwendungen waren tatsächlich zu hoch. Ich hatte einige Ersparnisse, ja. Aber nochmals: mir kam zugute, dass ich als Wissenschaftler und Forscher in den Genuss eines Privilegs kam. Die Anwesenheit eines Wissenschaftlers verlieh einer TM-Veranstaltung doch Seriosität.

Wie gestalteten sich so Ihre Tage?

Diejenigen von uns, die im *long rounding* waren, verbrachten den Tag mit Meditation auf ihren Zimmern. 40 Minuten Meditation – eine Viertelstunde *asanas** und *pranayana** (d.h. Einüben von Körperhaltungen und Atemübungen) – dann wieder die Meditation. Das war unser Tagesrhythmus. Man konnte ihn einmal am Tag unterbrechen, um eine Mahlzeit einzunehmen, wenn es uns danach war.

Haben Sie gefastet?

Nach einigen Wochen *roundings* konnte man, wenn man es wollte, Nahrung und Schlaf verringern, um so tiefere Bewusstseinszustände zu erreichen. Es ist ja bekannt, dass intensives Fasten und Wachen den Stoffwechsel reduzieren und besondere psychische Erfahrungen vorbereiten, zu denen dann die Meditation Zugang verschaffen kann.

Kann man zwischen den genannten Erfahungen und den Erfahrungen, die mit Hilfe halluzinogener Drogen erreicht werden, eine Beziehung herstellen?

Sicher. In Indien ist es üblich, vor Beginn einer Séance *Hasch* zu rauchen oder Tee mit Marihuana zu trinken. Ein indischer Guru, dem junge Amerikaner LSD angeboten hatten, zeigte sich erstaunt darüber, dass die Einnahme eines Mittels verboten war, das so schnell zu einer Erfahrung führte, die normalerweise nur durch langwierige Askese zu erreichen war. Vergessen wir nicht, dass im

New Age die Erfahrung mit halluzinogenen Drogen immer noch als Paradigma für veränderte Bewusstseinszustände gilt. Es wird versucht, diese Erfahrungen mit *softeren* Mitteln zu erreichen. Dazu gehören in vorderster Linie die östlichen Methoden, eben weil sie die angestrebten psychosomatischen Veränderungen ausschließlich mit körperlichen und mentalen Techniken hervorrufen können.

Haben Sie Drogen genommen?

Nach meinem ersten Aufenthalt beim Guru. Er hatte ja verlangt, dass ich, bevor ich zu ihm zurückkehrte, meine Doktorarbeit fertig stelle. Ich brachte also meine Arbeiten zu einem Abschluss und half gleichzeitig bei der Verbreitung der TM. So habe ich einen jungen *Hippy* initiiert, mit dem ich mich auch anfreundete. Er hat mich seinerseits im Geiste von Timothy Leary, der aus der Droge einen mystischen Weg machen wollte, mit LSD bekannt gemacht.

Wir beide bereiteten uns auf diese Erfahrung mit Fasten, *Yoga**-Übungen und der Lektüre des *Bardo Thödol* (eines tibetanischen Totenbuchs) vor, von dem es hieß, es beschreibe eine Initiationsreise in die inneren Welten. Hierbei hatte ich nicht das Gefühl, Neuland zu betreten. Denn die Droge erwirkte in kurzer Zeit und auf recht brutale Weise das Phänomen der Abkoppelung vom Realen und der Auflösung meines persönlichen Ichs, ein Phänomen, von dem ich durch das Praktizieren der TM doch schon eine gewisse Ahnung hatte.

2. Die Alchimie des Yoga

Sie sprachen davon, dass Sie als Vorbereitung auf die Meditationen Körper- und Atemübungen gemacht haben ...

Die Körperübungen oder *asanas* und die Übungen zur Atemkontrolle oder *pranayama* sind in Wirklichkeit Teile eines Ganzen, das aus bestimmten zur Meditation hinführenden Übungen besteht. In größerem Zusammenhang gesehen, handelt es sich um zwei von insgesamt acht Phasen des *Yoga.* Yoga ist hier gleichbedeutend mit *marga:* spiritueller Weg.

Können Sie uns etwas über Yoga sagen, von dem man im Westen so viel spricht?

Die Yogapraktiken könnten sehr wohl bis in die Mohenjo-Daro-Zivilisation zurückreichen, d.h. in die proto-dravidische Welt, welche die Arier bei der Invasion Indiens vor etwa 4000 Jahren antrafen. Dieses archaische *Yoga,* in dem jeder Einzelne im Rückzug auf sich selbst sein Heil sucht, hat zwar wenig gemein mit der Tradition des *veda**, das die Arier mitbrachten, konnte sich aber dennoch behaupten und ist im Hinduismus vollständig integriert worden. Wenngleich *Yoga* im Buddhismus keine essenzielle Rolle spielt, so nimmt es dort immerhin als empfehlenswerte Disziplin einen nicht unwichtigen Platz ein. Die einzelnen, unzusammenhängenden Schriften, die sich mit *Yoga* befassten, wurden in den ersten Jahrhunderten unserer Zeitrechnung in Form von *Sutras* zusammengefasst, als deren Verfasser *Patanjali** gilt.

Worin besteht denn die besagte Disziplin?

Yoga versteht sich als eine strenge Kunst der spirituellen Befreiung des Individuums, die in der Erfahrung des *samadhi** zum Genuss des Absoluten führen soll. Das Yoga wurzelt in einer Vorstellung vom Menschen, der zufolge die geistige Dimension unseres Seins, das *purusha* *, in der Welt der sinnlichen Erfahrung gefangen ist. Letzteres ist *prakriti**, eine sich ständig verändernde Welt, die instabil und letztlich trügerisch ist. Daher wird das Ineinandergreifen der beiden Ebenen als Ursache all unserer Leiden angesehen. So besteht das Hauptziel von Yoga darin, das spirituelle Sein von den Elementen der materiellen Natur zu befreien und es damit in seine Un-Bedingtheit und ursprüngliche Reinheit zurückzuführen.

Unter Anleitung seines Gurus – des unverzichtbaren spirituellen Meisters, der ihm zeigt, wie *purusha* mit *prakriti* verflochten ist - schreitet der Schüler voran auf dem Weg der acht *angas* *, d.h. der acht Etappen, die er, eine nach der anderen, integrieren muss, um schließlich zur Erleuchtung zu gelangen. Es handelt sich also um eine Selbstbefreiung unter der Führung eines erfahrenen Meisters.

Die beiden ersten *angas*, das *yama* und das *niyama*, stellen die moralischen Vorschriften, die Regeln der Hygiene und der Askese dar, die zur Beherrschung der Begierden unverzichtbar sind.
Die beiden folgenden *angas* bestehen aus physischen und psychophysiologischen Übungen:

- die *asana*s sind, wie bereits gesagt, ein System von Körperhaltungen, das zur perfekten Körperbeherrschung führen soll;

- *pranayama* oder Atemkontrolle zielt ab auf eine tiefere Atmung und allmähliche Verlangsamung des Atemrhythmus bis hin zu dem Punkt, an dem die Atmung für einen kürzeren oder längeren Zeitraum aufgehoben ist. Das *samadhi* erreicht man nämlich nur in einem Zustand, in dem der Atem nahezu stillsteht. Mit Gedankenfixierung und Meditation befassen sich die restlichen vier *asanas*, wobei die letzten beiden wiederum auf kontemplative Einswerdung abzielen.

Lassen Sie uns zuerst auf diese letzten vier Etappen näher eingehen ...

Der erste Abschnitt dieses dritten Etappenbereichs besteht in *pratyahara* oder Sammlung. Der Geist zieht sich von sinnlich Wahrnehmbarem zurück, lässt nichts mehr zu, was aus der sinnlichen Welt zu ihm dringen will. Auch das Denken, das Abstrahieren und Urteilen kommt zum Stillstand. Wer nicht mehr denkt, hört auch auf zu beurteilen: die Welt erscheint als kaltes, stummes, bedeutungsloses Bild.

Dieser Rückzug der Sinne und der Psyche wird im *dharana* (Konzentration) gefördert und verlängert. Der Schüler lenkt seine Aufmerksamkeit auf irgendein reales oder fiktives Objekt (ein Bild), das er in seinem Denken entwirft. Er kann auch ein *mantra*, das er von seinem Guru bekommt, vor sich hinsagen und es ohne zeitliche Begrenzung wiederholen, bis es der gesammelten Aufmerksamkeit gelingt, die Gedankenwellen zum Stillstand zu bringen.

Der Schüler gelangt hiermit ins *dhyana* (fortwährende Meditation), das man ins Japanische mit Zen* übersetzt. Wenn der Geist des Meditierenden sich schließlich in seinem Objekt verliert, kommt es zum *samadhi* („totale Fixierung des Geistes auf sein Objekt"). Dieser Zustand wird als Krönung aller asketischer Bemühung bewertet. Die „Spezialisten" treffen noch eine feine Unterscheidung, und zwar im Innenbereich des *samadhi*-Zustands. Im ersten Fall, dem *samadhi savikalpa*, die Identifikation mit dem Objekt, das in seinem Wesen als rein existent wahrgenommen wird, ist noch die Abgrenzung zwischen Betrachter und Objekt möglich. Er kann noch seinen Verstand gebrauchen, Vorstellungen entwickeln, nachdenken. Im zweiten Fall hat sich das *nirvikalpa samadhi* (oder einfach *samadhi*) ereignet – die vollkommene Integration des Objekts im Subjekt bzw. des Subjekts im Objekt: für persönliche gedankliche Betätigung ist kein Raum mehr. Hier sind das geistige Subjekt (*atman**) und das Absolute (*brahman**) eine totale Fusion eingegangen, die letztendliche Bestimmung von Objekt und Subjekt.

Ich würde gerne auf die psycho-physiologischen Übungen zurück-

kommen, welche die Meditation vorbereiten. Wie sieht denn der Hinduismus die Beziehung zwischen Psyche und Körper? Mit anderen Worten: wie können Körperübungen zu einer geistigen Erfahrung führen?

Körperhaltungen und Atembeherrschung wollen den Bewusstseinszustand dadurch verändern, dass sie Einfluss nehmen auf das Funktionieren des neuro-physiologischen Systems. Wie das alles im Einzelnen zusammenhängt, ist nicht wirklich klar, denn die Beeinflussung soll sich vollziehen auf der Ebene der subtilen Energien, die angeblich unseren Körper durchströmen.

... „soll sich vollziehen" ... „angeblich" ... bedeutet das, dass Sie die Richtigkeit dessen bezweifeln, was Sie hier sagen?

Ich muss mich sozusagen im Konjunktiv ausdrücken, weil wir nur beschränkte oder gar keine Möglichkeiten haben, den Wahrheitsgehalt der Theorien zu überprüfen, die sich mit subtilen Energien befassen. Wir können sie zu den „okkulten" Energien zählen, worunter ich alle Formen von Energie oder natürlichen Kräften verstehe, die zwar eine feststellbare Wirkung haben, sich aber – zumindest vorerst - der Messung, Beherrschung oder Nutzung durch die naturwissenschaftlichen Disziplinen der Physik, Chemie oder Biologie entziehen. Wenn wir von „Energien" oder „Kräften" sprechen, so entnehmen wir diese Begriffe aus der Mechanik, die mit diesen Begriffen den Ursachen der Bewegungserscheinungen der Materie nachgeht. In Wirklichkeit wissen wir kaum etwas über diesen „okkulten" Bereich, und was wir wissen, erfahren wir auch nur über die esoterischen Schulen und die fernöstlichen Traditionen – von denen die Esoterik übrigens häufig ihre Informationen bezieht.

Wir kommen später auf die Esoterik und den Okkultismus zurück, wenn wir über eine weitere Etappe Ihres Weges sprechen. Wenn ich Sie recht verstehe, so scheinen Sie anzudeuten, dass der Osten sich auf okkulte Wissenschaften versteht.

Lassen Sie mich zuerst auf den Begriff „Wissenschaft“ eingehen, und zwar im Zusammenhang mit dem Begriff „okkult“. Um das Attribut „wissenschaftlich“ zu verdienen, muss eine Disziplin bestimmte methodologische Kriterien erfüllen – und das trifft auf den Okkultismus nicht zu. Eine dieser Kriterien wäre z.B. die sog. „niedrige“ Objektivität. Sie verlangt, dass jeder, der ein Experiment nach ein und demselben Protokoll durchführt (d.h. die gleichen Maßnahmen werden unter gleichen Umständen ergriffen), auch zum gleichen Ergebnis kommen muss. Dieses Kriterium wird auf dem okkulten Gebiet bei weitem nicht erfüllt.

Lassen Sie mich auf Ihre Frage zurückkommen. Der Hinduismus hat sein Wissen auf dem Gebiet der subtilen Energien nicht wirklich, wie die westlichen Esoteriker es später taten, in ein System gebracht. Zweifelsfrei aus dem guten Grund, dass dieses Wissen (beim Hinduismus) vollkommen einem spirituellen, mystischen Zweck untergeordnet ist. Die Nutzung dieser Energien zum Zweck des Erzielens praktischer Resultate ist eine westliche Abweichung vom eigentlichen Zweck und bringt die Magie* hervor: „weiße“ Magie, wenn die zu erwartende Wirkung der Zielperson nützt; „schwarze“ Magie oder Hexerei, wenn der gewollte Effekt ihr schadet. Diese Art Nutzung okkulter Energien wird, selbst wenn gute Absichten dahinterstecken, von den geistigen Führern im Hinduismus streng verurteilt.

Wozu dient ihnen dann das Wissen um die subtilen Energien, und worin besteht dieses Wissen?

Es handelt sich um ein Wissen, das die Zirkulation der Energien beschreibt, die unseren Körper durchströmen und uns mit dem Kosmos in Beziehung setzen sollen. Diese Vorstellung ist heute im Westen allgemein verbreitet, unter anderem durch die Akupunktur. Diese Technik hat ihre Wurzeln in der taoistischen Vorstellung, dass der dem Universum zugrundeliegende „Stoff“ eine subtile Urenergie ist: das *Dao**. Dieses wiederum ist in seinem Inneren in komplementäre Polaritäten unterschieden: *Yin** und *Yang**, die durch ihre Bewegungen und Transformationen alles Seiende hervorbringen. Krankheiten sind Störungen des Gleichgewichts zwischen *Yin* und *Yang* im Inneren des Betroffenen, aber auch Störungen des Gleichgewichts zwischen seinem *Yin Yang* und der externen kosmischen Energie. Die großen chinesischen Akupunkteure sehen sich als Regulatoren des Energieaustausches zwischen Individuum und Universum. Aus ihrer Sicht ist der Mensch durch die Nahrungsaufnahme mit der Erde verbunden; mit dem „Himmel" ist er durch die 12 Meridiane verbunden, die nach den 12 himmlischen Energien benannt sind, und durch die 360 Akupunkturpunkte, die den 360 „Himmelstagen" entsprechen, die zwischen beiden Sonnenwenden liegen.

In engster Analogie dazu belehrt uns Yoga, dass die göttliche Energie in zwei komplementären Formen auftritt: *shakti** (mütterlich-weibliche Energie) und shiva (schöpferisch-maskuline Energie). Der zwischen beiden Polen bestehenden *„Spannung"* entspringen die Lebewesen in ihrer Vielzahl.

Und wo ist der Mensch bei alledem?

Der Mensch wird als Mikrokosmos dargestellt, der ebenfalls aus der Spannung zwischen den beiden gegensätzlichen Energiepolen hervorgeht. Durch seinen ganzen Körper laufen die Ströme der vitalen Energien, die *pranas** genannt werden.

In der Sprache des *Yoga* ist *prana* das Leben und das Leben ist *prana*. Prana bewässert sozusagen den Organismus: es zirkuliert in Kanälen, den *nadis** (das Wort leitet sich her von der Wurzel nad = Bewegung), die mit den chinesischen Meridianen zu vergleichen sind. Die traditionellen Schriften sprechen von 14 großen *nadis* und zahllosen kleinen *nadis*. Um das Wesentliche des Vorgangs verständlich zu machen, genügt es, wenn wir auf die drei Hauptnadis näher eingehen.
Zwei der Hautpnadis, *ida** und *pingala** umkreisen die Wirbel-

säule. Nach der Tradition des Yoga geht *ida* vom linken, *pingala* vom rechten Nasenloch aus. Sie umschlingen einander spiralförmig und umkreisen so das zentrale *nadi,* das *sushumna**, das sich in der Wirbelsäule befindet.

Das *Dhyanabindu Upanishad,* das zu den etwa 20 späteren *upanishads* des *Yoga* gehört, bringt es auf den Punkt:

Die drei Hauptkanäle, in denen Ströme kreisen, haben Mond, Sonne und Feuer als Gottheiten; Sie heißen Ida, Pingala, Sushumna. Ida links, Pingala rechts und Sushumna im Zentrum.[1]

Dort, wo die *nadis* sich kreuzen, bilden sich Energiezentren. Die Tradition spricht von mehreren hundert solcher Zentren, unter ihnen finden sich 21 unbedeutendere Zentren und 7 Hauptzentren. Sie entsprechen den Punkten, an denen *ida* und *pingala* sich kreuzen.

Von diesen Zentren aus verteilt sich *prana* im ganzen Körper. Sie werden *chakras** genannt. 5 Hauptzentren befinden sich entlang der Wirbelsäule, 2 im Kopf.

Worin unterscheiden sich diese Kanäle? Welchem Pol entsprechen sie?

Das *nadi pingala* transportiert die abwärts fließende Energie, die Sonnenenergie, die mit *shiva* in Verbindung gebracht wird, das *nadi ida* transportiert die aufsteigende Energie, die Mondenergie, die mit *shakti* gleichgesetzt wird. Wenn man weiß, dass *ha* Sonne und *tha* Mond bedeutet, versteht man, dass das Ziel von *hatha yoga* darin besteht, die beiden Gestirne oder zumindest die Lebensenergien, die zu jedem von ihnen gehören, zu vereinen. Die Bemühung des *yogi** besteht nun darin, die irdische Energie, mit

---

1 Upanishads du Yoga, ins Französische übersetzt von Jean Varenne, Verlag Gallimard/Unesco, Paris 1971, S. 80. Sutra 55-56

der er durch die Wirbelsäulenbasis verbunden ist, zum Aufsteigen zu bewegen – hinauf zum Scheitel des Kopfes, wo die irdische Energie auf die himmlische Energie trifft.

Und was geschieht, wenn Himmel und Erde sich begegnen?

Werden diese beiden Energien miteinander in Berührung gebracht, so neutralisieren sie sich. Dabei löst sich augenblicklich die Illusion vom „Ich“ als Subjekt auf, die ja noch zu *prakriti* gehört. Die ursprüngliche Einheit des göttlichen *purusha* ist wiederhergestellt. Im Klartext: Es gibt nun kein *individuelles* Bewusstsein mehr und somit keine Möglichkeit zu persönlichem *karmischen** Handeln.
Das *tantrische** Yoga geht so weit, dass es den beiden komplementären Urenergien eine symbolische sexuelle Polarität zuweist und dass es ihre Begegnung in der Form von ineinander verschlungenen Liebespaaren darstellt. Darstellungen dieser Art finden sich an bestimmten Tempeln.

Wenn ich Sie recht verstehe, so haben die Bemühungen des Schülers – ganz gleich, ob es sich nun um das Erlernen von Körperhaltungen oder Atemübungen oder Meditationsseancen handelt – zum Ziel, den Energieaustausch zwischen den beiden extremen Polaritäten zu beschleunigen?

So ist es, zumindest im *tantrischen* Yoga, das sich zwar erst relativ spät entwickelt hat, aber doch auf eine uralte Inspiration zurückgeht und allmählich das gesamte indische Denken durchsetzt hat. Dieses Yoga ist wahrscheinlich durch die bereits erwähnte dravidische, vor-arische Kultur beeinflusst, die den Energien große Bedeutung beigemessen hat.

Das *shakti* im Menschen wird *kundalini** genannt. Kundalini bezeichnet also die irdische Energie. Der Übende versucht sie dazu zu bringen, durch die *nadis* (Energiekanäle) aufzusteigen bis zum Zusammentreffen mit *shiva*.

Kommt denn dieser Prozess nicht spontan zustande? Versorgen die nadis den Körper nicht dauernd mit beiden Arten von prana?

Das schon. Aber nicht kraftvoll genug, um die Neutralisierung der Energien und das Erlöschen des Bewusstseins zu Wege zu bringen.

Man könnte es so sagen: feine, ständig auf- und abwärts fließende Energieströme zirkulieren zwischen den Polen eines Kondensators, ohne jedoch die Spannung zu neutralisieren, die zwischen den beiden Arten kosmischer Energie besteht. Der *Yogi** ist nun bestrebt, eine Kontaktaufnahme der beiden Pole herzustellen und somit alle Spannung zwischen ihnen aufzuheben. Deshalb versucht er *Kundalini* im dritten Hauptnadi, dem *sushumna,* - wir haben nur kurz davon gesprochen – aufwärts steigen zu lassen.

Kundalini wird traditionell beschrieben als eine in sich zusammengerollte Schlange am unteren Ende der Wirbelsäule. Die Göttin *Kundalini* – wörtlich: die Eingerollte – ist am Eingang zum *sushumna* eingeschlafen und blockiert den Zugang.

Die Übungen haben zum Ziel *Kundalini* zu wecken. Sie richtet sich im *sushumna* allmählich auf, und in dem Maß, wie *Kundalini* so die Wirbelsäule hinaufsteigt, stimuliert sie die *Chakren,* die sie auf ihrem Aufstieg berührt. Daraus ergibt sich eine verstärkte Aktivität dieser Zentren, von denen ein jedes einem bestimmten Energieniveau zwischen *shakti* und *shiva* entspricht. Gleichzeitig werden die *nadis* von allen Blockierungen befreit und lassen die auf- und absteigenden Energien ungehindert fließen.

Die *Yogakundalini Upanishad,* eine weitere *upanishad* des *Yoga* erklärt es so:

> *Die Kraft, die es zu wecken gilt, ist die zusammengerollte Energie, und nur sie allein. Der aufgeklärte Schüler macht dass sie sich streckt und aus ihrer*

Grundposition aufsteigt bis zu dem Punkt zwischen den Augenbrauen: Das ist das Erwachen der Kraft. [2]

Sutra 7

Kundalini wird auch als Feuer dargestellt, das alles frisst, was sich ihm auf seinem Weg durch *sushumna* entgegenstellt. Es vitalisiert sowohl die fünf *Chakren* an der Wirbelsäule als auch die beiden Zentren am Kopf. Wenn es am Ende seines Weges nach oben angelangt ist, vermittelt es die Erfahrung von der Auflösung des Bewusstseins.

Dass die Hypothese von der Existenz der *Chakren* im Westen so weit verbreitet ist, hat man den esoterischen Schulen zu verdanken. Sie haben sich diese Hypothese zu Eigen gemacht, um das okkulte Element ihres Menschenbildes zu verstärken.

Sind diese Energiezentren – Sie sagen dazu „Chakren“ – in der Anatomie des Menschen lokalisierbar?

Es sind – eben durch die esoterischen Schulen – mehrere Lokalisierungsversuche unternommen worden. Ihre Ergebnisse laufen freilich nicht immer auf das Gleiche hinaus. Wenn wir uns auf die interessantesten dieser Versuche beschränken wollen, so sind die endokrinen Drüsen sowie die verschiedenen Geflechte zu nennen.

Das erste *Chakra* liegt angeblich auf Höhe des Beckengeflechts und steht in Verbindung mit den Nebennieren; das zweite *Chakra* liegt auf Höhe des Unterleibgeflechts und der männlichen bzw. weiblichen Keimdrüsen; das dritte auf Höhe des Sonnengeflechts und der Bauchspeicheldrüse; das vierte auf Höhe des Herzgeflechts und der Thymusdrüse; das fünfte auf Höhe des Rachengeflechts und der Schilddrüse. Was die beiden letzten Zentren angeht, so müssen wir uns bei deren anatomischer Zuweisung mit endokri-

---

2 Übersetzung Jean Varenne, a.a.O. S. 94

nen Drüsen begnügen: das sechste *Chakra* soll auf Höhe der Stirnbasis der Hypophyse, also zwischen den Augen liegen, und das siebte auf Höhe der Zirbeldrüse, also ganz oben am Kopf.

Diese Zuordnungen zur Anatomie des menschlichen Körpers sind natürlich nur als ungefähre Lokalisierungen zu verstehen. Sie sind auf die Beschreibungen von *Yogis* zurückzuführen, die im Zustand tiefster Meditation an den genannten Stellen so etwas wie einen Energiestrudel wahrnehmen. Dazu haben mehrere Seher eine Lokalisierung und Beschreibung versucht; ihre Auskünfte stimmen freilich nicht immer überein ... Hier stoßen wir wieder auf das Problem der Objektivierbarkeit des Okkulten, dessen Techniken doch ein sehr starker subjektiver Faktor anhaftet.

Es ist durchaus möglich, dass in zahlreichen Fällen etwas als Aktivität von *Chakren* wahrgenommen wird, was ganz einfach auf die Aktivität von Nervengeflechten zurückgeht. Die heutige Werbung für Therapien, die sich auf diese mysteriösen Energiezentren berufen, könnte sehr wohl nichts anderes sein als eine mit esoterischem Vokabular abgefasste Beschreibung der beruhigenden Wirkung, die von bestimmten die Nervenzentren ansprechenden Übungen ausgeht.

Wir stellen nochmals heraus: die Behauptung, von den *Chakren* würden die subtilen Energien in unserem Körper verteilt, hat nichts „Wissenschaftliches" an sich. Damit möchte ich aber nicht gesagt haben, dass die *Chakren* nichts mit irgendeiner Realität zu tun haben. Gegenwärtig jedoch können wir nur in analoger, in pseudo-objektiver Form von ihnen sprechen. Das gilt übrigens für alle Ausführungen, die den okkulten Sektor betreffen.

Wenn man von Yoga spricht – sollen die* Chakren *so etwas wie kleine Zentralen sein, von denen jede an eine bestimmte Energie angeschlossen ist? (Wir haben halt keine andere Ausdrucksweise als das „esoterische" Vokabular.)

Genau so ist es. Diese theoretische Erklärung müsste man, genau genommen, als „mythische Erklärung" bezeichnen, da es sich eben nicht um eine begrifflich exakt definierbare Aussage handelt. Entsprechend besagter theoretischer Erklärung ordnen die *Chakren* die inneren Energien des menschlichen Mikrokosmos den diesen entsprechenden energetischen Stufen des Makrokosmos zu. Die Öffnung eines *Chakras* durch *Kundalini* zieht mediale Fähigkeit nach sich, die den jeweils angezapften Energiestufen entsprechen. Das bedeutet, dass sich im *Yogi* diese Energie frei bewegt und dass der *Yogi* jetzt die „Informationen", die von diesen Energien transportiert werden, abrufen oder gar zu diesem oder jenem Zweck verwenden kann.

Sind wir damit nicht bereits in der Magie?

Auf eine bestimmte Art schon. Den Hindus ist das, was man als okkulte Kräfte bezeichnen kann – auf Sanskrit *siddhis** - durchaus bekannt. Der Schüler bekommt sie ganz von selbst, und zwar in dem Maß, wie *Kundalini* auf ihrem Weg nach oben die *Chakren* aktiviert. *Patanjali* zählt 35 *siddhis,* die er in neun *Hauptsiddhis,* acht mittlere und 18 kleinere unterteilt. Zu den wichtigsten gehören z.B. die Fähigkeit, eine winzige Gestalt anzunehmen, leicht wie eine Feder zu werden (Levitation) oder beliebig viel Gewicht zuzulegen, unsichtbar zu werden, in den Körper einer anderen Person einzudringen oder Gegenstände durch Materialisation herzustellen. Jedes dieser *siddhis* muss mit einem bestimmten *Chakra* in Beziehung gebracht werden. So ist z.B. die Fähigkeit der Levitation an die Öffnung des *Chakras* beim Steißbein gebunden; die Fähigkeit auf glühenden Kohlen zu gehen, setzt die Öffnung des *Chakras* beim Sonnengeflecht voraus; Gedankenlesen und Fernhandlungen sind an die Aktivität des *Herzchakras* gebunden, das Wissen um Vergangenheit und Zukunft ans Rachenzentrum, Hellsehen an das Stirnzentrum usw. ...

Einige der von Ihnen erwähnten Kräfte trifft man auch im Schamanismus an ...

Sicher. Wir werden gelegentlich darauf zurückkommen. Stellen wir vorerst einfach fest: alle okkulten Kräfte, ganz gleich zu welcher Tradition sie ursprünglich gehörten, setzen mediale Fähigkeiten seitens des Ausübenden voraus. Das bedeutet, dass diese Person offen sein muss für eine bestimmte Energieebene. Deren Beherrschung wiederum ist ein Gradmesser für die okkulte Kraft des *Yogi.* Je mehr er Herr ist über die Energie auf der jeweiligen Ebene, desto größer ist seine Macht.

Die *Schamanen* verwenden oft halluzinogene Pflanzen, die eine vorübergehende Lähmung des objektiven Bewusstseins begünstigen und mediale Trance herbeiführen. Auch *Patanjali* weiß, dass man derartige Pflanzen zum Wecken der *Chakren* benützen kann, empfiehlt aber diese Methode nicht.

Wo wäre das Aktionsfeld der siddhis?

Ganz sicher nicht im physischen Körper. Das *tantrische Yoga sieht den Menschen mit „Hüllen" (koshas)* ausgestattet, mit „Vermittlern" oder, in der esoterischen Terminologie, mit Körpern, die „subtiler" sind als es der physische Körper ist.

Die Öffnung eines Chakras würde hier gleichbedeutend sein mit dem Zugang zu einem dieser subtilen Körper, die ihrerseits so etwas wie ein „energetisches Gegenstück" des physischen Körpers sind. Es heißt, dass es eine bestimmte Anzahl solcher Körper gibt – im Prinzip sieben, wenngleich die Zahl innerhalb verschiedener Traditionen wechselt - , deren Energie sich immer mehr verfeinert: es beginnt mit dem physischen Körper und reicht bis zum obersten Niveau, das die letztmögliche Differenzierung innerhalb der göttlichen Urenergie darstellt.

Man bekommt angeblich die *siddhis*, wenn man auf dem Energieniveau dieser „Hüllen" Herr seines Handelns ist. Jedem Niveau entspricht jedoch ein Bewusstseinszustand, der demjenigen, der die *siddhis* ausübt, die Illusion des persönlichen Ichs aufrecht erhält. Deshalb warnen die echten geistigen Führer ihre Schüler mit allem Ernst davor, von diesen Kräften Gebrauch zu machen. Sie seien äußerst bedrohliche Hindernisse auf dem Weg zur „Befreiung“. Ramakrishna rät, die *siddhis* zu meiden wie schmutziges Pech, das der nicht mehr los wird, der sich damit „befasst“. Und Swami Vivekananda pflegte zu sagen (ich zitiere aus dem Gedächtnis): *Spielt nicht den Zauberlehrling: ihr setzt sonst Kräfte frei, die ihr nicht mehr beherrschen könnt.*

Was für Kräfte?

In erster Linie die okkulten Kräfte und Energien selbst. Im *Tantrismus** steht *Kundalini* vor allem für sexuelle Energie. Wohlgemerkt handelt es sich hier um die okkulte Energie, die für die lebenswichtige Dynamik der Fortpflanzung verantwortlich ist. Die *Chakren* hätten demzufolge die Funktion, diese Energie von dem einen zum anderen subtilen Körper fließen zu lassen. Dieser sexuelle Dynamisus ist nicht ungefährlich. Er darf deshalb nur unter der Aufsicht eines Meisters stattfinden und nur von *Yogis* praktiziert werden, welche die beiden ersten Etappen des Weges, also *yama* und *niyama*, vollkommen integriert und damit die absolute Beherrschung des Körpers und die Reinheit des Herzens erreicht haben.

Ein ungebremstes Aufsteigen von *Kundalini*, das durch unkontrollierte Ausübung von Yogatechniken verursacht ist, kann schwerwiegende physiologische Probleme, manchmal auch irreversible geistige Störungen nach sich ziehen. Sämtliche traditionellen Lehren weisen eindringlich daraufhin, wie gefährlich für die Gesundheit von Körper und Geist das dilettantische Öffnen von *Chakren* ist.

Ich muss aber auch auf eine weitere Warnung der Meister aufmerksam machen, die noch viel beunruhigender ist: Menschen, die in ihrer Arroganz nur das Abenteuer suchen, können von niederen „spirituellen Wesen“ befallen werden. Diese machen sich den durch die Öffnung von *Chakren* bedingten Zustand zunutze und nehmen Einfluss auf die unkontrolliert wachgerufenen subtilen Körper. Ohne ins Detail zu gehen, wollen wir einfach festhalten, dass von diesen „Wesen“ im Hinduismus nicht die Rede ist, ohne dass eindringlich vor ihnen gewarnt wird. Die Warnung gilt der Nutzung von Kräften, die den Schüler vom mystischen Ziel seines bereits eingeschlagenen Weges abbringen.

Wir werden – wenn Sie wollen – diese Problematik erneut aufgreifen, wenn wir über Schamanismus und Okkultismus sprechen. Auch dort kennt man diese Phänomene und bedient sich ihrer. Fürs Erste möchte ich gerne auf die einzelnen Stufen zu sprechen kommen, die schrittweise zu samadhi führen. Wir haben gerade weit ausgeholt, um zum Verständnis dessen zu gelangen, welch wichtige Rolle in der hinduistischen Anthropologie Energien spielen. Was aber hat das mit Meditation zu tun?

Zuerst möchte ich daran erinnern, dass die Einübung von Körperhaltungen sowie die Atemübungen die dritte und vierte Etappe der insgesamt acht Etappen des Yogawegs darstellen. Die letzten vier Etappen gelten der Meditation; die ersten beiden davon müssen bewältigt sein, bevor man mit den *asanas* beginnt.

Alle diese Etappen gehen während der intensiven Übungszeiten ineinander über und bedingen sich gegenseitig; man unterbricht die Meditation und übt dafür Körperhaltungen, oder man macht Atemübungen, die ihrerseits die Wiederaufnahme der mentalen Übungen vorbereiten. Alles dient auf verschiedene und komplementäre Art und Weise dem einen Ziel: *samadhi.*

Die Körperhaltungen bewirken Drehungen der Wirbelsäule auf der Höhe der *Chakren* mit dem Ziel, diese zu aktivieren. Gleichzeitig übt man auf das untere Ende der Wirbelsäule Druck aus, um dadurch *Kundalini* zum Emporsteigen zu veranlassen. Junge buddhistische Mönche gehen so weit, dass sie sich auf das Steißbein fallen lassen, um dieses Emporsteigen auszulösen.

Die Atemübungen, *pranayama*, wirken, wie der Name schon sagt, auf das *prana* ein und beschleunigen seine Bewegung in den *nadis*. Ziel ist es, den Atem *(prana)* zu beherrschen *(ayama)*, das bedeutet, den anfänglich unregelmäßigen Atemrhythmus zu stabilisieren, damit er seine vitalisierende Aufgabe erfüllen kann. Bestimmte Techniken schaffen Zwischenräume zwischen Ein- und Ausatmung und ermöglichen so die allmähliche Verlangsamung dieses Rhythmus. Das Zurückhalten des Atems *(khumbaka)* verschafft *prana* die Zeit, bis zur Basis der Wirbelsäule zu gelangen, wo es *kundalini* weckt. Diese Techniken gehen wahrscheinlich auf uralte magische Praktiken zurück, die einem Ritus zuzuordnen sind, der von der erwähnten vor-arischen Zivilisation ausgeübt wurde. Mittels dieser magischen Praktiken versuchen die Schüler, sich die verborgenen Mächte der Lüfte verfügbar zu machen. Andere, gewaltsamere Atemübungen führen zuerst in den Zustand der Hyperventilation. Ihr plötzliches Abbrechen begünstigt den Atemstillstand. Dadurch wird ein inneres Vakuum erzeugt, von dem sich *kundalini* nach oben „saugen" lässt. Ich betone nochmals, dass man die Erfahrung des *samadhi* nur im Zustand extremer Hypoventilation, ja des Atemstillstands machen kann.

Diese Techniken werden von den *Schamanen* ausgeübt, wenn sie in Trance fallen wollen. Einzelne dem New Age zuzurechnende Gruppierungen bedienen sich ihrer ebenfalls. Sie verweisen auf die sogenannte „holotropische"* Atmung, mittels derer sie Erfahrungen gewinnen wollen, die ihrerseits angeblich Aufschluss über unsere früheren Leben geben ...

Schließlich laufen auch die verschiedenen Etappen der Meditation auf das gleiche Ziel hinaus, nämlich *kundalini* zum Steigen zu bewegen. Bei der Meditation freilich erreicht man diesen Effekt durch psychische Konzentration und nicht durch physische Aktion.

Ich habe bereits darauf hingewiesen, dass sich der Zustand der Meditation in den meisten Fällen durch die Wiederholung eines

Mantras hervorrufen lässt. Es besteht aus einer oder mehreren Silben, also einfachen Phonemen, die Einfluss nehmen sollen auf die *Chakren*. Die Tradition besagt, dass jedem *Chakra* eine charakteristische Farbe und ein charakteristischer Ton entspricht, d.h. eine gewisse Frequenz im visuellen bzw. akustischen Spektrum. Die Wiederholung des *Mantra* oder die visuelle Konzentration auf die entsprechende Farbe erzeugen ein Resonanzphänomen, von dem das *Chakra*, auf das man es abgesehen hat, vitalisiert wird. Die Qualität des *Mantra* beweist sich daran, wie weit es fähig ist, den Aufstieg von *kundalini* mittels aktivierter *Chakren* herbeizuführen.

Kann ich das so verstehen, dass auch die Meditationsübungen tendenziell zu einer Transformation der „okkulten Physiologie" führen – wenn ich mich so ausdrücken darf – bevor sie zu einer Erfahrung mystischer Art führen?

Vollkommen richtig. Wenn *kundalini shakti* von *Chakra* zu *Chakra* aufgestiegen ist, die Wirbelsäule entlang bis zum siebten Zentrum – dieses heißt „Rad mit tausend Pedalen" und liegt auf der Schädeldecke – dann findet endlich die Begegnung zwischen *kundalini* und *Shiva* statt. Sie verschmelzen in inniger Umarmung. Dies wiederum ist die große göttliche Urenergie, und zwar jenseits all dessen, was individuell und damit illusorisch ist.

Dieser Zustand wird durch eine Art spitz zulaufender Mütze auf dem Kopf des Weisen oder *Buddhas* versinnbildlicht. Es soll ein Zeichen dafür sein, dass das oberste *Chakra* hellwach ist, ein Zeichen der Erleuchtung.

Ihre Sicht des Hinduismus ist rein monistisch. Gibt es da nicht auch abweichende Sichtweisen?

Das ist eine weitausholende und komplexe Frage und damit schwer abzuhandeln, wenn man nicht termini technici zu Hilfe nimmt. Ich möchte deshalb den mit dem Thema wenig Vertrauten raten, die folgenden Ausführungen zu „überspringen“, weil sie für das weitere Verständnis nicht unverzichtbar sind.

Die Interpretationen der heiligen Bücher des Hinduismus – die *vedas**, *brahmanas** und *aranyakas* sind in sechs *darshanas** oder „orthodoxe“ Interpretationssysteme eingeteilt. Von diesen - neben *Yoga,* das ja auch dazu gehört - interessieren uns im Hinblick auf die besagte Frage vor allem zwei *darshanas: samkhya** und *vedanta**.

Samkhya, die theoretische Grundlegung des *Yoga,* kennt ein dualistisches Weltbild (das wir schon kurz erwähnt haben): Danach gibt es zwei ewige, ungeschaffene Prinzipien: *purusha,* reiner „Geist“, ohne Attribute, unveränderlich, absolut passiv – und *prakriti,* „Materie“, zu verstehen als aktive und wirksame Kraft, universelle, dynamische Natur. Sogar das psychische Leben ist ein Produkt dieser Natur und damit „materiell“. Der Mensch kann auf „natürliche“ Weise nicht zur Kenntnis von Geist gelangen, weil zwischen *prakriti* und *purusha* eine ontologische Verschiedenheit besteht. Wenn daher *Yoga* den Anspruch erhebt, eine asketische Disziplin zu sein, die einen Zugang zu *purusha* öffnet, so ist das nur möglich durch eine Übersteigung der menschlichen Bedingtheit, also durch ein Sich-Herausreißen aus der Natur-*prakriti.*

Ein derartiges Wissen konnte man nicht auf intellektuellem Weg erwerben, sondern nur auf dem „transzendentalen“. Der *Yogi* kann *purusha* mittels der Erfahrung von *samadhi* nur dann erreichen, wenn sein persönliches, dem *prakriti* zugehöriges Bewusstsein sich aufgelöst hat.

Deshalb ist hier auch die Vereinigung von Geist und Körper nur Schein. So wie ein durchsichtiges Glas vor einem farbigen Gegenstand farbig erscheint, so scheint der Geist durch die Natur, von der er sich nicht löst, mitbestimmt zu werden. Wenn er sich aber von ihr trennt, erscheint er wieder in seiner ursprünglichen Durchsichtigkeit.

Neigt diese Schule eher zu einer metaphysischen Interpretation der Welt?

Samkhya hat eher eine anthropologische Ausrichtung. Ein bestimmter metaphysischer Aspekt lässt sich nicht verkennen. Wir dürfen aber nicht vergessen, dass die Perspektive in erster Linie „praktischer" Art ist. Ziel von *Samkhya* ist es, die Erleuchtung darzustellen und zu ihr hinzuführen.

Vielleicht ist *Samkhya* eine Neuauflage eines alten Mythos, der zu tun hat mit dem Kult um die große Göttin, die universelle Mutter, die zu Natur – *prakriti* geworden ist. Das göttliche maskuline Prinzip, mit dem die universelle Mutter ein Paar bildete, wäre demzufolge zu Geist-*purusha* geworden. Wenn man die Suche nach Ähnlichkeiten noch weiter treiben wollte, könnte man sagen, dass zwischen *prakriti* und der Mondenergie *kundalini-shakti* einerseits und *purusha* und der Sonnenenergie *shiva* andrerseits kein großer Unterschied besteht. Das Aufsteigen von *kundalini* könnte dann die allmähliche Herauslösung von Geist - *purusha* aus Materie-Psyche-prakriti bezeichnen. Dieser Prozess wäre dann beendet, wenn die Mutterenergie das Kranzchakra erreicht: der Geist-*purusha* ist nun von seiner Bindung an die Materie-*prakriti* befreit und damit auch von seinem persönlichen Bewusstsein, das von der Materie erzeugt wird. Der Geist ist sich selber völlig transparent, seine Wahrnehmung der eigenen Existenz ist völlig ungetrübt.

Wie rechtfertigen Sie dann Ihre monistische Interpretation des Hinduismus?

Ich stütze mich auf das *darshana,* das eine metaphysische Interpretation des Realen anbietet: das Vedanta. Vedanta ist rein monistisch. Für Vedanta gibt es zwischen purusha und prakriti keinen wirklichen ontologischen Unterschied; es handelt sich nur um zwei Modalitäten des einen göttlichen Seins, brahman, das von Natur aus unpersönlich ist. Brahman ist über allem, es manifestiert sich in den zahlreichen Emanationen im Inneren seines alleinigen Seins, von dem alles ausgeht und in das alles zurückkehrt. Aus dieser Perspektive sind Natur-*prakriti* und Geist-*purusha* während eines Manifestationszyklus getrennt, gehen dann aber in dem Einen auf.

Der Vollständigkeit halber müssten wir noch darüber sprechen, welchen Einfluss die *Upanishaden** auf *Yoga*, so wie wir es beschrieben haben, ausüben. Die *Upanishaden*, eine für den Hinduismus sehr wichtige Literatur, führen den Begriff *atman* ein, der die Teilhabe eines jeden Wesens an *brahman* bezeichnet, oder anders gesagt, den Teil des Absoluten, der innerhalb der Grenzen des Einzelwesens eingeschlossen ist, aber dessen Individualitätsprinzipien sich letztlich als illusorisch erweisen. Der asketische Weg besteht in diesem Fall darin, dass man den Dualismus *(dvaita)* überwindet, um das Einssein von *atman* und *brahman* zu verwirklichen. Diese letzte eins-gewordene Dualität *(advaita)* kommt in den berühmten Aphorismen *„Tat twan asi"* („du selbst bist das") und *„Aham Brahmasmi"* (ich selbst bin brahman") zum Ausdruck. Sie bezeichnen die Identität von unendlicher, alle Universen umfassender Außenwelt und unendlicher „Innenwelt", die man jenseits des psychischen Bewusstseins wahrnimmt.

Es überrascht mich, dass Sie von einem unpersönlichen göttlichen Prinzip reden, wo es doch in Indien eine Unzahl von Tempeln gibt, die voll sind von Götterdarstellungen.

Man muss in der Tat unterscheiden zwischen dem Volks-Hinduismus, der auch heute noch polytheistisch ist, und einer mehr philosophischen und damit einheitlicheren Interpretation dieses erstaunlichen Pantheons.

Die *Upanishaden* z.B. liefern uns eine spirituelle und mystische Interpretation der Mythen, nach der diese Gottheiten allesamt Personifikationen der verschiedenen Attribute des einen, unpersönlichen, alles umfassenden Absoluten sind.

Die Interpretation einiger Texte bleibt unbefriedigend, in denen *brahman* als der Herr *(Prajapati)* dargestellt wird. Andere Schriften sprechen von einem souveränen Herrn *(Ishvara),* dem alle Götter untertan sind. Schließlich trifft der Leser in den ältesten Schichten des berühmten Epos *Bhagavad Gita** in der Gestalt eines menschlichen Helden auf einen persönlichen Gott *Krishna**. Die einander folgenden wiederholten Neuinterpretationen dieses Textes – und ganz allgemein die Schriften, die eine persönliche Gottheit herausstellen – gehen jedoch in Richtung einer immer stärkeren Abstraktion, hin zu einem neutralen und unpersönlichen höchsten Prinzip.

Ich möchte nochmals darauf hinweisen, dass all das weiterhin Gegenstand von Diskussionen sein wird, da die maßgeblichen Schriften des Hinduismus in erster Linie keine theoretischen Abhandlungen, sondern vielfache Wege sind, die zu ein und derselben Erfahrung führen wollen. Ein jeder ist eingeladen, sich daraus mit dem zu versorgen, was seinem jeweiligen Niveau entspricht. Deshalb ist es für einen Hindu kein echter Widerspruch, wenn von zwei ihm vorliegenden Texten der eine von einem unpersönlichen göttlichen Prinzip, der andere von einem persönlichen Gott redet.

Wenn man nun innerhalb des hinduistischen Denkens auf einen persönlichen Gott stößt – was ja eine Bewahrung eines persönlichen Ichs seitens des *Yogi* voraussetzt – so stellt dies für mich nur eine, und zwar nicht die letzte, Etappe auf dem Weg der Befreiung von der Illusion dar. Ein persönliches Gegenüber wäre gleichbedeutend mit einer Dualität, die der Schüler ja aufzulösen hat, wenn er zu einer universellen Identität gelangen will. Das ist jedenfalls der Erfahrungskern von *samadhi.*

3. Der große Sprung ins Leere

Die Erfahrung von samadhi soll selten sein und nur von kurzer Dauer. Dennoch entsteht, wenn man Sie so sprechen hört, der Eindruck, dass Sie diese Erfahrung gemacht haben.

Der Eindruck ist richtig. Dieses „große Abtauchen" in das Eine-Ungeteilte habe ich während der langen Meditationsphasen mehrmals erlebt. Es ist eine faszinierende und zutiefst beeindruckende Erfahrung, die im – wiedererlangten – Bewusstsein für Wochen, ja Jahre ihre Spuren hinterlässt.

Es ist mir sehr wohl klar geworden, dass sich eine solche Erfahrung nicht mit dem Vokabular mitteilen lässt, das unsere sinnlichen und psychischen Phänomene ausdrückt; mit dem Vokabular, das wir hier in unserem Dialog verwenden. Können Sie uns über diese Erfahrung etwas mitteilen unter Zuhilfenahme von Analogien oder Symbolen?

Im Laufe der langen bereits erwähnten Stunden der Übung kündigt sich diese Erfahrung durch einen immer stärker werdenden Rückruf der Sinne an, der bis zum Verlust der sinnlichen Wahrnehmung des eigenen Körpers führt. Mit dem Stillstand der geistigen Aktivität scheinen sich seltsamerweise auch akustische Eindrücke und andere Außenwahrnehmungen nach innen zu verlagern. Das kann soweit gehen, dass das ganze, alles umfassende Universum seinerseits von einem unpersönlichen „Selbst", in dem alles enthalten ist, umfasst wird. Es gibt dann kein Ich mehr, nur noch das unbewegte Ganze, in dem sich das kosmische Geschehen vollzieht.

Die Zeit steht still oder läuft vielmehr im Inneren des zeitlosen Selbst ab, das alle Räume umfasst. In dem Maße wie weit *Kundalini* gestiegen ist – was ja wahrnehmbar ist – intensiviert sich diese Erfahrung bis hin zu einem Punkt, an dem sie die im Selbst enthaltene Vielfalt des Seienden „übersteigt". Ab dann gibt es nur noch die Erfahrung der Existenz, rein, weißglühend, unbeschreiblich intensiv, von den Hindus als *saccidananda* bezeichnet. Das Sein *(sat),* die Weisheit *(cit)* und die Glückseligkeit *(ananda)* sind nämlich die drei wesentlichen Charakteristika, die das absolute *Brahman* kennzeichnen.

Von den Hindus wird diese Erfahrung *samadhi,* von den Zen-Buddhisten *satori* genannt, Der Unterschied liegt nur in der Benennung. Die Erfahrung der Leere, die für Buddha am Ende des Weges liegt, entspricht dem, was die Yogaübung anstrebt. In keinem der beiden Fälle wird zur Erreichung des Zieles irgendwelche übernatürliche Kraft angerufen für den Fall, dass die Möglichkeiten unserer Natur nicht genügten, um einen bestimmten Effekt zu erreichen. Deshalb wird diese Erfahrung immer als „natürlich" bezeichnet. Sie steht im Gegensatz zu der Erfahrung, die durch das gnadenhafte Eingreifen eines persönlichen transzendenten Gottes zustande kommt, der außerhalb unserer Natur existiert. In diesem Fall sprechen wir von einer „übernatürlichen" Erfahrung.

Aber kann denn eine rein natürliche Erfahrung als echt „mystisch" eingestuft werden?

Die Antwort hängt natürlich von der Definition der von uns verwendeten Begriffe ab. Ich denke, man kann dann eine Erfahrung als mystisch bezeichnen, wenn sie am Ende einer langen Suche nach dem Absoluten – Unbedingten steht. Wer sich pilgernd auf die Suche nach dem Unsichtbaren gemacht hat, für den ist diese Erfahrung eine Antwort auf seine geheime Sehnsucht, eine Antwort auf das stetige Drängen seines „unruhigen Herzens."
Tragen nicht wir alle das in uns: den Wunsch nach einer uns erfüllenden Begegnung mit unserem Ursprung, unserer „Heimat"; die Sehnsucht nach einem vollen Leben jenseits der Zersplitterung des Seins, die als Verfremdung erlebt wird; den Anruf, uns loszureißen von dem Mittelmaß unseres Alltags, um aufzubrechen hin zu einem absoluten primären Wesen oder einem transzenden-

ten „Ganzen“, das weder den Begrenzungen der Unvollkommenheit noch der Abnutzung durch die Zeit unterworfen ist ... ?

Die Aussage, dass dieses Absolute transzendent sein muss, bedeutet jedoch nicht notwendigerweise, dass es „anders“ ist: vielleicht ist das Absolute die über-personelle Erstursache und damit Ursprung meiner persönlichen Existenz? Aber möglicherweise ist das Absolute auch der unpersönliche Ur-Grund meiner eigenen Existenz, der da war, lange bevor ich als Individuum geworden bin?

Hier sehen wir schon, dass es mehr als nur „eine“ Mystik gibt. Selbst wenn man einen identischen Ausgangspunkt hat – nämlich den Durst nach dem Absoluten – ja selbst wenn man die ersten Schritte gemeinsam geht – nämlich nach innen – so gehen die Wege doch alsbald auseinander und führen zu Erfahrungen, die nichts mehr miteinander zu tun haben.

Wollen Sie damit sagen, dass es verschiedene Formen des inneren Erlebens gibt?

Nach meinem Dafürhalten kann der Ausgangspunkt eines jeden mystischen Weges nur darin bestehen, dass wir mit der Zersplitterung brechen und damit zu uns selbst zurückkehren, uns in uns selbst konzentrieren. Kaum haben wir jedoch diesen Weg nach innen eingeschlagen, stellt sich uns schon die Frage: gehen wir den Weg allein, auf dem wir aus eigenen Kräften immer tiefer in uns selbst eindringen auf der Suche nach dem Ursprung, wo unsere menschliche Existenz Gestalt annahm? Oder hat diese erste Hinwendung nach innen uns eine innere Sammlung ermöglicht als Vorbereitung auf die Begegnung mit dem Ganz Anderen, auf dessen Initiative wir nur warten und hoffen können und der allein durch seine Initiative uns etwas von Seinem Mysterium enthüllen wird? Im zweiten Fall kommen wir auf unserem Weg nach innen an eine Art Weggabelung. Hier müssen wir unsere anfängliche Bewegung nach innen zunächst einmal unterbrechen, um wieder heraustreten zu können und Ihm zu begegnen, den wir anrufen und erwarten. In dieser ganz neuen Hinwendung nach außen verlieren wir uns aber nicht wieder in der Zersplitterung; dieses Heraustreten ist von anderer Qualität, es führt uns zu einer inneren Präsenz, die uns vertrauter ist als wir selbst es uns sind; eine Präsenz, die dabei ihr unveränderliches Anderssein beibehält.

Wie lassen sich die beiden Formen der Mystik begrifflich unterscheiden?

Logischerweise bezeichnet man den Weg, auf dem man das Absolute am Grunde des eigenen natürlichen Seins sucht, als Immanenzmystik. Ebenso logisch ist es dann, von Transzendenzmystik oder übernatürlicher Mystik zu sprechen, wenn es der Weg ist, der zu einem Anderen hinführt, dessen Natur in ihrer Andersartigkeit unsere Natur übersteigt und von dem wir die Erfüllung unserer Sehnsucht erwarten. Die christliche Mystik hingegen ist übernatürlich, weil sie alles von der Gnade erwartet; die Mystik des Ostens ist natürlich, weil sie nur durch die Kraft der Askese in die Tiefen des Seins vordringt.

Handelt es sich im zweiten Fall um die Erforschung der Tiefenschichten unserer Psyche?

Keineswegs. Die natürlichen mystischen Wege nach innen haben mit psychologischer Selbstbeobachtung nichts zu tun; es handelt sich nicht um ein Hinuntersteigen in die noch unentdeckten Kräfte der subjektiven Seele. Ganz im Gegenteil: die Subjektivität, d.h. die endliche, begrenzte, festgelegte Individualität soll durchbrochen werden, hin zu ihrem absoluten, grenzenlosen, alle Festlegung übersteigenden Urgrund. Deshalb streben die östlichen Techniken die Aufhebung aller Aktivitäten des empirischen Ichs an, um so möglicherweise an das Geheimnis und die Fülle des reinen Seins-Aktes heranzukommen, von dem dann erst sämtliche die Individualität bedingenden Differenzierungen und sämtliche persönlichen Aktivitäten ausgehen. Sie sind es, die uns normalerweise erst bewusst werden lassen, dass wir überhaupt an der

Existenz teilhaben. Wir könnten die Bewegung, die dieser Form der sogenannten Immanenzmystik eigen ist, als „Enstase" der Person im Seins-Akt beschreiben, der sie in jedem Augenblick ihrer Existenz trägt.

Der Begriff „Enstase" stammt von Mircea Eliade[1], der ihn exakt aus dem Grund geprägt hat, um die natürliche mystische Erfahrung der Ekstase der übernatürlichen Mystik gegenüberzustellen. Jean Varenne[2] kommentiert diese Wortschöpfung folgendermaßen: *„Dieser Neologismus hat den Vorteil, dass er einen starken Gegensatz ausdrückt zu der absolut falschen Wiedergabe von samadhi als „Ekstase", wie manchmal vorgeschlagen wird. Der Yogi im Zustand von samadhi geht nicht aus sich heraus, ist nicht „entrückt" wie die christlichen Mystiker; ganz im Gegenteil: er zieht sich völlig in sich zurück, er legt sich selbst still durch allmähliches Auslöschen all dessen, was Bewegung verursacht: Instinkte, körperliche und geistige Aktivität, ja sogar Intelligenz. Im vollkommenen samadhi ist die Persönlichkeit gänzlich erloschen."* [3] Was allein bleibt, ist – noch vor der Bewusstseinsbildung - eine Art unpersönlicher „Wahrnehmung" der eigenen Existenz.

Wenn ich Sie recht verstanden habe, würde es sich um eine rein existenzielle Erfahrung handeln?

So bezeichnet es auch Jacques Maritain.[4] Seine Ausführungen dazu lesen sich gewiss nicht leicht, aber angesichts ihrer Bedeutung für die Beantwortung unserer Frage werde ich mich dennoch auf Jacques Maritain beziehen. Leser, die weniger zu philosophischer

---

1 Le yoga, immortalité et liberté, Paris 1954, S. 89. Mircea Eliade (1907-1986), Religionsgeschichtler, hat diese Überlegung in seine Disziplin eingebracht. Seine Forschungen gelten vor allem der Erfahrung des Heiligen, wie sie der homo religiosus vom Paläolithikum angefangen bis zur Gegenwart macht.
2 Einer der bedeutendsten französischen Indologen, Professor an der Universität Aix.
3 Upanishads du yoga, a. a. O. S. 42 f
4 Christlicher Philosoph (1882-1973). Im Zentrum seines Denkens steht die Intuition vom Sein, wobei er als gesichert ansieht, dass die Intelligenz dazu in der Lage ist, das Reale in seinen mannigfachen Aspekten zu erfassen.

Denkweise neigen, sollten sich deswegen keine Sorgen machen: die etwas fachspezifischen Gedankengänge im weiteren Verlauf dieses Kapitels dienen lediglich der Vertiefung des bereits Gesagten.

Zurück also zu Jacques Maritain. Da er sich nicht dazu durchringen kann, die uralten vielfältigen, aber doch übereinstimmenden Zeugnisse östlicher Mystiker als Illusionen oder psychologische Irrtümer abzutun, versucht er auf dem Weg der Philosophie zu einem Verständnis dieser befremdlichen Erfahrung zu gelangen: *„Nehmen wir einmal an, man würde die Seele dazu zwingen, absolut und definitiv die Denkfähigkeit aufzugeben (und zwar mittels Askese und einer Technik, die beide der radikalen Entsagung angemessen sind) und man würde sich ganz bewusst wider die eigene Natur verhalten – hat da der betreffende Mensch (bei allem damit verbundenen Risiko) nicht die Chance, über die übliche Erfahrung von der Existenz der Seele hinausschreitend, eine Erfahrung zu machen, die als eine Vergünstigung und Ausnahme – in die Tiefe des Ichs hineinmündet? Hat der Mensch da nicht die Chance, seinem nur scheinbaren Sein zu entrinnen, um zu seinem absoluten Sein vorzudringen? (...) Was ich zu glauben geneigt bin, ist, dass diese hinduistischen Asketen sich derartig aller individuellen Vorstellungen und einzelner klarer Denkakte entledigen, dass sie selbst irgendwie ihre Seele und ihren Intellekt – immer noch durch einen Akt, der freilich ein in größter Stille vollzogener Akt der Verneinung ist – reduzieren auf diese radikale, sich nicht ändernde Selbstschau. Mit anderen Worten und kurz gesagt: diese Asketen stoßen keineswegs zum Wie-Sein ihrer Seele vor, sondern lediglich zu deren Da-Sein, zu deren substantieller Existenz. Und wie vollzieht sich das? Eben dadurch, dass diese Asketen die normale Erfahrung der Existenz des Ichs, welche in vielfältige Erscheinungsformen des Denkens eingetaucht und dadurch verschleiert ist, drastisch reinigen und zurückschneiden, um dann – bei vollem Risiko – durch hartnäckiges Üben ihre geistige Aktivität zu reduzieren. So entleert sich die Seele ganz und gar aller einzelnen Denkimpulse und aller Vielfältigkeit und erkennt unver-*

hüllt auf negative Art, nämlich durch Leere und Abwürgen eines jeden Denkaktes und eines jeden von außen kommenden Denkanstoßes dieses metaphysische Wunder, dieses Absolute, diese Perfektion eines jeglichen Aktes und Perfektion jeglicher Perfektion: nämlich die Erkenntnis des Existierens, seine substantielle Existenz."

Es lohnt sich, diesen schwierigen Text nochmals durchzulesen, denn er scheint mir doch das Wesentliche des Weges der natürlichen Mystik wiederzugeben.[5]

Damit kommen wir auf den Punkt. Ich möchte gerne auf die Frage zurückkommen, die ich Ihnen bereits gestellt habe. Wie kann man eine Erfahrung als „mystisch" bezeichnen, die summa summarum metaphysisch ist?

Statt hier von Metaphysik zu sprechen, sollten wir, immer mit Jacques Maritain, eher die Formulierung *„metaphilosophische Erfahrung des substantiellen Seins der Seele"*[6] wählen. Das schließt freilich die Bezeichnung „mystisch" nicht aus, weil „mystisch" jede Erfahrung ist, die das Göttliche selbst, und zwar in direktem Kontakt, zu erreichen meint. Nun aber wird, was den Osten angeht, die Erfahrung des Seins (eine andere Bezeichnung für die Erfahrung der Immanenzmystik) als ein Aufgehen im absoluten göttlichen Sein interpretiert.

Selbstverständlich ist das Sein, verstanden als erster Akt der Existenz, aus kreationistischer Sicht immer nur der Existenzakt eines geschaffenen Wesens und nicht des göttlichen, ungeschaffenen Wesens. Wenn das substantielle *esse* der Seele als unbegrenzt begriffen wird, so deswegen, weil nichts Vorstellbares mehr bei der Erfahrung der immanenten Mystik mitspielt. Daher geht es dabei

---

5 Quatre essais sur l'esprit dans sa condition charnelle, Saint-Paul, Œuvres complètes des Jacques et Raissa Maritain, vol. VII, p. 177
6 Ders.a.a.O. S.184

nur um die reine Existenz eines einzelnen, begrenzten Wesens und nicht um die reine Existenz als solche; die reine Existenz eines unbegrenzten Wesens wäre ja Gott selbst.

Es gäbe also ein Durcheinander zwischen dem Sein des Geschöpfs und dem göttlichen, ungeschaffenen, schöpferischen Sein?

Ganz sicher. Stellt man aber die Frage so, wie Sie es tun, so stellt man sich in der Debatte bereits auf die Seite des Kreationismus. Wir dürfen nicht vergessen, dass die Unterscheidung Schöpfer – Geschöpf für den Verstand nicht zwingend ist.

Bei dieser Unterscheidung handelt es sich um eine Grundoption, die Raum gibt für die Interpretation. Sie wird vor allem von der jüdisch-christlichen Tradition vertreten, wird aber von östlichen Traditionen nicht geteilt. Für letztere ist die Erfahrung des eigenen Seins sehr wohl „mystisch“, und zwar in dem Sinn, dass diese Erfahrung zu einem direkten Erfassen des Göttlichen führt, insofern ja diese Traditionen einen tatsächlichen Unterschied zwischen Schöpfer und Schöpfung nicht kennen. Der Christ hingegen interpretiert die gleiche Erfahrung als ein Erfasstwerden des geschaffenen Wesens, als ein Geschenk, wobei das geschaffene Wesen den Schenkenden von sich aus nicht erreichen kann.

Heißt das, dass wir in den beiden mystischen Traditionen nicht vom gleichen Gott sprechen?

Die beiden religiösen Strömungen haben tatsächlich nicht die gleiche Vorstellung von Gott, auch nicht die gleiche Vorstellung von der Beziehung zwischen Gott und dem sich in der Natur manifestierenden Sein. Wir alle kennen mehr oder weniger gut die kreationistische Vorstellung, nach der das Geschöpf in seinem ganzen Sein und in all seiner Festgelegtheit von dem Akt abhängig ist, durch den Gott ihm in jedem Augenblick die Existenz verleiht. Das Geschöpf nennt also einen authentischen ontologischen Status sein Eigen: das Geschöpf ist keine Illusion, da ihm ja ein göttlicher

Akt das Leben schenkt inmitten der Vielfalt der Wesen, die sich um uns herum entfalten. Zwischen Schöpfer und Geschöpf besteht eine unendliche Nähe – wir könnten sogar von einer Art „Kontakt" zwischen der Erstursache und den von ihr im Geschöpf hervorgerufenen Wirkungen sprechen. Zugleich aber besteht eine unendliche Distanz, ein echter ontologischer Abgrund, der den Unerschaffenen von der geschaffenen Natur trennt. Es ist klar, dass unter solchen Bedingungen es nur Gott ist, der den Graben überwinden kann – wenn dies seinem freien Ratschluss entspricht; das Geschöpf vermag nichts anderes als sich auf diese von ihm erhoffte und ersehnte „Heimsuchung" vorzubereiten.

Entfalten sich die östlichen Mystiken dann doch eher auf pantheistischer Basis?

Die Meinung ist tatsächlich weit verbreitet, dass die dem Hinduismus zugrunde liegende Philosophie ein Pantheismus[7] ist. Man muss hier allerdings differenzieren. Wir sprachen bereits davon, dass das indische Denken vor allem eine Erfahrung interpretieren will. Am Endpunkt des heroischen Weges einer Askese, die der spontanen Dynamik der menschlichen Natur radikal zuwiderläuft, ist es dem Yogi gelungen, über alle persönlichen Aktivitäten, in denen er seine Individualität erfuhr, hinauszuwachsen, um in einem unbegrenzten reinen Sein aufzugehen. Aus dieser Erfahrung heraus konstruiert der Hinduismus – wie später, mit einigen Nuancierungen, auch der Buddhismus – seine Weltsicht. Folgerichtig relativieren diese Traditionen die Vielfalt der Erscheinungen und reduzieren sie schließlich auf eine Illusion (die freilich auf die Unkenntnis unserer wirklichen Natur zurückzuführen ist). Die ganze Realität verdichtet sich zu diesem reinen Akt des Existie-

---

7 Im Griechischen bedeutet pan alles und theos Gott. Der Pantheismus ist eine philosophische Richtung, die die Welt rational erklärt, in der kein Raum ist für einen transzendentalen Gott. Denn für den Pantheismus ist Gott und die Welt eins. Das kann entweder bedeuten, dass allein Gott wirklich ist und die Welt nichts ist als die Gesamtheit von Emanationen ohne eigene Konsistenz und ohne dauerhafte Realität; oder aber, dass nur die Welt real ist und Gott nur die Summe von allem, was existiert.

rens, der mit dem absoluten (göttlichen) Sein gleichgesetzt wird, das man nur erreicht, wenn man absichtlich all das nicht zur Kenntnis nimmt, was nicht es selbst ist, also alles, was sich in der Natur manifestiert. So gesehen bereitet es Schwierigkeiten von Pantheismus zu sprechen, da ja dieses im Begriff Pantheismus enthaltene „alles“ nur aus einer Illusion besteht, die es zu überwinden gilt, wenn man zum undifferenzierten (göttlichen) Sein gelangen will. Wir können hier vielmehr einen Monismus erkennen[8], der das substantielle *esse* der Seele gleichsetzt mit dem göttlichen *esse subsistens.* Jede Reflexion philosophischer Art, die nur auf den Gegebenheiten mystischer Selbsterfahrung aufbaut, wird unweigerlich zu dieser Gleichsetzung kommen.

Wir erahnen die Distanz, die besteht zwischen dem transzendenten Schöpfergott einerseits, der sehenden Auges einem realen Geschöpf seine Existenz gibt, und andrerseits dem immanenten Göttlichen, in das hinein sich alles scheinbar Seiende auflöst und das jenseits aller Dualität, d.h. jenseits aller Unterschiedlichkeiten als das Eine Bestand hat. Zu diesem Thema bemerkt Pater Jules Monchanin[9] Folgendes: *Die Schöpfung muss wieder im Licht des christlichen Offenbarungsmysteriums gedacht werden oder vielmehr erneut in diesem Licht gesehen werden. Der Hinduismus (und vor allem advaita) muss sterben, um in christlicher Gestalt aufzuerstehen. Jede Theorie, die dieser Notwendigkeit nicht voll Rechnung trägt, stellt einen Mangel an Loyalität dar sowohl gegenüber dem Christentum – das wir nicht dadurch verstümmeln dürfen, dass wir es von dem abtrennen, was sein eigentliches Wesen ausmacht – als auch gegenüber dem Hinduismus, dem wir seinen fundamentalen Irrtum und damit den essentiellen Unter-*

8 Eine ontologische Lehre, nach der die Summe des Seienden reduzierbar ist auf eine einzige – in unserem Fall göttliche – Substanz.
9 Französischer Priester der Diözese Lyon (1895-1957), Mitglied der Société des Auxiliaires des Missions (1938), ging 1939 nach Indien und gründete dort mit Pater Henri Le Saux einen Ashram namens Saccidananda. Er beschäftigt sich vor allem mit den Bedingungen, unter denen eine Annäherung des indischen und christlichen kontemplativen Lebens möglich ist. Siehe auch S. 81.

schied zum Christentum nicht verschweigen dürfen. Nur wenn der Hinduismus seine Gleichung atman = brahman verwirft, kann er in Christus Eingang finden."[10]

Sie sprechen einen Unterschied an, den ich für wirklich grundlegend halte: Es ist nicht dasselbe, ob ich auf die Verschmelzung mit einem unpersönlichen göttlichen Sein zugehe, oder ob ich eine Begegnung mit einem persönlichen Gott ins Auge fasse, der mir als der ganz Andere gegenübersteht.

Deshalb weichen die beiden Mystiken auch so sehr voneinander ab. Der Weg der Immanenz führt zu einer immer radikaleren Vereinsamung, welche in die Erfahrung der Enstase, im unpersönlichen Sein, einmündet, die ja nur absolute Einsamkeit jenseits jeder Dualität bedeuten kann.

Der Guru kann die Wegrichtung angeben, auf seinem Weg aber ist der Schüler allein. Sein Fortschritt ist von seinen eigenen Kräften abhängig, er kann nur auf sich allein zählen. Alle Mittel, egal ob sie körperlicher, seelischer oder gar chemischer Art sind, sind gut, wenn sie nur den einen gleichen Zweck erfüllen, - nämlich die Illusion von der Individualität zu überwinden.

Der Weg der transzendenten Mystik hingegen führt auf einen persönlichen Gott hin, auf eine Begegnung, die sich zu einer liebenden Schau entfaltet, aber immer um das Anders-Sein des Gegenüber weiß. Sicherlich muss man sich selbst auf den Weg machen, was einschließt, dass man den falschen „Ichs", die das wirkliche Ich verdecken, eine Absage erteilt und sich von ihnen losreißt; das Gleiche gilt auch für die Egoismen, die jedwede authentische Begegnung verhindern. Im Fall der transzendenten Mystik ist Askese jedoch nur Vorbereitung. Die ersehnte Erfahrung selbst kann sie nicht herbeiführen, da diese von dem Zu-einander-hin zweier frei-

---

10 Ecrits spirituels, ed. Centurion, Paris 1965, S. 136.

er Wesen abhängt, vor allem von einer göttlichen Initiative. Nur Gott allein kann die Distanz überwinden, die uns von Ihm trennt.

Der Mystiker ist hier nicht mehr Herr des Weges noch der Erfahrung: Gott selbst führt ihn und zieht ihn an Sich. Im Augenblick der Begegnung ist es wiederum der Herr, der ihn in einer ekstatischen Bewegung „mitreißt“, ihn sich selbst entreißt, hin zu Sich.

Ich sehe den Unterschied durchaus. Ist aber der transzendente Gott nicht auch der immanente Gott, der seine Schöpfung im Sein erhält? Mit anderen Worten: gehen diese beiden Wege nicht auf ein und dieselbe göttliche Realität zu, der man sich eben nur aus verschiedenen Richtungen nähert: einerseits der persönliche Gott, der zu einer Begegnung der Liebe ruft – andrerseits der Schöpfer, der auf geheimnisvolle Weise im Herzen seiner Geschöpfe anwesend ist als unpersönliche göttliche Schöpferkraft?

Ich weiß, was Sie sagen wollen: entspricht das Sein, das man am Ende des Weges der Immanenzmystik erreicht, nicht dem, was aus kreationistischer Sicht „Gegenwart der Unendlichkeit“ ist, also die schöpferische Gegenwart Gottes in jedem Wesen, mag es vernunftbegabt sein oder nicht?

Louis Gardet[11] hat sich folgende Frage gestellt: Ist es möglich - im Kern der mystischen Erfahrung der substantiellen Existenz der Seele - Gott in seiner Unendlichkeit zu erfassen? Gardet sagt dazu, dass die Unterscheidung zwischen einem Gott, der in seinem innersten Sein Urheber der Gnade ist, und einem Gott, der in seiner Unendlichkeit Urheber der Natur ist – dass diese Unterscheidung nur seitens des Geschöpfes getroffen wird: die verschiedenen

11 Christlicher Philosph (1904-1986), Spezialist für muslimische Theologie und Philosophie, aber auch für vergleichende Mystik. In dieser Eigenschaft interessierte er sich für den Hinduismus und befasste sich eingehend mit den philosophischen Voraussetzungen der natürlichen und übernatürlichen Mystik.

Arten der Gegenwart Gottes gibt es nur hinsichtlich der Wirkungen, die von der Gegenwart Gottes im Geschöpf ausgelöst werden. In Gott selbst gibt es keine Teilung: der Ewige, Eine und Dreieine ist immer ungeteilt, sowohl in seiner Gegenwart als Unendlicher als auch in seiner Gegenwart als Spender der Gnade. Deshalb käme die Annahme, eine Erfahrung Gottes als des nur Unendlichen machen zu können, der Annahme gleich, es könne Gott erfahren werden durch eine Maßnahme, die einzig und allein von den Kräften der menschlichen Natur abhängt. *„Wir müssen sehr vorsichtig sein in Bezug auf das Vokabular, das wir verwenden wollen. Das schöpferische Wirken selbst wird in der Erfahrung nicht direkt erreicht, sondern nur mittelbar und indirekt in dem und durch das, was es bewirkt. Ebenso wird auch Gott selbst nicht in seiner Unendlichkeit durch Erfahrung erreicht, sondern nur durch das, was seine Gegenwart in einer Einzelperson bewirkt. (...) Hier – was fehl am Platz wäre - von einer unmittelbaren Erfahrung zu sprechen, brächte die Gefahr von Verwirrung mit sich“*[12]. Und der Autor fährt mit einer sehr schönen Meditation über die unterschiedlichen Wege fort, auf denen beide Formen der Mystik Gott erreichen wollen: *„Das substantielle esse, das (in der Immanenzmystik) erreicht wird, ist nichts anderes als der in den Dingen gegenwärtige Spiegel Gottes, der nur den Widerschein Gottes, nicht aber dessen eigentliche Existenz wiedergibt. In der übernatürlichen Ordnung wird Gott in und durch dessen gnadenhafte Einwohnung in der Seele des Gerechten von der mystischen Erkenntnis erreicht, und zwar in Form der eingestifteten Teilhabe am göttlichen Leben. Das ist der Zustand der Gnade. Dabei handelt es sich um eine objektive Vereinigung, in der die Liebe Mittel und Ausdruck ist, eine Liebe, die sich mit der Ganzhingabe ihres Seins dem Anderen als Subjekt schenkt. Deshalb lässt sich sagen, dass die übernatürliche mystische Erfahrung nicht nur die sich im Zustand der Gnade befindliche Seele und die Gnade selbst in und durch diese Seele erreicht; sie erreicht auch Gott selbst, als nicht*

---

12 Louis Gardet, Études de philosophie et de mystique comparée, Édition Vrin, Paris, 1972, p. 149-185.

Erkennbarer erkannt in dieser Bewegung der Ekstase, die ausschließlich der Liebe eigen ist.

(...) In der Seinsmystik gibt es nichts, was der Ekstase der Liebe als der Vereinigung mit dem „Anderen“ als Subjekt entspräche. Hier gibt es keine Vereinigung, sondern nur Absorption des Ichs hinein in seine ihm eigene Verwirklichung im Sein. Einzig diese Verwirklichung wird direkt erreicht.“ Und Louis Gardet sagt weiter: *„Der Weg des Nichtwissens darf uns nicht die so erreichte Realität in ihrer ontologischen Dichte verhüllen. Hier tritt die Größe der indischen Erfahrung, aber auch ihre Begrenztheit zutage. Denn das „esse“ der Seele ist ein substantielles „esse“ und keineswegs das „esse subsistens“. Ersteres existiert nur durch Letzteres und trägt dessen Widerschein in sich. Der Weg führt aber nicht vom Letzteren zur Existenz des Ersteren, wenn Gott nicht interveniert.“*

Ich halte es für wichtig, die Unterschiede zwischen den beiden Wegen gerade in unserer Zeit zu betonen, wo gewisse synkretistische Strömungen die Natursymbolik über alle dogmatischen Wahrheiten stellen, durch die die Religionen unterschieden und einander gegenübergestellt werden. Die Lehren der verschiedenen Traditionen hätten danach kein anderes Ziel, als auf verschiedenen Wegen zu diesem einen Ort zu führen. Dieser Ort ist die Quelle aller religiösen Intuition, nämlich der Bewusstwerdung des Menschen von seiner göttlichen Natur, und zwar durch Gleichsetzung des Ich mit dem göttlichen Sein.
Dadurch stellt man stillschweigend die natürliche Mystik als die universale Mystik heraus und umgeht die Alternative der übernatürlichen Mystik oder leugnet die Stichhaltigkeit der Unterschiede, die wir herausgestellt haben.

4. Narzissmus ohne Narzissus[1]

Ich denke, es war gut, dass wir uns auf den Flügeln der Philosophie hierher haben tragen lassen. So konnten wir die Erfahrungen, die Sie mit der natürlichen Mystik gemacht haben, besser verstehen. Ich möchte aber auf Ihr Zeugnis zurückkommen und Ihnen eine Frage stellen. Sie brennt mir auf den Lippen, seitdem Sie uns von Ihren Begegnungen mit der TM berichtet haben: Woher rührt denn eigentlich diese Begeisterung für östliche Techniken? Noch heute müssen wir mit ansehen, wie sich mehr oder weniger junge Menschen, Mitglieder neuer fernöstlicher Gruppierungen, ohne spezielle religiöse Vorbereitung in stundenlange Meditationen stürzen. Dabei sind sie von beeindruckender Strenge gegen sich und führen asketische Übungen durch, die man unter Christen wohl vergeblich sucht. Was in ihrem Leben ruft plötzlich eine derartige „Großmut“ hervor?

Mir scheint, die Erfahrung des eigenen Seins, wovon wir eben ausführlich gesprochen haben, fasziniert sie ganz einfach. Die Existenz ist der fundamentale Wert, an dem wir zuinnerst hängen. Jedes Lebewesen liebt auf je seine eigene Weise – ich meine eine seinem Wesen entsprechende Weise – spontan diesen Vollzug seiner Existenz, der es dem Nichts entreißt und es ihm ermöglicht, sich im Sein zu beweisen und sich zu entfalten. Dabei handelt es sich um eine ontologische, natürliche und notwendige Liebe des geschaffenen Wesens zur eigenen Existenz. Lebensfreude ist der spontane Ausdruck dieses „ontologischen Jubilierens.“ Leider ist diese Freude allzu oft gedämpft durch Sorgen, Widerwärtigkeiten und Leiden, denen wir ausgesetzt sind; durch Situationen, in denen sich diese Freude verflüchtigt und der Trauer Platz macht. Wir sind derartig mit dem beschäftigt, was außerhalb uns ist, dass

---

1 Der Ausdruck stammt von P. Monchanin: Im Innersten eines rigorosen Yoga ist kein Platz für Gnade, logischerweise auch nicht für Gott. Es ist ein Narzissmus ohne Narzissus: Sein So-sein ist durch sein Da-sein absorbiert.

uns das Wunder des ständig in uns sprudelnden Seins nicht mehr bewusst wird.

Östliche Techniken nun ermöglichen uns auf höchst effiziente Weise den Rückzug aus der Außen-Welt und die Wiederbesinnung auf uns selbst. Sie lassen uns etwas von diesem versiegten inneren Leben verspüren, nach dem wir uns unbewusst noch immer sehnen.

Sie räumen also ein, dass es eine legitime Suche nach einem authentischen Wert ist, die diese Leute dazu bringt, diese Techniken so hingegeben zu praktizieren?

Die Erfahrung des eigenen Seins, die uns diese Techniken ermöglichen, ist bei weitem nichts Schlechtes, vorausgesetzt man erkennt sie als das, was sie ist. Der Genuss der eigenen Existenz freilich ist derartig verlockend, dass er sehr bald Gefahr läuft, zu etwas Absolutem zu werden, dem jede andere Aktivität oder Erfahrung bald untergeordnet ist. Nichts anderes zählt dann mehr, es gibt keinen anderen Wert mehr als diese erfüllende Erfahrung der eigenen Existenz. Diese Erfahrung ist umso erfüllender, je weiter sie sich von der normalen Art, wie wir uns wahrnehmen, entfernt.

Mit anderen Worten: wir dürfen das Risiko, dass wir selbst zu unserem eigenen Idol werden, ja nicht unterschätzen. Die Gefahr ist umso realer, als diese Techniken nicht für sich, sondern in Verbindung mit Interpretationen übernommen werden, die dazu einladen, die Erfahrung des Seins aus einer mystischen Perspektive zu sehen.

Die Verabsolutierung dieser Haltung lässt sich umso leichter rechtfertigen, als sie uns ja zum Göttlichen in uns führen soll. So gelangt man – streng logisch – alsbald zu dem Schluss, dass der einzige Wert in dieser illusorischen Welt in dem Bemühen besteht, durch die Pforte der Enstase aus dieser Welt herauszukommen.

Haben Überlegungen dieser Art Sie dazu gebracht, alles zu verlassen und mit dem Guru zu gehen?

So ist es. Dieses Verhalten kann sogar einen altruistischen Anstrich bekommen, weil aus der Sicht der natürlichen Mystik man dem Nächsten am besten dadurch helfen kann, dass man den „Vibrationsgrad der Menschheit“ erhöht, und zwar dadurch, dass man in die Tiefenschichten des eigenen Seins vordringt.

Eine Seele, die sich erhebt, erhebt die Welt ...

Sicher. Aber vergessen wir nicht, dass dieses Zitat dem christlichen Gedankengut entstammt. Nach christlicher Vorstellung ist diese Erhebung der Seele ein Hinausgehen aus sich selbst auf Gott und die Menschen zu, und zwar in einem Elan der Liebe, die keine Mühe scheut. Diese Erhebung ist kein Eintauchen in sich selbst um eines narzisstischen Genusses des eigenen Seinsvollzugs willen in einer einsamen Enstase.

Sie werden aber doch zugeben, dass Schritte dieser Art etwas von ehrlicher Großmut an sich haben.

Großmut kann nicht in Zweifel gezogen werden; indessen, wem nützt Großmut, wenn nicht mir, und zwar mir ganz allein? Dieser asketische Heroismus, dem ich selbst verfallen war, hat unbestreitbar etwas Ambivalentes an sich. Jede dieser Heldentaten wird ja im Blick auf ein experimentell nachprüfbares Resultat hin ausgeführt, und das besteht in einem stets wachsenden Genuss seiner selbst, in einer immer größeren Annäherung an den simplen Existenzvollzug.

Es kann bei diesem Vorgehen keinen Altruismus, kein Mit-teilen, keine Großzügigkeit nach unserem Verständnis geben. Alles außer mir ist ja Illusion. Wenn ich, um meinem empirischen Ich zu entkommen, all diese Verzichte auf mich zu nehmen willens bin, dann eben nicht deswegen, weil ich mich für eine Begegnung mit dem

Anderen zubereiten will, sondern einzig und allein um die immer berauschendere Erfahrung des eigenen Seins auszukosten – und das geschieht in dem Maß, wie wir die Begrenzungen überschreiten, die uns unsere armselige Individualität auferlegt.

Wenn der Tantrismus Recht hat und *Kundalini* die okkulte Energie darstellt, die für die sexuelle Aktivität, diese so starke und intensive Erfahrung verantwortlich ist - ist sie dann nicht eine Art Auto-Erotik, die in den subtilen Körpern erlebt wird? Der Genuss seiner selbst, der nicht durch ein Heraustreten aus sich selbst hin zum Anderen kompensiert wird, führt zu der bei Esoterikern hochgeschätzten Symbolik der Schlange, die sich in den eigenen Schwanz beisst, sich selbst auffrisst und ihre Mahlzeit einsam genießt. In seinen wahrscheinlich aus den Jahren 1948/1949 stammenden Aufzeichnungen bemerkt P. Monchanin zu Yoga stichwortartig: *„Lange tantrische Prägung. Subtile Sexualität, die bis in die geistigen Funktionen eindringt. Zweifelhafte Sublimation in beseligendem psychischen, koenästhetischen Frieden.*[2] Jean Varenne äußert sich im gleichen Sinn: *„Wir müssen feststellen, dass samdhi gewissermaßen ein Höhepunkt ist: es findet statt, wenn kundalini seine wahre Natur erkannt (und also auch realisiert) hat, zur Göttin geworden ist und sich mit shiva vereinigt. Da die sexuellen Bilder hier ganz eindeutig sind, kann man sagen, dass samadhi einen dem Orgasmus vergleichbaren Höhepunkt darstellt".*[3]

Sie können aber doch die natürliche Mystik nicht zu einer Art narzisstischer Verliebtheit in sich selbst verkürzen. Sie werden doch wohl zugeben müssen, dass es in der hinduistischen Mystik authentische Liebesimpulse gibt?

Ich kann gut verstehen, dass diese meine Interpretation Sie

---

2 Zitiert von Francoise Jacquin, „Le témoignage de Jules Monchanin", Revue Communio, XIII, 4, Juli-August 1988, S. 112. Angesichts ihrer großen Bedeutung sind diese Notizen im Anhang Nr. 3, S. 261 ff vollständig wiedergegeben.
3 Upanishads du yoga, a.a.O. S. 43.

schockiert: vergessen Sie aber nicht, dass ich jetzt eine kritische Haltung einnehme gegenüber Interpreten der Seinsmystiken. Dabei ist es einerlei, ob es sich um hinduistische, buddhistische oder anderweitige Seinsmystiken handelt. Wenn der Monismus, den sie lehren, wahr ist, wenn ich also von göttlicher Natur bin, dann ist die Enstase die höchst mystische Erfahrung, und was ich als narzisstische Selbstverliebtheit abtue, wird zu „Liebe", mit der das Göttliche in jedem von uns sich selber liebt. Wenn ich aber die Sichtweise der Transzendenzmystik wähle, verliert diese Erfahrung jeden „religiösen" Charakter, weil sie mich nicht mit Gott verbindet, sondern lediglich mit meinem eigenen Existenzvollzug, der immer nur ein einfacher Vollzug des Geschaffenseins ist.

Was die Liebe betrifft, die den Yogi bewegt und ihn auf seinem ganzen langen und schwierigen Weg erhält, so kann das keinesfalls die freundschaftliche Liebe sein, die zwei Wesen vereint, die sich in Freiheit füreinander entschieden haben. Das Vorgehen der natürlichen Mystik besteht nämlich gerade darin, jegliche Aktivität der Intelligenz und des Willens, die sich ja etwas „anderem" zuwenden, zu unterlassen. Ich wiederhole, dass es sich dabei um ein spontanes Verlangen nach sich selbst handelt, um den naturhaften Wunsch, auf die Quelle des eigenen Existenzvollzugs zu stoßen, um dessen Fülle zu verkosten. Sicherlich ist es eine „selbstlose" Liebe, insofern sie ja den Asketen dazu bringt, sich von seinem fortwährend von Egoismen befleckten Ich loszureißen. Und dennoch ist es Eigenliebe, die der Yogi in einer radikalen Vereinsamung genießt. Er macht sich auf, seine eigene „absolute" Realität zu finden, die er, ohne sie teilen zu müssen, genießen will.

Ich möchte meinen soeben dargelegten Standpunkt dadurch untermauern, dass ich eine kurze Stellungnahme Louis Gardets zu diesen ihm wohlvertrauten Fragen wiedergebe: *„Wenn die Erfahrung des Yoga tatsächlich möglich ist, dann definitiv deshalb, weil jede Kreatur notwendigerweise und mit allen Fasern ihres Seins die Quelle liebt, aus der sie hervorgeht, und zwar liebt sie sie mehr als sich selbst. Es handelt sich hier nicht um eine freie Hinwen-*

dung zum Nächsten, welche allein Freundschaft mit einem anderen als mit sich selbst hervorbringen kann; vielmehr handelt es sich um eine Liebe, ein gewaltiges Begehren, das der ganzen Weite des Seins gilt. Es ist nicht Liebe zu einem Anderen, nicht Liebe zu den verborgenen Tiefen eines transzendenten und persönlichen Gottes; sondern es ist der obskure Durst nach der Quelle des Seins. Deshalb ist diese Liebe identisch mit der notwendigen Liebe zu sich selbst, die freilich irgendwie „selbstlos" ist".[4]

***Wie ergeht es Ihnen dann mit* bhaktiyoga?**

Bhakti ist eine weitverbreitete Form, Verehrung auszudrücken. Man sollte sich aber über die Reichweite dieser Verehrung keine Illusionen machen. Die affektive Bindung und Hingabe des Schülers gelten wohl einer Gottheit oder einem Guru. Diese werden jedoch als eine Manifestation des absoluten Seins angesehen und als solche verehrt. Das angstrebte Ziel ist also nicht eine Liebesgemeinschaft, sondern eine Identifikation mit dem Meister, und zwar jenseits der scheinbaren Andersartigkeit der jeweiligen Individuen.

Diese geistige Strömung findet ihren reinsten Ausdruck sicherlich in den Gesängen IX und XII des *Bhagavad-Gita* (des Gesangs der Seligen). Es ist dies ein berühmtes Lehrgedicht, Teil von *Mahabharata**, das wahrscheinlich zu Beginn der christlichen Ära verfasst wurde. Aufgrund seiner Bedeutung findet es die gleiche Beachtung wie die *Veden* und die *Upanishaden.* Der Prinz *Arjuna,* der dabei ist, seinen beiden Cousins den Krieg zu erklären, stellt sich Fragen über die Konsequenzen seines Vorhabens. Sein Kutscher *Krishna* belehrt ihn über den Weg von *Karma* und *bakhti.* Im Verlauf dieser Belehrung verrät er schließlich seine Identität und gibt sich zu erkennen als eine Manifestation, ein *avatar* des höchsten Gottes *Vishnu,* der gekommen ist, um *dharma** wieder

---

4 Louis Gardet, Expérience mystique en terre non chrétienne, Alsatia, Paris, 1953, S. 40.

aufzurichten, d.h. die Regel, die das Verhalten der Menschen bestimmt:

> *Große Seelen sind mit göttlicher Natur bekleidet, sie wissen, dass ich die unerschöpfliche Quelle aller Wesen bin und beten mich mit ungeteilter Verehrung an. Sie singen unaufhörlich mein Lob, glühend und beharrlich in ihrer Entschiedenheit erweisen sie mir hingebungsvoll Ehrerbietung, und unauflöslich verbunden mit mir beten sie mich an.* *IX, 13-14* [5]

Aber mit der Unterweisung, die *Krishna* seinem Gegenüber erteilt und in der er ihn einlädt, sein Jünger zu werden, hat kein anderes Ziel als ihn dahin zu bringen, sich mit ihm zu identifizieren, und zwar in einem Maß, dass alle individuellen Unterschiede aufgehoben sind. Verehrung ist der leichteste Weg, weil sie ein Mittel darstellt, die nachlassende Aufmerksamkeit zu festigen, wenn diese nicht mehr in der Lage ist, sich auf Dauer auf etwas zu konzentrieren, was nicht mit den Sinnen wahrnehmbar ist:

> *Für solche, die ihren Geist auf den sinnenhaft nicht wahrnehmbaren Brahman fixieren, ist die Schwierigkeit größer. Denn wahrhaft, das Nichtmanifeste ist für die körperumkleideten Seelen schwer zu erreichen.* *XII,5* [6]

So hat im *bhaktiyoga* nun *advaita,* die Nicht-Dualität, das letzte Wort. Das besagt im Klartext: die Leidenschaft, die den Yogi zum Absoluten hinzieht und die von den Dichtern des *bhakti* so besungen wurde, dieser „Liebeselan" (wenn wir diesen Begriff weiterhin gebrauchen wollen) ist nichts anderes als eine Hilfsmaßnahme. Auf sie müssen wir verzichten, wenn wir ein Ziel erreichen wollen, in dem dieser Liebeselan keinen Platz mehr hat, da Verehrender und Verehrter eins geworden sind.

---

5 Le yoga de la Bhagavad Gîta, kommentierte Übersetzung von Sri Arobindo, Edition Sand, Pondichéry 1969, S. 229-230. - 6 Ders., S. 277.

Aber legt die mystische Erfahrung eines „Gottesnarren", wie Ramakrishna es ist, uns nicht nahe, dass der wesensmäßige Unterschied zwischen Verehrer und Objekt der Verehrung erhalten bleibt?

Ich möchte Ihre Frage von diesem passionierten und hingegebenen Yogi selbst beantworten lassen. Er vertraut einem Bettelmönch an, dass er nicht in der Lage sei, seinen Geist in den Zustand der Unabhängigkeit zu bringen, und zwar wegen einer Vision von der strahlenden Göttin Kali. Ihr habe er sich geweiht, und nun versperre sie ihm den direkten Zugang zum *atman.* Um Ramakrishna zur Konzentration zu verhelfen, nahm Totapuri – so der Name des Bettelmönchs – ein Stück Glas in die Hand und bohrte dessen Spitze zwischen die Augenbrauen Ramakrishnas: *„Ich begann mit all meinen Kräften zu meditieren, und sobald mir die graziöse Gestalt der göttlichen Mutter erschien, benützte ich mein Unterscheidungsvermögen wie ein Schwert und spaltete sie in zwei Teile. Nun, da kein Hindernis mehr vor ihm stand, stieg mein Geist alsbald auf, weit über die Ebene alles Relativen hinaus. Ich verlor mich im samadhi. Das Universum erlosch, auch war der Raum nicht mehr da. Anfänglich bewegten sich noch düstere Gedanken im obskuren Grund meines Geistes. Dann tauchte nur noch das schwache Bewusstsein meines Seins immer wieder, ganz monoton, auf. Zuletzt hörte auch das auf. Es blieb nur mehr die Existenz. Die Seele verlor sich im Sein. Jeglicher Dualismus verlosch".*[7]

Hat der Buddhismus bei seiner Reformierung des Hinduismus der Nächstenliebe nicht einen wichtigeren Platz eingeräumt? Und könnte man diese Nächstenliebe nicht mit der christlichen vergleichen?

Keinesfalls. Die buddhistische Anthropologie führt zu einer noch

7 Romain Rolland, La vie de Ramakrishna, Edition Stock, Paris, zitiert nach P. Ravignant und P. Mariel in „Les Maîtres spirituels", Edition Denoël, Paris, 1972, S. 72.

verschwommeneren Vorstellung von der menschlichen Individualität und damit auch von der Liebe. Kardinal Lubac äußert sich sehr deutlich zu diesem Thema: *„Ich denke, die Gleichsetzung – trotz möglicher Vorbehalte – der buddhistischen Liebe mit der christlichen Liebe kann nur auf einem Missverständnis beruhen. Selbst wenn man die höchsten und anerkennenswertesten Formen dieser buddhistischen Liebe zum Vergleich heranzieht, so unterscheidet sie sich doch von der christlichen in ihrer Inspiration, weil sie einer anderen Idee entspricht und einen anderen Platz in einem anderen Heilssystem einnimmt. Jeder einigermaßen ernstzunehmende Vergleich deckt unweigerlich den unterschiedlichen Geist der beiden Religionen auf. (...) Der wesentliche Faktor, der sich als ein unüberwindbarer Abgrund zwischen buddhistischer und christlicher Liebe darstellt, besteht darin, dass in der christlichen Liebe der Nächste um seinetwillen geliebt wird. Und davon kann im Buddhismus nicht die Rede sein. Wohl verlangt auch der Buddhismus, den Anderen zu lieben wie sich selbst – zumindest anfangs. Aber der Buddhist kann in sich kein Ich lieben, das ja ganz und gar illusorisch ist oder das es zu vernichten gilt. Wie könnte man dann das Ich eines Anderen lieben? Die Person des Anderen genießt ja für sich keine Achtung und kann deshalb auch nicht Objekt echter Liebe sein“.*[8] Pater Lubac bezieht sich dabei auf die buddhistische Technik der „umgekehrten Wertung des Ichs und des Anderen“. Diese „Technik“ besteht darin, dass man sich selbst voller Fehler, den Anderen als Ozean der Vollkommenheit sieht. Dies führt dazu, dass man die eigene Persönlichkeit verwirft und die Persönlichkeit des Anderen, die der eigenen vorgezogen wird, sich überstülpt. Diese Haltung hat aber nichts gemein mit dem, wozu der Apostel Paulus die Philipper auffordert: *„In Demut schätze der eine den anderen höher ein als sich selbst.“*[9] Hier ist dieses Verhalten aufgrund der Inkarnation gerechtfertigt, mit welcher der Sohn Gottes tatsächlich das Menschsein eines jeden Menschen angenommen hat und ihn damit zum Adoptivsohn sei-

---

8 Aspects du bouddhism, Edition du Seuil, Paris, 1951, S. 30. - 9 Phil 2,3

nes göttlichen Vaters und – in seiner Menschlichkeit – zum Bruder macht, der zum ewigen Leben berufen ist. Im Buddhismus hingegen ist diese Verkehrung des Ich und des Anderen nichts als eine Technik, die keine Verbindung zur Wirklichkeit hat, da der Schüler überzeugt ist, dass die anderen wie er selber nichts als Illusion sind. Wenn dieses Entwicklungsstadium abgeschlossen ist, wird die Technik aufgegeben, weil sie kein Ziel mehr hat.

Anscheinend wollen Sie sagen, dass für den Buddhisten die Liebe nur eine vorübergehende Etappe auf dem Weg der eigenen geistigen Verwirklichung darstellt.

So wird die Liebe auch dargestellt in der Lehre von den sechs Vollkommenheiten oder *paranuita,* die allesamt in die Erkenntnis, dass es keinen Dualismus gibt, oder in die Verwirklichung der Leere aller Dinge münden.[10] Die „Gabe", ein Begriff, der manchmal mit christlicher Nächstenliebe gleichgesetzt wird, ist nur die erste Ebene der Vervollkommnung. Sie ist ein nützliches Mittel, eine wirksame Technik zur Verwirklichung der unverzichtbaren Loslösung von sich selbst. Es handelt sich aber nur um eine provisorische Tugend, die für das Endziel der Aufwärtsbewegung nicht relevant ist. Wenn der Schüler die Stufe der höchsten Erkenntnis erreicht hat, hat das, was er über die „Gabe" gelernt hat, jeglichen Bezug verloren: er hat diese Etappe endgültig hinter sich gelassen. Deshalb sprechen die höheren Unterweisungen *Buddhas* auch nicht mehr davon. Gewiss wird Liebe/Mitleid als komplementär zur höchsten Erkenntnis gesehen; es handelt sich aber wiederum um diese universelle, nichtdualistische Liebe, um den Genuss des eigenen Selbst, den wir mit der spontanen und notwendigen Liebe eines jeden Lebewesens zu seiner eigenen Existenz auf ihrer ontologischen Fundamentalebene gleichgestellt haben.
„Die klassische Meditation benützt die Liebe als erstes Sprungbrett, um sich dann über Mitleid und Freude zur Heiterkeit

---

10 Die sechs Vollkommenheiten sind: Gabe, Disziplin, Geduld, Energie, Meditation und schließlich die transzendente Erkenntnis.

zu erheben. Nächstenliebe war nur Teil der Welt des Scheins. Der bodhisattva gewöhnt sich an diejenige Welt, die als Einzige real ist, nämlich die Welt der universellen Leere. Für denjenigen, der das vollkommene Wissen erlangt, gibt es keinerlei Sympathie oder Antipathie mehr – zwei Unruheherde, die nun für immer ausgeschalten sind".*[11]

„Sofern wir das Beste an der buddhistischen Liebe ins Auge fassen, können wir sagen, dass sie mit der christlichen Nächstenliebe vergleichbar ist wie der Traum mit der Realität. Man kann es drehen und wenden wie man will: es gibt keine auf Vereinigung ausgerichtete Liebe, keine Gegenseitigkeit; es kann sie auch nicht geben, weil es ja auch keine Lebewesen gibt, die sich einander schenken könnten. Einheit wird nur durch Un-Persönlichkeit erreicht".[12]

Und die menschliche Liebe? Hinduistische Jungen und Mädchen begegnen sich, verlieben sich und heiraten, wie es in allen Kulturen auf unserem Planeten geschieht!

Lassen Sie mich eine Begebenheit erzählen. Eine Hindu-Familie hatte mich für einige Tage bei sich aufgenommen. Dabei beobachtete ich mit Bewunderung, wie sehr sich die Eheleute liebten, mit welcher Zärtlichkeit und mit welch gegenseitigem Respekt sie miteinander umgingen. Diese Beobachtung ließ mich insgeheim den gleichen Einwand formulieren, den Sie soeben ausgesprochen haben. Zu meiner größten Verlegenheit erriet die junge Frau meine diesbezügliche Ratlosigkeit und kam meiner Frage zuvor. Zusammengefasst sagte sie etwa so: *„Sie fragen sich sicherlich, wie mein Mann und ich uns so lieben können, wenn wir doch wissen, dass die Liebe eine Illusion ist. Sie müssen halt wissen, dass unser beider Karma für die Dauer der derzeitigen Inkarnation verlangt, diese Erfahrung der Liebe bis zum Ende und so gut wie möglich*

---

11 Card. de Lubac, a.a.O. S. 48-49 - 12 Ders. S. 50-51

zu durchleben, und zwar in der Hoffnung, sie in einer späteren Inkarnation hinter uns lassen zu können.“

Mir scheint, wir stoßen hier auf einen radikalen Unterschied zwischen natürlicher und christlicher Mystik. Die einzige „Definition“ Gottes, die die Hl. Schrift zu geben wagt, liefert der hl. Johannes in seinem ersten Brief: *„Gott ist Liebe“.*[13] Nach der Offenbarung kommt alle Liebe aus Gott, sie leistet ihren Beitrag, dass wir Ihn in unserem Leben offenbaren können, und ist uns geschenkt, damit wir zu Ihm geführt werden.

„Wenn wir einander lieben, bleibt Gott in uns und seine Liebe ist in uns vollendet. (...) Wer in der Liebe bleibt, bleibt in Gott und Gott bleibt ihn ihm“.[14] Wenn die Liebe das Endziel des christlichen Weges ist, wie kann man da von einem zeitweiligen Hilfsmittel reden? Wie wäre es vorstellbar, dass man über die Liebe hinausschreitet? Allein auf dem Weg der Nächstenliebe können wir die Glückseligkeit erreichen, und diese besteht nicht im Eins-Werden mit einem unpersönlichen Prinzip, sondern in der vollen Gemeinschaft mit dem einen Dreifaltigen Gott, der sich uns in Jesus offenbart und uns so seine absolute Liebe beweist.

Es ist nicht möglich, eine Lehre, der zufolge die Liebe zum Anderen illusorisch ist und die die Liebe zum eigenen Sein hochhält, in Einklang zu bringen mit der Sinngebung der Evangelien und dem Primat der Nächstenliebe, der uns im Kreuz Christi offenbart ist.

Anscheinend sind wir – zumindest aus christlicher Sicht – an die Grenzen dieser buddhistischen Erfahrung gestoßen.

Ja. Und ich würde diese Bemerkung nicht auf Gläubige beschränken. Die Liebe hat im Westen immer als der höchste Wert des

---

13 1 Joh 4,16 - 14 1 Joh 4, 12-16

Lebens gegolten, als der Wert, der unserer Existenz „Gewicht" verleiht. Und das gilt nicht nur für das christliche Milieu. Ich möchte damit nicht sagen, dass wir im Westen immer dem Anspruch dieses Ideals genügen konnten. Aber ich behaupte, dass die Nächstenliebe den Horizont darstellt, auf den sich unsere Kultur zubewegt – mit mehr oder weniger großem Erfolg und in mannigfaltigen Ausprägungen. Gewiss müssen wir täglich um uns herum – und wir sind selbst schuld daran – all jene Pervertierungen und Karikaturen der Liebe mit ansehen, die den Anderen zum Objekt egoistischer Absichten macht. Aber schon die Tatsache, dass wir diese Deformationen der Liebe missbilligen, beweist, dass wir die Liebe – wenngleich unausgesprochen – zumindest als Bezugspunkt im Auge haben. Vielleicht ist auch die derzeitige Begeisterung für den Fernen Osten zum Teil als eine Reaktion darauf entstanden, dass wir dem Anspruch dieser Liebe nicht gerecht zu werden vermögen?
Aber es wäre bedauerlich, wenn wir uns unter dem Eindruck dieses unseren Stolz verletzenden Unvermögens dazu verleiten ließen, die Berechtigung dieses Ideals in Zweifel zu ziehen, eines Ideals, das unsere Kultur zu ihren schönsten Werken inspiriert hat. Es ist Zeit, dass wir uns wieder darauf besinnen: die jüdisch-christliche Offenbarung, aus der dieser Wert der Liebe stammt, gibt uns im Geist von Jesus Christus Möglichkeiten an die Hand, diesen Wert auch zu leben – sofern wir nur den Weg der Umkehr einzuschlagen bereit sind, den zu gehen Er uns einlädt.

Wollen Sie uns zu verstehen geben, dass eine grundsätzliche kulturelle Unvereinbarkeit besteht zwischen Orient und Okzident?

Ich möchte einfach betonen, dass nicht nur das Gottesverständnis, sondern das Bild vom Menschen verschieden ist: das Ziel seines Lebens, seine Beziehung zu den Anderen, kurz alles, was die großen Optionen darstellt, die eine Kultur tragen. Im Gegensatz zu den Behauptungen eines gewissen kulturellen Synkretismus, der besonders im New Age floriert, sind die Kulturen nämlich nicht uneingeschränkt miteinander vereinbar. Es wäre eine gefährliche Illusion zu glauben, man könne wesentliche Vorstellungen fremder Kulturen ungestraft übernehmen, ohne im Inneren der eigenen Kultur Verwerfungen auszulösen und bestimmte Werte in Frage zu stellen. Ich glaube, dass interkulturelle Begegnungen wertvoll sind, solange man dabei der jeweiligen Andersartigkeit mit Respekt begegnet, eine gegenseitige Bereicherung im Auge hat und die Eigenart des Gegenüber nicht antastet. Ich glaube jedoch nicht, dass eine Vermengung der Identitäten fruchtbar ist.

Was ist nach Ihrem Dafürhalten der fundamentalste Unterschied zwischen östlicher und westlicher Sicht?

Vielleicht ist es die unterschiedliche Vorstellung, die man von der menschlichen Person hat. Im Blick auf unsere westliche Kultur scheint es mir geradezu undenkbar, auf die personale Dimension unserer Existenz zu verzichten. Weit davon entfernt, eine Illusion zu sein, *ist die Person vielmehr das Vollkommenste in der Natur* – um mit Thomas von Aquin zu sprechen[15]. Die unveräußerliche Würde der Person und der ihr gebührende Respekt sind fundamentale Werte unserer Gesellschaft.

Wir alle sind ein bisschen kartesianisch, und das berühmte *„Cogito ergo sum“* (ich denke, also bin ich eine Substanz, die denkt) bleibt ein zumindest unausgesprochener Grundsatz unserer Denkweise. Die Behauptung, der Denkakt schließe keineswegs die Existenz eines persönlichen Ichs ein, sondern erhalte nur eine Illusion aufrecht, sollte uns zumindest seltsam erscheinen. Einer solchen Sicht vom Menschen anzuhangen bedeutet doch, jeglichem intellektuellen Bemühen des Westens seinen Wert abzusprechen, sei es auf dem Gebiet der Philosophie oder der Naturwissenschaften. Was bringt es denn, wenn man sich in die vergänglichen Emanationen der absoluten Substanz vertieft, in der sich alle Unterschiede auflösen? Der Anti-Intellektualismus des Ostens steht in einem eigen-

---

15 Summa theologica, I a,q.29,a.3

artigen Kontrast zur intellektuellen Neugierde und der beharrlichen Forschungstätigkeit des Westens: es sollte nicht sein, dass wir – nur weil heutzutage bestimmte Formen des Rationalismus kraftlos geworden sind – im Zusammenspiel der Kulturen unsere Eigenart verleugnen. Ein solcher Verzicht würde zweifellos allen zum Schaden gereichen. Ich will es nochmals sagen: Mir scheint, gerade von einem neuen Nachdenken über unser eigenes Erbe dürfen wir eine Vertiefung unserer Identität und eine neue Fruchtbarkeit erwarten.

Hier sollte man auch noch einen anderen Gesichtspunkt vertiefen, auf den ich nur in Frageform hinweisen will: wenn die Psychologie uns lehrt, dass der Mensch zur Persönlichkeit nur werden kann durch Vermittlung eines Anderen, der in seiner persönlichen, gleichbleibenden und wohlwollenden Andersartigkeit vor mir steht und mich an seine Seite ruft, in die Welt der Freiheit und Verantwortlichkeit: wie wäre es bestellt um diesen „Ortswechsel", um diese Entfaltung der Persönlichkeit in einer Gesellschaft, die die Substantialität der Person leugnet? Woher bekäme ein Kind die unverzichtbare Hilfe, die es ihm erst ermöglicht, auf dem Fels seiner eigenen persönlichen Existenz Fuß zu fassen? Wie sollte es seine eigene Identität entdecken können, wenn es als Bezugspunkt nicht diesen Anderen vor sich hat? Ich fürchte, die weite Verbreitung der Seinsmystik, die zu einem Paradigma des New Age geworden ist, verstärkt nur noch die Krise des „Vaters", die unserer Gesellschaft weiterhin zu schaffen macht.

5. Wenn der Schleier zerreißt

Könnten wir auf Ihr Zeugnis zurückkommen? Mögen Sie noch so sehr Intellektueller sein: mir fällt es dennoch schwer zu glauben, dass derlei philosophische Argumente Sie veranlasst haben, mit dem Hinduismus zu brechen.

Sicherlich haben die Erwägungen, die wir beide hier anstellen, erst nach meiner Umkehr stattgefunden. Sie stehen in enger Verbindung mit dem, was ich erlebt habe; sie sind sogar die theoretische Erklärung dafür. Ich würde sagen, dass das Zusammenwirken einer Reihe von Ereignissen, die in gewissem zeitlichen Abstand voneinander eintraten, diesen Bruch ausgelöst haben. Ich möchte diese Ereignisse um drei Pole herum gruppieren. Der erste Pol besteht in einer langsamen Bewusstwerdung im Verlauf besonders tiefer Meditationen; der zweite Pol hat zu tun mit einer gewissen Anzahl von Situationen, die ich in Indien erlebt habe und die mich zum Nachdenken gebracht haben. Der dritte Pol war schließlich der entscheidende, denn keiner der beiden anderen hätte ausgereicht, mich zur Umkehr zu bewegen: das entscheidende Ereignis war das persönliche Eingreifen des Herrn, der mir die Augen öffnete.

Beginnen wir also mit der ersten Bewusstwerdung, die – wenn ich Sie recht verstanden habe – im Zusammenhang mit intensiven Yogaübungen sich einstellte.

Das ist richtig. Selbst wenn es schwierig, ja unmöglich ist, in der ersten Person von einer Erfahrung zu sprechen, deren persönliches Subjekt als Ich nicht vorhanden ist, so glaube ich doch, davon Zeugnis geben zu können: Es blieb im Innersten dieses intensiven, natürlichen und wiederholt erlebten Glücksgefühls eine geheime Sehnsucht übrig; es blieb ein Mangel, den dieses Allganze nicht beheben konnte.

Ich hatte den Eindruck, dass die Enstase einen Teil meines Seins unerfüllt gelassen und einem wesentlichen Verlangen nicht entsprochen habe. Nach alledem, was wir bereits gesagt haben, möchte ich es als Abwesenheit des Anderen deuten, als Abwesenheit dieses „Du“, zu dem ich mich doch hätte aufschwingen wollen, um umso mehr und echter „Ich“ zu werden.

Paradoxerweise glaube ich, dass ich in dieser Erfahrung etwas nachempfinden konnte, was ich erst viel später entdecken sollte: die Tiefe des bekannten Wortes aus den Konfessionen des hl. Augustinus: *„Du hast uns für Dich gemacht, Herr, und unruhig ist unser Herz, bis es ruht in Dir.“* [1] Das berauschende Einswerden mit dem All-Sein hatte mir nicht den Frieden gegeben, den ich suchte. Dieses kostbare Gut setzte die Existenz des Anderen voraus – das ahnte ich – und dass wirklicher Friede etwas anderes ist; heitere Gelassenheit, die sich ausbreitet, wenn Konfliktherde beseitigt sind. Ich ahnte, dass Friede wohl das Ruhen in der vollkommenen Gemeinschaft mit einem Anderen ist, der seine Gegenwart zu jedem Augenblick als ungeschuldete Liebe anbietet. Die Fülle, in die hinein ich mich versinken lassen konnte, löschte diese Sehnsucht nach dem Anderen nicht aus, nach dem Anderen, der mich zu lieben vermöchte und mich lieben lehren könnte. Die Wahrnehmung meiner Existenz wurde intensiver – aber sie füllte meine innere Leere nicht aus, weitete diese vielmehr aus auf das Allganze.

Gewiss war hier alles Schönheit, Harmonie, Heiterkeit; meine ganze Natur befand sich in einem unbeschreiblichen Freudentaumel – ausgenommen die zarte Wurzel meiner Seele, die unbefriedigt blieb in ihrer Sehnsucht nach dem Vielgeliebten. Aber der ihr angebotene Genuss konnte die Seele nicht davon abbringen, auf Ihn zu warten. Die ganze äußere und so vielfältige Natur, mit der die Seele doch in Verbindung treten könnte, erschien wie ein gol-

---

1 Buch I,1

dener Käfig, ein leerer Schrein, eine sterile Ablenkung, weil Derjenige nicht da war, der durch sie begehrt sein wollte.

Trotzdem dachte ich nicht daran, mich auf meiner Suche neu zu orientieren. Den Widerspruch ertrug ich in Passivität. „Wer“ hätte übrigens reagieren sollen, da doch das persönliche Subjekt der eigentlichen Erfahrung fern war. Ich sagte mir, dass es sich sicherlich um die letzten Spuren einer widerspenstigen Individualität handele, die noch einen Schatten von Dualität in das *brahman* hineinwerfe, das ich ja bereits gefunden hatte. Aus der Logik der Seinsmystik heraus konnte es auch keine andere Erklärung geben, und was man vor allem nicht durfte, war reagieren: das würde diese im Sterben liegende Individualität nur am Leben erhalten und kräftigen. Den Schrei nach Transzendenz, der aus der Tiefe der Immanenzerfahrung aufstieg, musste man ersticken, um den sich vollziehenden Identifikationsprozess nicht zu beeinträchtigen, der nicht unterbrochen werden durfte, solange er nicht alles in sich aufgesaugt hatte.

Sie haben auch von Situationen gesprochen, denen Sie in Indien begegneten und die dazu beigetragen haben, dass Sie nachdenklicher geworden sind.

Ja, so war es. Ich erinnere mich an eine Reise in den Norden Indiens, die ich gemeinsam mit dem Guru unternommen habe. Beim Morgengrauen waren wir aus dem Auto gestiegen, um an das Ufer des Ganges zu gehen, wo Hindus ihre Waschungen vornahmen. Wir kamen durch ein Dorf, wo sich die Einwohner bereits versammelt hatten, um den monotonen Singsang ihrer vedischen Gesänge anzustimmen. Plötzlich stieß ich im Halbdunkel mit dem Fuß an etwas, was mir wie ein menschlicher Körper vorkam. Bestürzt blieb ich stehen und erkannte im Zwielicht des anbrechenden Tages, undeutlich noch, dass es sich um einen Mann handelte, der auf dem Boden lag. Er zitterte am ganzen Leib und wimmerte leise vor sich hin. Ich neigte mich zu ihm hinab und war dabei um Hilfe zu rufen, als ich den Guru rufen hörte: *„Komm,*

lass' ihn ..." Und als er sah, wie ich zögerte, fügte er hinzu: „ ... *es geht um sein karma*.*"
Einen Augenblick war ich wie versteinert, dann aber gehorchte ich dem Meister und folgte ihm wie ein Automat hinab zum heiligen Fluss, wo alle mit ihren Waschungen beschäftigt waren, absolut teilnahmslos gegenüber einem Mann, der einen Steinwurf weit von ihnen entfernt, einsam im Sterben lag.

Was hat es denn mit dieser Kausalität auf sich, die Sie karma nennen?

Das *karma* ist die vitale Energie, die durch Willensakte hervorgerufen wird. Wenn diese Willensakte egozentrisch eingefärbt sind, bleibt der durch die vitale Energie gespeiste Lebensdurst erhalten, der das Individuum noch mehr zum Gefangenen der Illusion macht. Außerdem ruft jede Handlung nach einer ihr entsprechenden Antwort: eine zerstörerische Tat zieht den Täter unweigerlich nach unten. Jeder trägt die Konsequenzen des eigenen Handelns. Die vitale Energie löst sich im Tod nicht in nichts auf, sondern verursacht einen Wiedereintritt in eine neue Existenz, d.h. sie führt zu einer weiteren Inkarnation. Das so entstandene Individuum trägt dabei weiterhin die Folgen der im früheren Leben begangenen Taten. In diesem Sinne ist *karma* der Motor von *samsara**, was der meistverwendete Begriff ist, wenn im Hinduismus die Rede von Reinkarnation ist. *Samsara* bedeutet den endlosen Strom von Geburt und Sterben, der alle Lebenden mit sich nimmt.

Und die Begebenheit, von der Sie gerade berichtet haben, reichte Ihnen nicht, um zu erkennen, wie viel die schönen Reden über nirvana denn eigentlich wert sind?

Das ist natürlich schockierend, aber die Antwort des Guru war innerhalb der hinduistischen Vorstellung von Reinkarnation stimmig. Wenn das jetzige Leben des Mannes unter derartig dramatischen Umständen zu Ende ging, in absoluter Einsamkeit und allgemeiner Teilnahmslosigkeit, so konnte das nur die Folge von in einem früheren Leben begangenen schlechten Handlungen sein, für die er nun einen *karmischen* Zoll zu zahlen hatte. Ihm jetzt zu helfen würde bedeuten, dass man ihn daran hindert, in seinem jetzigen Leben sein schmerzhaftes *karma* zu durchleben. Die Folge wäre, dass er eine weitere Inkarnation abwarten müsste, um sich der jetzigen Prüfung erneut unterziehen zu können. Seitens seiner Umwelt ist es nicht wirklich Gleichgültigkeit, sondern eine Art von Fatalismus. Jeder ist allein auf seinem eigenen Weg der Selbstbefreiung. In den Prozess der Auflösung einer Illusion eingreifen zu wollen, nützt niemandem; es würde vielmehr bedeuten, diese Illusion mehr als nötig am Leben zu erhalten. Vergessen wir nicht, dass Mutter Theresa, bevor sie die Herzen erobern konnte, die Missbilligung gewisser religiöser Autoritäten zu ertragen hatte, die ihr vorwarfen, sie widersetze sich dem *karmischen* Gesetz und bedrohe so das Gleichgewicht von *dharma.*

Haben Sie noch weitere Erfahrungen dieser Art gemacht?

Von folgender möchte ich noch berichten. Auf einer anderen Reise nach Nordindien verbrachten wir die Nacht am Ufer eines Flusses und warteten auf die Fähre, die uns am Morgen ans andere Ufer bringen sollte. Lange vor Tagesanbruch weckten uns religiöse Gesänge, die aus nahegelegenen Häusern zu uns drangen. Plötzlich ließ mich ein bestürzendes Schauspiel auffahren: ein langer Zug von Schatten kam aus der Nacht und ließ Glöckchen erklingen. Die menschlichen Silhouetten hatten einander an der Schulter gefasst, eine hinter der anderen im Gänsemarsch, und riefen mit brüchiger Stimme Worte, die ich natürlich nicht verstand. Die Art und Weise, wie sich die Leute um uns herum entfernten, ließ mich plötzlich innewerden, dass es sich um Leprakranke handelte, die mit ihren Schellen klingelten, um ihre Anwesenheit kundzutun, aber auch um ihre tägliche Essensration abzuholen. Während ich perplex vor diesem befremdlichen Spektakel stand, hörte ich den Guru sagen: *„Geh' weg, lass' sie den Weg ihres karmas gehen!"*

Wie sehr griff es mir ans Herz, als ich später entdeckte, dass Franz von Assisi bei einer vergleichbaren Begegnung entschlossen den Weg der Heiligkeit einschlug. Auch er begegnete einem Leprakranken und wandte sich zuerst voll Ekel ab. Der Heilige Geist aber ließ Franz erkennen, dass unser Herr Jesus die ganze Menschheit, und mag sie noch so entstellt sein, umarmt. Und so fing sich Franz, bezwang seine Abneigung, ging wieder auf den Leprakranken zu und küsste ihn. In diesem Kuss für den Leprakranken entdeckte er Jesus im Ärmsten, Nacktesten, Ausgegrenztesten, und diese Entdeckung sollte sein Leben verändern. Damit begann für den großen Heiligen ein entscheidender Lebensabschnitt, in dem er sich demütig in den Dienst dieser Ärmsten stellte, sie aufsuchte, wie man die Nähe der Großen dieser Welt sucht, und ihnen diente, als wären sie seine Herren. In ihnen hatte er den einzigen Schatz und den einzigen Herrn gefunden: seinen vielgeliebten Herrn Jesus.

Es gibt aber doch sehr wohl Ärzte in Indien, Krankenschwestern, Kliniken, die sich um die Kranken kümmern!

Das stimmt. Aber darf ich Ihnen in diesem Zusammenhang noch eine Begebenheit erzählen, die mir gerade in den Sinn kommt?

Wir nahmen in Neu Delhi an einer Konferenz teil, in einem der Luxushotels der Stadt. Mit uns im Aufzug war ein junges Mädchen, das die Gelegenheit wahrnahm, den Guru anzusprechen und ihm eine Frage zu stellen: ob sie gut daran täte, sich zur Krankenschwester ausbilden zu lassen. *„Ja nicht! Der Umgang mit Kranken würde Ihren Vibrationsgrad senken!"* Im ersten Moment war ich über diese Antwort bestürzt. Aber je länger ich darüber nachdachte, umso logischer erschien sie mir: die Berufe, die sich mit dem Gesundheitswesen befassen, sind an sich nicht verachtet; sie können aber nicht mehr ausgeübt werden, wenn der Ausübende einen bestimmten Grad seiner Evolution erreicht hat, der mit der Forderung verknüpft ist, dass man sich von allen Menschen mit einem schweren *Karma* fernhalten solle. Man könne die subtilen Energien des Fortgeschrittenen nicht mit den groben Energien derer vermischen, die noch mit den Konsequenzen ihrer schlechten Taten kämpften ...

Haben alle diese Erfahrungen nicht Ihr Vertrauen in den Guru erschüttert?

Eigentlich nicht. Ich entdeckte nur die praktischen Konsequenzen der philosophischen Optionen des Hinduismus. Die Reaktionen des Guru standen im Einklang mit dem Weltbild, dem Menschen- und Gottesbild, wie sie im Verlaufe unserer Gespräche zutage getreten waren. Und doch konnte ich nicht gleichgültig bleiben gegenüber diesen zerstörenden „konkreten Anwendungen". War ich bereit, ein System in Theorie und Praxis ganz und gar zu bejahen, das zu einer solchen existenziellen Haltung gegenüber dem Leid und letztlich dem Nächsten führte?

Paradoxerweise war ich durchaus entschossen, den Weg der Auflösung meiner eigenen persönlichen Dimension zu Ende zu gehen. Es fiel mir aber schwer anzunehmen, dass dieser „Andere", dessen Elend mich zu einer Stellungnahme mahnte, nichts anderes sein sollte als ein Schatten von Realität, der mit seinem *Karma* kämpfte. Es half nichts, dass man mir immer wieder versicherte, das Leiden sei die Frucht der Illusion und die Illusion sei die Tochter der Unwissenheit. Ich konnte gegenüber der sehr realen Not dieser Brüder nicht gleichgültig sein, die in mein Leben so jäh eingebrochen waren.

Erneut stand ich vor dem Dilemma: Legte meine Unruhe die Widerstände meiner Individualität bloß, die sich noch in den Mäandern der großen Illusion herumschlug? Oder war die Ursache meiner Unruhe nicht doch die Negierung des unveräußerlichen persönlichen Charakters des Menschen, worin die fundamentale Ignoranz dieses ganzes Systems bestand?

Jedenfalls bewogen mich weder jene beunruhigenden existenziellen Situationen noch der während der mystischen Erfahrung aufkeimende Zweifel dazu, eine Rückkehr ernsthaft ins Auge zu fassen. Der einzige Ausweg aus meiner Ratlosigkeit schien mir der zu sein: weiterzugehen auf den nun mal eingeschlagenen Weg und denen zu vertrauen, die vorgaben, auf der anderen Seite des Schleiers angekommen zu sein.

Es musste also etwas Entscheidendes eintreten, das Sie zum „Kippen" brächte, und zwar zu einem Zeitpunkt Ihrer Entwicklung, wo vorangegangene Überlegungen - zumindest unausgesprochen – Sie dazu geführt hatten, das Evangelium als Alternative erneut ins Auge zu fassen. Könnten Sie den Schleier ein wenig lüften und uns etwas über die Zeit Ihrer Umkehr verraten?

Ich will es versuchen. Der Guru hatte festgestellt, dass es um die Gesundheit der Leute um ihn herum, vor allem aber derer, die sich intensiven Meditationssitzungen verschrieben hatten, nicht besonders gut bestellt war. So ließ er Ärzte verschiedener Nationalität und Fakultät kommen. In diesem Zusammenhang muss ich darauf hinweisen, dass die Diagnosen nicht sonderlich glänzend ausfielen angesichts der Technik, die das Blaue vom Himmel versprach: Entspannung, Aufblühen von Physis und Psyche, Selbstbeherrschung, Steigerung des IQ usw. Der wissenschaftliche Befund war ganz anderer Art: vorzeitiges Altern! Ich erinnere mich noch an das Erstaunen eines deutschen Arztes, der seinen Augen nicht trauen wollte: Wie können junge Menschen in der Blüte ihrer Jahre bei Vitalitätstests, denen er sie unterzog, derartig schäbige Resultate einfahren?

Der Guru ließ auch Naturheiler kommen. Unter ihnen befand sich ein Franzose, der, so fügte es sich, Christ war. Eines Tages, als er mich aufsuchte, um mit mir einen Termin beim Meister zu vereinbaren, kamen wir ins Gespräch. Das fiel mir umso leichter, als ich ja nicht oft Gelegenheit hatte, Französisch zu sprechen, da Englisch die Umgangssprache war. So kam es dazu, dass wir über meinen Weg redeten und er mich ganz einfach fragte, ob ich getauft und christlich erzogen worden sei. Durch meine bejahende Antwort ermutigt, fragte er weiter: *„Und wer ist Jesus Christus jetzt für Sie?“*

Ich könnte nur sehr schwer sagen, was genau in diesem Moment passiert ist. Ich hörte nur den Namen Jesus, und der sank bis in den Urgrund meines Bewusstseins. Es war, als hätte dieser Name etwas in mir zum Schwingen gebracht, oder besser, als hätte er jemands Gegenwart in mir erweckt: Seine Gegenwart. Mir wurde bewusst, dass Er da war, dass Er immer da gewesen war, mir zur Verfügung, bereit sich mir zu offenbaren; dass Er nur auf ein Zeichen gewartete hatte, auf eine Einladung, um sich von neuem als mein Herr zu erweisen. Ich hatte Ihn in ein Verließ meines Herzens gesperrt, und soeben hatte sein hochheiligster Name, der durch die Frage des Arztes zu mir gekommen war, das Tor seines Gefängnisses, das auch mein Gefängnis war, geöffnet: *„Ihr aber, für wen haltet ihr mich?“* Diese Frage, die im Zentrum der Evangelien des Matthäus[2] und des Markus[3] steht, hat mir das Herz durchbohrt. Er war da, ganz nahe, in Seiner diskreten Gegenwart, die sich anbieten aber nicht aufdrängen will, weil sie erwählt, ersehnt, geliebt werden will. Wenn ich versuchen müsste, in Worte zu fassen, was Er mir in diesen Momenten ins Herz eingeschrieben hat, würde ich sagen: *„Wie lange, mein Kind, wirst du mich noch warten lassen?“* Nichts von Verurteilung, kein Vorwurf, kein Tadel: nur das schmerzvolle und zugleich hoffende Seufzen der verratenen Liebe, die sich nicht entschließen kann, den zu verlassen, den sie liebt.

Eine unendliche Zärtlichkeit, eine Woge der Barmherzigkeit ergoss sich in mich, in mein ganzes Sein: in Herz, Seele, Körper. Und ich weinte, Tränenfluten der Reue. Ich weinte aus Schmerz darüber, dass ich Denjenigen so viele Jahre hatte leiden lassen, den ich geliebt und dann verstoßen hatte und der mir geduldig bis ans Ende der Welt gefolgt war. Ich weinte aus Freude darüber, dass ich

---

2 Mt 16,15 - 3 Mk 8,29

trotz meines Verrats immer noch geliebt war und Vergebung erlangt hatte, noch bevor ich um Vergebung hatte bitten können, unbeholfen stammelnd, schluchzend ... Später las ich bei geistgeführten Theologen, dass Zerknirschung eine Gabe Gottes ist; eine Gnade, die uns unsere Schuld, weil sie Gott beleidigt, beweinen lässt, aber doch in der Gewissheit, dass wir in Jesus Christus die Versöhnung bereits erlangt haben. Was überwog – Freude oder Schmerz? Ich weiß es nicht. Aber ich weiß, dass ich am liebsten für ewig in diesem Zustand verblieben wäre. Plötzlich nahm das, was ich erlebte, einen völlig anderen Charakter an: ich fühlte mich von einer unerhörten Kraft durchdrungen, einer Kraft, die eine unaufschiebbare Forderung in sich trug: *„Du weißt, was du noch zu tun hast.“* Zu Beginn der Begegnung war ich auf die Knie gefallen. Kaum war ich mir dessen bewusst geworden, war ich mit einem Satz auf den Füßen, emporgehoben von diesem Wort, das wie ein Befehl klang, aber nichts als eine Einladung war, klare Verhältnisse zu schaffen.

Beim späteren Bibelstudium gewann ich den Eindruck, als habe mir die Erfahrung, die ich da machen durfte, etwas von den zwei Aspekten der göttlichen Barmherzigkeit verkosten lassen, von der die Schrift spricht: *„hesed“*[4] und *„rahamin“*. Der Begriff „hesed“ steht für verantwortliche männliche Liebe, die die Treue hält trotz der Treubrüche des geliebten Wesens. Der Begriff „rahamin“, dessen Wurzel mit dem mütterlichen Schoß zu tun hat,[5] drückt eher die Zärtlichkeit aus, die mitleidet, immer da ist, bereit zu vergeben. Gott ist Vater und Mutter zugleich. Aber gerade deswegen, weil seine Barmherzigkeit immer verfügbar ist, kann er auch mit der ganzen Festigkeit und Strenge seiner väterlichen Liebe seine Forderungen stellen. Wer immer mit dem verzehrenden Feuer der

---

4 Dieser Begriff wird häufig in Verbindung mit den Begriff emet verwendet: „hesed we emet“; diese Doppelbezeichnung kann als Hendiadyoin angesehen werden, so z. B. in Ex 34,6; 2 Sam 2,6; Ps 25,10; Mi 7,20. Weitere Präzisionen dieser beiden Begriffe s. Jules Cambier et Xaver Léon – Dufour, „Misericorde“ in Vocabulaire de théologie biblique, Ed. du Cerf, 6. Auflage, Paris, 1988, S. 766-771

5 Die semitische Wurzel rehem bezeichnet den Mutterschoß.

göttlichen Liebe konfrontiert war, kann davon Zeugnis ablegen: Gott ist weder Mutter – Gluckhenne noch Vater – Weichei! Er ist zarter Tau und verzehrende Flamme in einem, rücksichtsvolle Mutter und fordernder Vater.[6] Tief in uns wissen wir sehr wohl, dass das eine ohne das andere nicht auskommt: Unser Herz ersehnt und braucht diese beiden Formen der Liebe, die doch nur eine Liebe ist.
„Die beiden Hände des Vaters", wie der hl. Irenäus[7] so schön sagt, tragen uns in jedem Augenblick mit dieser zweifachen Liebe: einerseits die Zärtlichkeit des Geistes, Lebendiges Wasser aus dem Herzen Christi[8] strömend, andrerseits die Kraft des Wortes, zweischneidiges Schwert aus seinem Munde.[9]

Woher wussten Sie, dass es Jesus war?

Ich wusste in einer inneren Gewissheit, dass Er es war. Ich wage zu sagen, dass er mit der ganzen Dichte des Evangeliums da war. Damals war ich noch keineswegs vom Wort Gottes geformt, und dennoch erschien es mir, als strahle das Evangelium von seiner Person aus; das lebendige Evangelium sozusagen, aber nicht als eine hypostatische Vorstellung, nein: es war sehr wohl Jesus, mein Herr und mein Gott, eben dieses göttliche „Du", das mein Kinderherz einst mit Glück erfüllt hatte und das meinem Herzen soeben durch seine Liebe eine Wunde zugefügt hatte, die sich, so hoffe ich, niemals mehr schließt.

War das Ihre erste Erfahrung dieser Art?

In dieser Intensität, ja. Aber während ich mit Ihnen so spreche, steigt in mir die Erinnerung an eine weitere „Heimsuchung" auf,

---

6 Man müsste auch noch das biblische Bild des „eifersüchtigen Gottes" hinzufügen.
7 „Gott wird verherrlicht werden in dem von Ihm geschaffenen Werk, wenn Er dieses Seinem Sohn gleichförmig gemacht haben wird. Dann nämlich wird der Mensch, und nicht etwa ein Teil des Menschen, durch die beiden Hände des Vater, d.h. durch den Sohn und den Heiligen Geist, zu Gottes Ebenbild." Adv. Haeres V 6,1.
8 Joh 7,38-39; 19,34 - 9 Offb 1,16

die mich tief betroffen gemacht hat. Ich machte diese Erfahrung mehrmals, und zwar immer dann, wenn ich nach langen körperlichen und mentalen Anstrengungen dabei war, in diesen Zustand der Verschmelzung mit dem vorher erwähnten „kosmischen Allganzem“ hineinzugleiten.
In den letzten Momenten der personalen Bewusstheit erschien mir plötzlich das Antlitz einer Frau, sehr schön, aber unendlich traurig. In ihrem Blick lag eine grenzenlose Zärtlichkeit, und Ströme von Tränen liefen über ihr Gesicht. Sobald ich jedoch in meinem Inneren die Frage stellte, wer sie denn sei, entschwand ihr Gesicht ganz sanft aus meinem Bewusstsein..

Fast 30 Jahre lang fragte ich mich, wem das Gesicht zuzuordnen sei. Aber über eine psychologische Erklärung kam ich nicht hinaus: es musste sich um die Stimme des schlechten Gewissens handeln, das ich gegenüber meiner Mutter hatte, der mein Weg, den ich eingeschlagen hatte, großes Leid verursachte. Dann aber – wer kann die Gefühle beschreiben – stand ich vor der Muttergottes von Jasna Gora in Tschenstochau, zum ersten Mal, vor einigen Jahren: Es war sie, wirklich und wahrhaftig sie! Das gleiche Gesicht, der gleiche durchdringende und geheimnisvolle Blick, der gleiche zärtliche und mitleidende Ausdruck! Ich war absolut sprachlos, zutiefst verstört. Maria hatte mich also begleitet, auch sie hatte mich auf meinem Irrweg begleitet und versucht, mir Zeichen zu geben.

Als der Herr sich Ihnen zu erkennen gab, da erteilte er Ihnen nicht direkt einen Befehl, sondern lud Sie ein, das umzusetzen, wovon Sie wussten, dass Sie es tun müssten. Worum handelte es sich da?

Abzureisen. Da hegte ich nicht den geringsten Zweifel: es war eine innere Gewissheit, die ich in der Begegnung mit dem Herrn gewonnen hatte. Trotzdem ließ mich diese Perspektive geradezu vor Schreck erstarren. Hatte ich doch alle Brücken hinter mir abgebrochen, alles, was mich mit meiner Vergangenheit verband, durchschnitten! Alles was mir geblieben war, war dieses Schülerdasein bei einem Guru, an dessen Seite ich mein Leben zu verbringen gedachte.

Ihn zu verlassen erschien mir so unvorstellbar, dass ich mir – ich muss es zu meiner Schande gestehen – abends beim Schlafengehen wünschte, der Schlaf möchte doch all das aus meinem Gedächtnis löschen ... Gott war gerade vorbeigekommen, Er war sogar in mein Leben eingedrungen, Er tastete jedoch meine Freiheit nicht an. Das Licht hatte mich einen Augenblick lang geblendet, der Herr hatte seinen liebenden Blick auf mich gerichtet: *„Komm und folge mir!"* Dazu aber musste ich meine Netze liegen lassen, alles hinter mir lassen für einen Neuanfang.

Und am nächsten Morgen?

Ich hatte nichts vergessen, ganz im Gegenteil. Kaum hatte ich die Augen aufgeschlagen, vernahm ich in meinem Herzen die gleiche Forderung, schrecklich und sanft zugleich: „Du weißt, was du jetzt noch zu tun hast!" Ich hielt, so gut es ging, mit rationellen Argumenten dagegen: *„Aber Herr, es ist unmöglich, ich habe kein Auto zur Verfügung, habe kein Flugticket reservieren lassen, und der Guru wird mich keinesfalls ziehen lassen ... „*

Die Stille, die darauf folgte, ließ mich begreifen, dass man mit Gott keinen Handel machen kann.
So entschloss ich mich, aufs Ganze zu gehen. Ich hörte mich noch in einem inneren Dialog zum Herrn sagen: *„Also gut, ich versuch's. Aber Du wirst sehen, nicht einmal das erste Hindernis werde ich überwinden, man wird mich nicht einfach so gehen lassen ..."*

„Man" – war das der Guru?

Logisch. Ich suchte also den Saal auf, in dem er gerade eine Pressekonferenz gab. Diskret näherte ich mich ihm und flüsterte ihm zu: *„Maharishi, ich muss wegfahren."* Er schaute mich ganz erstaunt an und fragte, ob es denn wirklich wichtig sei. Als ich bejahte, erwiderte er einfach: *„Gut, dann geh ... aber komm möglichst schnell wieder!“* Ich traute meinen Ohren nicht. Wie aus allen Wolken gefallen, verließ ich den Saal und konnte nur stammeln: *„Herr, also Du .. das kannst nur Du!“*

Ich hatte mich noch nicht von meiner Überraschung erholt, als der für den Wagenpark Verantwortliche auf mich zukam, um mir zu sagen, dass der Tankstelleninhaber das Dienstauto, das ich für gewöhnlich fuhr, früher als vorgesehen zurückgebracht hatte!

Noch tiefer beeindruckt fragte ich am Flughafen nach, ob es noch freie Plätze für den nächsten Flug nach Brüssel gebe. Und was antwortete die Hostess? *„Sie haben Glück, soeben habe ich eine Rücknahme eingetragen, es ist gerade noch ein Platz übrig!“* Wie gut, dass sie meine Reaktion nicht wahrnehmen konnte. Ich erinnere mich, dass ich den amüsierten Blick Jesu auffing, der sich auf sanfte Weise über meine Skepsis lustig machte!

Zwei Stunden später saß ich im Flugzeug, das mich nach Belgien bringen sollte; ein Aktenkoffer mit ein bisschen Wäsche und meinen Papieren war alles, was ich an Gepäck dabei hatte ...

6. An Techniken glauben – oder an Dich glauben, Herr?

Seltsam – das Ganze sieht nach einer vom Herrn organisierten „Flucht“ aus. War denn der Guru dem Christentum gegenüber derartig feindlich eingestellt, dass Sie ihm Ihre Umkehr nicht hätten eingestehen können?

Die hinduistischen Meister sind keiner Religion gegenüber feindlich eingestellt, und der Hinduismus ist vielmehr bekannt für seine religiöse „Gastfreundschaft“. Aber der unvorsichtige Gast, der aufgenommen und toleriert wird, muss dafür bezahlen, und zwar mit seiner Assimilation: er muss erleben, dass er auf der hinduistischen Denkebene in einer Weise neu interpretiert wird, dass er sich nicht mehr wiedererkennt. Seitdem man ihnen im Westen Gehör geschenkt hat, haben zahlreiche Gurus das Evangelium aus ihrer Sicht zu kommentieren begonnen. In den meisten Fällen jedoch haben ihre Auslegungen nicht mehr viel mit der christlichen Tradition zu tun. Kein Bedarf mehr an theologisch orientierter Glaubensverkündigung: jeder Guru legt das Evangelium entsprechend seines persönlichen Entwicklungsstandes aus, und dieser hängt von der Ausübung einer Technik ab und nicht von der Gnade des Heiligen Geistes. Was die Person Christi anbelangt, so wird sie häufig auf das Niveau eines Gurus, bestenfalls auf das eines *avatars* herabgezogen, der eine mehr oder weniger mythische Erscheinungsform des göttlichen Prinzips darstellt, wie es etwa Rama, Krishna und andere Kalkin sind, deren Bewusstseinszustände es zu erreichen gilt. Von einem Retter ist nicht mehr die Rede: für eine solche Vorstellung ist in einer monistischen Religionsphilosophie kein Platz. Ein jeder ist dazu aufgerufen, sich selbst zu „retten“, und zwar dadurch, dass er die Illusion von einem persönlichen Bewusstsein mittels entsprechender Praktiken zerstört, um so schließlich das „christische“ Bewusstsein zu erreichen, von dem in den Evangelien die Rede sei – ein Bewusstsein, das die Christenheit anscheinend verloren habe, zu dem es aber durch orientalische Techniken neuen Zugang fände.

Der Guru, dem ich folgte, hat weder jemals die Bibel studiert noch war er an der christlichen Religion interessiert. In guter Erinnerung ist mir jedoch eine sehr erregte Diskussion am Ende einer Konferenz in Deutschland. Er wurde da von einigen jungen Gläubigen angegriffen, die verkündigten, das Heil sei durch das Kreuz Christi erwirkt worden. Die Antwort lautete etwa so: „Wenn Sie einen gekreuzigten Gott anbeten, so kann es sich nur um einen Dämon handeln!" Das war einer der seltenen Fälle, bei denen ich den Guru zornig gesehen habe.

Sicherlich hatten die jungen Leute das Kreuz nicht in ausreichendem Maß ins Licht der Auferstehung gerückt; gleichwohl hat dieses Vorkommnis das Wort des Apostels bestätigt, der im 1. Brief an die Korinther den Skandal voraussagt, der durch die Verkündigung eines gekreuzigten Messias verursacht wird.[1]

Welche Position nehmen Sie in dieser Auseinandersetzung ein?

Mich machte die Härte der Worte des Gurus ratlos. Dass er gewissermaßen zu verbaler Gewalt gegriffen hatte, beunruhigte mich. Denn selbst wenn ich meine Beziehung zu Christus vor einiger Zeit abgebrochen hatte, so waren doch in meinem Gedächtnis die friedlichen Jahre des Glücks haften geblieben, die ich als Kind mit dem Herrn Jesus verlebt hatte. Gewiss – die Pubertätszeit, die Konfrontation mit den Lehren des Zweifels und anderer strukturalistischer Strömungen, schließlich das Chaos am Ende der sechziger Jahre, all das hatte zum Verlust meines Glaubens geführt; aber ich konnte auch nicht leugnen, dass ich durch diese Beziehung mit Christus innerhalb der katholischen Kirche geradezu aufgeblüht war.

---

1 1 Kor 1,23-25

Haben Sie Christus verteidigt?

Ich war feige und schwieg. Einige Getreue des Gurus, die schon länger bei ihm waren, versuchten ihm zu erklären – freilich ohne sich allzu sehr zu kompromittieren – dass besagte junge Leute die christliche Botschaft nicht hinreichend differenziert dargestellt hätten. Sie wollten auf diese Weise den Eklat herunterspielen. Niemand hätte es übrigens gewagt, sich offen vom Meister zu distanzieren: sein höherer Bewusstseinszustand erlaubte es ihm, in allem richtig zu urteilen. Die einzig mögliche Haltung des Schülers war Unterwerfung.

Ist das nicht soviel wie auf seinen kritischen Verstand zu verzichten, so wie man es in den Sekten fordert?

Ich will Ihnen da nicht widersprechen, wenngleich die Situation hier und dort nicht ganz dieselbe ist. Der Schüler verzichtet darauf zu urteilen, um sich so mehr und mehr aus der *karmischen* Aktivität zurückzuziehen, d.h. aus der Betätigung des persönlichen Ich; durch eine derartige Betätigung würde sich das Ich ja behaupten und festigen. Der Schüler verlässt sich folglich ganz und gar auf das Denken, Urteilen und Entscheiden des Meisters. In ihm sieht man eine Manifestation des Absoluten, einen Führer auf dem Weg der Befreiung vom Joch des illusorischen persönlichen Ichs.

Aber der Meister selber - stärkt er denn nicht sein Ich, wenn er denkt, urteilt, handelt?

Im Prinzip nicht. Denn vom Meister nimmt man an, dass er sich stets in der absoluten Heiterkeit der Erleuchtung befindet. Daher sind seine Gedanken, Worte und Taten in Harmonie mit dem *dharma,* dem großen kosmischen Gesetz.

Dieses *dharma* herrscht nicht nur über die Welt der Natur, sondern auch über die Welt der persönlichen und sozialen Moral. Der

Meister setzt den göttlichen Bewegungen keinerlei Widerstand mehr entgegen und häuft so kein *Karma* mehr an.

Verleiht ihm das nicht eine ungeheure Macht über seine Umgebung?

Ja, in dem Maß, wie der Schüler „mitspielt" und sich ganz seinem Meister überlässt...

Selbst in einem Maß, dass er nicht mehr über so wesentliche Fragen wie den Glauben nachdenkt?

Vergessen Sie nicht, dass es bereits ein Glaubensakt ist, wenn man sich darauf einlässt einem Guru zu folgen. Es ist eine in Freiheit eingegangene Verpflichtung, die eine totale Annahme der Sichtweise und Person des Guru beinhaltet. Der Schüler wählt seinen Führer aus in dem Glauben, dass dieser ihn zur Erkenntnis über sich, die Welt und Gott führen könne.

Aber Sie haben bei dieser Auseinandersetzung zumindest innerlich reagiert. Sie waren also nicht völlig unterwürfig?

Man kann die eigene Vergangenheit nicht so einfach aus dem Gedächtnis eliminieren. Etwas später wagte ich einer Dame, die dem Guru schon mehrere Jahre gefolgt war und großen Einfluss auf ihn hatte, einige Fragen zu stellen. Ich fragte sie, wie sie, die sich mit einem Kreuz schmückte, ihren christlichen Glauben damit vereinbaren könne, dass sie jetzt zu Füßen des Meisters sitze. Sie antwortete, dass in ihren Augen der Guru sie zur Wahrheit führen könne, da er voll „verwirklicht" sei. Wenn der christliche Glaube Recht habe, so würde sie der Meister zu Christus führen.

Mit anderen Worten: ihr Glaube an Christus war ihrem Glauben an den Guru untergeordnet?

Genau. Und das warf für sie kein Problem auf. Der Guru sagte jedem, der es hören wollte, dass die von ihm angebotene Meditation zwar ihre Wurzeln im Hinduismus habe, dass aber die Technik selbst keiner bestimmten Religion verpflichtet sei, so dass jedermann seine ursprüngliche Religion beibehalten könne. So würde durch die Meditationspraxis ein Christ ein besserer Christ, ein Moslem ein treuerer Anhänger des Propheten.

Aber widerspricht Ihr Dialog mit besagter Dame nicht dieser Behauptung? Ist eine „bedingte" Nachfolge Christi, die von einer Technik sozusagen experimentell eine Rechtfertigung dieser Option erwartet, überhaupt eine christliche Glaubenshaltung?

Natürlich nicht. Glauben bedeutet der Person Christi anhangen, und zwar in einer Begegnung mit ihm, die durch das in der Kirche empfangene Wort vermittelt wird. Das Wort Gottes ist in seiner Wahrheit nichts anderem unterstellt. Denn diese Wahrheit ist die *norma normans,* der normsetzende Bezugspunkt, die absolute Grundlage des Glaubens, der Weg der Wahrheit, der ins Leben führt.[2]

Wollen Sie damit andeuten, dass der Osten sich auf seiner Suche nach Gott auf einem Irrweg befindet?

Ich würde mir ein solches Urteil nicht anmaßen. Alle großen religiösen Traditionen verdienen unseren Respekt und unsere Beachtung, weil sie Etappen darstellen auf dem Weg der Menschheit, die Gott sucht und auf Offenbarung wartet. Jean Bastaire schreibt zu Recht, dass die verschiedenen Religionen „gleichermaßen würdig, aber nicht gleich reif"[3] seien, in dem Sinn, dass sie nicht gleichermaßen an der Wahrheit teilhaben. Die katholische Tradition, angefangen bei den Kirchenvätern[4] bis hin zum 2. Vatikanum, war immer schon der Ansicht, dass „Saatkörner des Wortes"[5] sich in

---

2 „Ich bin der Weg, die Wahrheit und das Leben. Niemand kommt zum Vater außer durch mich." (Joh 14,6)
3 „De l'Inde au Christ", Revue Communio; XIII, 4; Juli-August 1988; S. 91-94
Fußnoten 4 un d 5 siehe S. 112

allen großen religiösen Strömungen finden. Denn wie könnte sich der Mensch nach Gott ausstrecken, wenn Gott sich nicht im Herzen des Menschen ahnen ließe, um dort zumindest die Sehnsucht, ihn kennen zu lernen, zu wecken? Diese Saatkörner des Wortes warten alle auf die Offenbarung, sie bereiten sie vor und rufen nach ihr und werden in ihr ihre Erfüllung finden. Die authentische Suche nach Gott, wie sie sich in den großen Traditionen des Fernen Ostens manifestiert, schlägt keinen Irrweg ein, wenn sie sich durch den Geist leiten und durch die Saatkörner des Wortes belehren lässt. Unbestreitbar freilich sind diese Traditionen vermengt mit menschlichen Elementen, die philosophischen Spekulationen entstammen. Sie werden von der Offenbarung korrigiert werden. Daher ist die Missionstätigkeit von so großer Bedeutung, wie uns Paul VI in seinem Apostolischen Schreiben über *Evangelisierung in der Welt von heute* (8. Dezember 1975) in Erinnerung ruft: „Die Kirche respektiert und schätzt die nichtchristlichen Religionen. Sie sind ja lebendiger Ausdruck der Seele breitester Gruppen. In ihnen wird die Gottsuche von Millionen deutlich, ein unvollkommenes Suchen, aber oft gelebt mit großer Aufrichtigkeit und Lauterkeit des Herzens. Sie besitzen einen eindrucksvollen Schatz tief religiöser Schriften. Zahllose Generationen von Menschen haben sie beten gelehrt. In ihnen finden sich unzählbar viele „Samenkörner des Wortes Gottes". Sie sind, um ein treffendes Wort des Vaticanum II aufzugreifen, das von Eusebius von Caesarea stammt, eine echte „Vorbereitung auf das Evangelium". Eine

---

4 Weitgefasst meint der Begriff die alten Kirchenschriftsteller, aber im engeren, gebräuchlichen Sinn eine bestimmte Anzahl von Autoren, denen folgende vier Kriterien gemeinsam sind: Reinheit der Lehre; Heiligkeit des Leben; Approbation durch die Kirche, Altehrwürdigkeit, d.h. Zugehörigkeit zu den ersten christlichen Jahrhunderten. Die patristische Periode kommt im Westen allgemein bei Isidor von Sevilla (7. JH.), im Osten beim hl. Johannes von Damaskus (8. Jh.) zum Abschluss. In der römischen Kirche wird diese Periode mitunter bis zu Bernhard von Clairvaux (12. Jh.), bei den Griechen sogar bis zu noch späteren Autoren ausgeweitet (Claude Mondésert, Lire les Pères de l'Église, ed. du Cerf, 1988, p. 11f).

5 Das 2. Vatikanische Konzil lädt die Christen dazu ein, „mit Freude und Ehrfurcht ... die Saatkörner des Wortes aufzuspüren, die in den religiösen Traditionen verborgen sind. „Zugleich sollen sie sich bemühen, diese Reichtümer durch das Licht des Evangeliums zu erhellen, zu befreien und unter die Herrschaft Gottes, des Erlösers, zu bringen." (Dekret über die Missionstätigkeit der Kirche „Ad gentes", 11.)

solche Situation wirft sicherlich vielschichtige und schwierige Fragen auf, die es im Licht der christlichen Tradition und des kirchlichen Lehramtes zu prüfen gilt, um den Missionaren von heute und morgen neue Horizonte für ihre Kontakte mit den nichtchristlichen Religionen zu geben.[6]

Jedoch erinnert der Heilige Vater an die Verpflichtung der Liebe, die jeden Gläubigen dazu drängt, das Evangelium vom Heil zu verkünden: „Wir wollen besonders heute hervorheben, dass weder die Achtung und Wertschätzung noch die Vielschichtigkeit der aufgeworfenen Fragen für die Kirche eine Aufforderung darstellen können, eher zu schweigen als Jesus Christus vor den Nichtchristen zu verkünden. Im Gegenteil, die Kirche ist der Auffassung, dass diese vielen Menschen das Recht haben, den Reichtum des Geheimnisses Christi kennen zu lernen, worin, nach unserem Glauben, die Menschheit in unerschöpflicher Fülle alles das finden kann, was sie suchend und tastend über Gott, über den Menschen und seine Bestimmung, über Leben und Tod und über die Wahrheit in Erfahrung zu bringen sucht. Auch im Hinblick auf jene Äußerungen der Naturreligionen, die höchste Wertschätzung verdienen, stützt die Kirche sich auf die Tatsache, dass die Religion Jesu Christi, die sie durch die Evangelisierung vermittelt, den Menschen, im objektiven Sinn, in Verbindung mit dem Heilsplan Gottes, mit seiner lebendigen Gegenwart, mit seiner Tätigkeit bringe“.[7]

Der Papst gab damit die Haltung der Konzilsväter wieder: „Die Katholische Kirche lehnt nichts von alledem ab, was in diesen Religionen wahr und heilig ist. Mit aufrichtigem Ernst betrachtet sie jene Handlungs- und Lebensweisen, jene Vorschriften und Lehren, die zwar in manchem von dem abweichen, was sie selber für wahr hält und lehrt, doch nicht selten einen Strahl jener Wahrheit erkennen lassen, die alle Menschen erleuchtet. Unablässig verkündet sie und muss sie verkündigen Christus, der ist „der Weg, die

---

6 Apostolisches Schreiben „Evangelii nuntiandi“ 53. - 7 Id. 61.62

Wahrheit und das Leben“ (Joh 14,6), in dem die Menschen die Fülle des religiösen Lebens finden, in dem Gott alles mit sich versöhnt hat.“[8]

Wie sehen Sie dann das Treffen von Assisi, der Stadt des hl. Franziskus, zu dem die Verantwortlichen der Weltreligionen eingeladen worden sind? Kam das nicht einer ausdrücklichen Anerkennung der Konvergenz aller religiösen Traditionen gleich?

Ich bin mir nicht sicher, ob diese Ihre Sicht die Absicht dessen berücksichtigt, der dieses Treffen angeregt hat. Vergessen Sie nicht das religiöse Umfeld, in dem der Priester Karol Wojtila seinen ersten Lebensabschnitt verbrachte. Die Herausforderung, vor die er sich gestellt sah, war nicht der Synkretismus, sondern der Atheismus. Wenn man das im Auge behält, dann wollte der Papst mit dem Treffen von Assisi Folgendes zum Ausdruck bringen: der Durst nach dem Absoluten wohnt dem Herzen der Menschen aller Rassen, Sprachen und Kulturen inne, und sie alle, die die Sinnfrage stellen, eint die Suche nach Gott – ungeachtet aller objektiven Unterschiede in den Antworten, die man zu geben versucht. Darüber hinaus stellt der Papst klar, dass diese Suche ein unveräußerliches Recht des Menschen ist und einer Grundstruktur des Menschen entspricht, der seinem Wesen nach ja religiös angelegt ist. Ohne Zweifel hat der Papst mit dieser Öffnung auch der Gewissheit Ausdruck verliehen, dass Gott unter allen Menschen, die guten Willens sind und ihn aufrichtig suchen, die Seinen erkennt. Das erlaubt es uns aber nicht, im Ereignis von Assisi eine Anerkennung der Konvergenz der verschiedenen dort vertretenen geistigen Wege zu sehen. Schon gar nicht erlaubt es uns, darin eine Bestätigung des akzidentiellen Charakters der Unterschiede zu sehen, die zwischen den religiösen Traditionen bestehen – entsprechend dem gängigen Schlagwort: „Alle Religionen sind gleich-

---

8 Erklärung über das Verhältnis der Kirche zu den nichtchristlichen Religionen. Wegen der Wichtigkeit dieses Textes, auf den ich mich beziehe, wird die Nr. 2 dieses Konzilsdokuments vollständig abgedruckt im Anhang Nr. 2, S. 259 f

wertig". Dies würde eine Veränderung der Interpretationsebene bedeuten und entspräche nicht der Absicht des Papstes.

Stehen Sie etwa hinter dem bekannten Ausspruch: „Außerhalb der Kirche kein Heil?" Ist es denkbar, dass die Millionen Menschen, die sich auf den Wegen der fernöstlichen Traditionen befinden, ins Verderben laufen?

Wer würde es wagen, derlei zu behaupten? Im genannten Ausspruch ist „Kirche" zu verstehen als eine Gemeinschaft von Menschen, die den Geist Gottes eingelassen haben, der an die Tür ihres Gewissens klopft[9] - ob sie nun wissen oder nicht wissen, dass es der Geist Jesu Christi ist. Die Unvollkommenheit, ja sogar die Irrtümer der großen Traditionen können nicht verdecken, dass sie Anteil an der Wahrheit haben, die vom Heiligen Geist kommt und die Wege des Herrn Jesus bereitet. Weil sie diese „Samenkörner des Wortes" angenommen haben, sind die Brüder und Schwestern, die redlichen Gewissens anderen religiösen Traditionen angehören, in Christus gerettet. Unbestreitbar kann und muss die Gnade der Gotteskindschaft – und damit des Heils – auch außerhalb der sichtbaren Gemeinschaft der christlichen Kirche existieren. Gott urteilt nach dem Herzen – wie sollte er dann nicht auf die heiße Sehnsucht, die in den Yogis glüht, antworten, selbst wenn deren Wege nicht immer die Wege des Evangeliums sind?

Vergessen wir eines nicht: Wenngleich die Kirche tatsächlich die Gnade hat, auf religiösem Gebiet die Wahrheit in Fülle empfangen zu haben, so sind die Christen dennoch weit davon entfernt, aus dieser Fülle zu leben.

So gesehen könnte man nur von den Heiligen sagen, dass sie Kirche sind.

---

9 „Das Gewissen ist die verborgenste Mitte und das Heiligtum im Menschen, wo er allein ist mit Gott, dessen Stimme in diesem seinem Innersten zu hören ist." Vat. II, Pastoralkonstitution Die Kirche in der Welt von heute, 16.

Und wie ist es um Christen bestellt, die ihre Tradition verlassen, um indischen Gurus nachzufolgen?

Angenommen sie verlassen Christus in vollem Wissen, dass Er der Herr ist, um sich an Teilwahrheiten zu binden, die Christus nur aus der Ferne ankündigen, so müssten wir das Glaubensabfall, ja Idolatrie nennen, denn das Idol ist eine Teilwahrheit, die relativ ist, aber bewusst als absolut dargestellt wird.

Aber meines Erachtens sind Christen, die Christus verlassen haben, um einem Guru anzuhangen, nur noch dem Namen nach Christen. Wer eine lebendige Beziehung zum auferstandenen Herrn Jesus hat, kann sich nicht mit Traditionen begnügen, die keinen unmittelbaren Zugang zu Seiner Person gewähren, sondern Ihn nur „aus der Ferne" ankündigen – davon bin ich überzeugt.

Demnach sind Sie, bevor Sie sich dem Guru angeschlossen haben, Christus nicht wirklich begegnet?

Ich bin Ihm sicherlich nicht so begegnet, wie Er mir im Augenblick meiner Umkehr begegnet ist. Aber ich will Ihrer Frage nicht ausweichen. Ich war Ihm begegnet – leider aber habe ich mich dann mehr und mehr von Ihm entfernt, habe Ihn schließlich verraten, verlassen. Der Glaube ist eine Liebesbeziehung, die ihre Struktur vom Wort empfängt. Und wie jede Liebesbeziehung ist auch sie ebenso zerbrechlich wie die menschliche Freiheit. Mein Blick konnte sich deswegen von Ihm abwenden und sich anderen geistigen Angeboten zuwenden, weil ich zugelassen hatte, dass „das Salz seinen Geschmack verlor[10], weil ich die lebendige Verbindung mit Christus aufgegeben hatte. Lassen Sie mich an dieser Stelle Kardinal de Lubac zitieren: *„Immer wenn christliches Empfinden schwindet, wenn die Kirche zurückgedrängt wird oder*

---

10 Mt 5,13

an Substanz zu verlieren scheint, sucht man instinktiv einen Ersatz, der die Leere ausfüllen könnte. Das ist eine Erklärung z.B. für die indische Fata Morgana, die unter der Jugend so viele bedauernswerte Opfer gefordert hat; eine Erklärung dafür, dass diverse fernöstliche Religionen, die übrigens oft keineswegs authentisch sind, bei uns eingedrungen sind; es ist auch eine Erklärung für die weite Verbreitung der Sekten, von denen einige sich hermetisch abgeschottet haben und Menschen in den Selbstmord treiben können; es erklärt auch, warum unsere so fruchtbare spirituelle (christliche) Tradition des Westens und Ostens irgendwie in Vergessenheit gerät – auch in Klöstern (hoffentlich in nicht zu zahlreichen), und das trotz vieler, gar nicht einmal fruchtloser Bemühungen, gegenzusteuern. Schließlich ist es eine Erklärung dafür, dass sich die Menschen unkontrolliert der Psychoanalyse und allen möglichen anderen Methoden zuwenden, von denen selbst die seriösesten kaum mit einem gelebten Glauben vereinbar sind".[11]

Trotzdem versuchen nicht wenige Gläubige auch heute noch, fernöstlichen Religionen entliehene Elemente in ihren christlichen Glauben zu integrieren – oder?

Ich persönlich fürchte, dass solche Christen einer allenthalben anzutreffenden Konfusion von religiösem und theologischem Glauben zum Opfer fallen. Der religiöse Glaube lässt uns eine bestimmte Sichtweise vom Menschen, von der Welt und von Gott einnehmen. Diese Sichtweise stellt den Rahmen dar, auf den sich unser System des Denkens und Handelns bezieht. Die Religiosität des Menschen fügt ihrerseits die Ehrfurcht vor dem Heiligen hinzu und veranlasst uns zu rituellen Akten der Versöhnung gegenüber übernatürlichen Kräften oder Geistern. Was wir heute feststellen, ist, dass die Religiosität mit Macht in unsere säkularisierte Gesellschaft zurückkehrt, die doch glaubte, die Religiosität ein für

---

11 Entretien autour de Vatican II, éd. du Cerf, Paris, 1986, S. 82

allemal verbannt zu haben. Was dabei unbestritten neu ist, ist die Tatsache, dass der Glaube und die damit verbundenen Praktiken sich nicht mehr mit dem begnügen, was von einer bestimmten Religion, beispielsweise der christlichen Religion des Westens, angeboten wird. Die neue Religiosität „durchkämmt" ausgedehntere Gefilde und kennt keine Scheu, theoretische oder praktische Elemente anderen Quellen zu entleihen. Ein jeder schmiedet sich seine eigene Religion maßgerecht zurecht und stellt sich sein religiöses *Instrumentarium* selber zusammen; sein Gottesbild ist abhängig von dem, was er sich wünscht, was er erlebt hat; von seinen Ressentiments, auch – sprechen wir es ruhig aus – von seiner momentanen Laune. Dabei vermeidet er es, sich jemals endgültig festzulegen. Man „sucht", aber was man zuvörderst nicht will, ist „finden". Das würde nämlich Zugehörigkeit bedeuten und Ausdauer und Engagement verlangen: Begriffe, die in unserer Kultur der Kurzlebigkeit angstbesetzt sind.

Ist Ihnen der „Köhlerglaube" lieber?

Mit dem sogenannten „Köhlerglauben" ist das unkritische Annehmen eines ganzen Pakets von Angeboten gemeint, die nur aufgrund der Autorität des Anbieters als echt akzeptiert werden. Um ja nicht in Frage gestellt zu werden, weigert sich der Köhlerglaube, sich selbst zu hinterfragen; damit beraubt er sich freilich auch jeder Möglichkeit zu wachsen, zu reifen und fruchtbar zu werden.

Von dieser Art kann der Glaube, der durch Liebe lebendig wird, nicht sein. Denn er stellt ja eine Zugehörigkeit zur Person Christi dar, der im Heiligen Geist als alleiniger Herr und Retter erkannt wird. Dieser lebendige Glaube ist vom Wesen her eine Liebesgemeinschaft, die uns Zugang verschafft zu einer sich ständig erneuernden und vertiefenden Erkenntnis des Gnadengeheimnisses. Dieses ist uns in Christus angeboten, damit wir von Tag zu Tag mehr als Söhne und Töchter gemäß dem Evangelium leben.

Dieser Glaube wird an einem Lebensstil deutlich, an einer Lebenskultur, in der die Werte des Evangeliums „Fleisch" annehmen wollen. Er drückt sich in einer religiösen Dimension aus, die im Herrenmahl ihren Höhepunkt findet. Kurz gesagt, der theologale Glaube treibt den Gläubigen an, Akte zu setzen, die das Leben des Heiligen Geistes, das seit der Taufe in ihm sprudelt, manifestiert und beglaubigt und so das Wort Gottes bestätigt, das durch den Propheten Ezechiel erging: „Ich lege meinen Geist in euch und bewirke, dass ihr meinen Gesetzen folgt und auf meine Gebote achtet und sie erfüllt."[12]

Das schließt Anleihen bei anderen Traditionen aus?

Wir könnten mit dem hl. Paulus antworten: „Was immer wahrhaft, edel, recht, was lauter, liebenswert, ansprechend ist, was Tugend heißt und lobenswert ist, darauf seid bedacht."[13]
Denn all das kommt von Christus und findet in Ihm seine Vollendung. Aber überall, wo geistige Aussagen dieser Traditionen mit dem Evangelium unvereinbar sind, wo sie wegführen, da verraten sie ihre menschliche Herkunft und können nicht Eingang finden in ein authentisches geistliches Leben. Es ist also nötig, im Licht der Offenbarung und aus einem lebendigen Glauben heraus zu prüfen und zu unterscheiden.

Leider verleitet heute eine gewisse Faszination des Neuen – vielleicht auch eine bestimmte Vorliebe für alles Exotische – Christen oft dazu, sich mehr für Hinduismus und Buddhismus zu interessieren als für ihre eigene Religion. Und da die meisten unter ihnen nur ein sehr elementares Wissen von den Inhalten ihres Glaubens haben, verfügen sie über keinerlei Voraussetzungen, die sie zur Unterscheidung und damit zur kritischen Stellungnahme befähigten. Kühn vermischen sie Auferstehung und Wiedergeburt, die Gottheit Christi und Avatars, Gebet und Yoga, Ekstase und Enstase, Leben im Geist und Verschmelzung im Allganzen. So

---

12 Ez 36,27 - 13 Phil 4,8

gleicht ihr christlicher Glaube gelegentlich einem bemerkenswerten synkretistischen Cocktail. Dieses Durcheinander wird weder dem Hinduismus noch dem Christentum gerecht.

7. Glaubenserfahrung - Gotteserfahrung

Wenn Christen zu fernöstlichen Techniken greifen – tun sie das nicht, weil sie in ihrer eigenen Tradition nicht genügend Nahrung bekommen? Kennt das Christentum keinen anderen Weg der Gottesbegegnung als den eines nüchternen Glaubensvollzugs?

Auf die Gefahr hin, Sie zu enttäuschen: Nein! Denn der Glaube schenkt uns volle Erkenntnis Gottes, auch wenn es sich dabei noch nicht um ein deutliches Sehen handelt. Glauben heißt den Liebesbund eingehen, den Gott uns ungeschuldet anbietet; es bedeutet, an seinem Herzen ruhen und alles tun um dort zu bleiben. Vergessen wir nicht, dass der Glaube eine theologale Tugend ist, die uns das Prinzip eines Neuen Lebens eingießt, nämlich das Leben des Heiligen Geistes. So treten wir durch den Glauben unmittelbar in Beziehung zum auferstandenen Jesus: *„Euer Leben ist mit Christus verborgen in Gott. Wenn Christus, unser Leben, offenbar wird, dann werdet auch ihr mit Ihm offenbar werden in Herrlichkeit."*[1] Und der hl. Petrus fügt ergänzend hinzu: *„Weil ihr das erwartet, liebe Brüder, bemüht euch darum, von Ihm ohne Makel und Fehler und in Frieden angetroffen zu werden."*[2]

Das Leben im Glauben ist Leben im Geiste Christi, also ein Leben in Gott. Darin zu verbleiben, darauf hat sich alle Bemühung des Gläubigen zu richten. Es ist Jesus selbst, der uns dazu auffordert: *„Bleibt in mir, dann bleibe ich in euch ..., denn getrennt von mir könnt ihr nichts vollbringen."*[3]

Genau das ist es. Um diesem Gebot Folge leisten zu können, muss man sehr viele Techniken anwenden. Man bleibt nicht einfach schon in Gott, bloß weil man sich dazu entschlossen hat!

---

1 Kol 3,3-4 - 2 2 Petr 3,14 - 3 Joh 15,4-5

Der Geist nimmt sich unserer Schwachheit an. Denn wir wissen nicht, wie wir in rechter Weise beten sollen; der Geist selber tritt jedoch für uns ein mit Seufzen, das wir nicht in Worte fassen können."[4]

Es ist Gott, der uns ruft; es ist Gott, der in uns den Wunsch weckt zu antworten; und wiederum ist es Gott, der uns auf dem Weg des Lebens als Kinder Gottes trägt. Und das alles zweckfrei, aus reiner Liebe, ohne dass Er etwas anderes dafür erwartete als unser armseliges Einverständnis mit seinem Heilsangebot in Jesus Christus. Wäre es da nicht geradezu schockierend, an Techniken zu denken, wenn es darum geht lieben zu lernen – an Techniken, denen schon vom Begriff her der Charakter des Unpersönlichen anhaftet?

Als die Jünger Jesus baten: *„Herr, lehre uns beten!"*, da lenkt ihr Meister ihren Blick auf Den, den Er *„Mein Vater und euer Vater, mein Gott und euer Gott"* [5] nennt und lädt sie dazu ein, Sein Gebet mitzubeten: das Gebet eines Kindes des Vaters, voller Vertrauen, Zärtlichkeit, Hingabe und Anbetung. Alle Arten von Gebet haben nur den einen Zweck, uns dabei zu helfen, uns Dem zuzuwenden, der an die Tür unseres Herzens klopft und um unsere armselige Liebe bettelt: *„Ich stehe vor der Tür und klopfe an. Wer meine Stimme hört und die Tür öffnet, bei dem werde ich eintreten und wir werden Mahl halten, ich mit ihm und er mit mir.*"[6] Wer den Heiligen zuhört, wenn sie von Gebet sprechen, dem wird auffallen, dass das Gebet im wesentlichen das Schluchzen eines Herzens ist, das von der Feuersglut der göttlichen Liebe in Brand gesetzt ist. Auf die Frage: „Was ist das Gebet?" antwortet unsere jüngste Kirchenlehrerin, die hl. Therese von Lisieux: *„Es ist ein Dialog der Liebe mit Gott. Ein freundschaftlicher Umgang mit Dem, von dem man sich geliebt weiß. Ein Aufschwung des Herzens, ein einfacher, zum Himmel gerichteter Blick. Etwas Großes, Übernatürliches, das meine Seele weit macht und mich mit Jesus vereint.*"[7] Ich

---

4 Röm 8,26 - 5 Joh 20,17 - 6 Offb 3,20 - Fußnote 7 siehe S. 123

möchte mit diesen wenigen Zeilen nochmals auf die dialogische Struktur und den übernatürlichen Charakter des Gebets hinweisen.

Aber können gewisse fernöstliche Techniken nicht doch auf die Begegnung mit Christus und den Empfang der Gnade vorbereiten?

Wenn der christliche Glaube ein Leben im Heiligen Geist ist und damit auch ein Leben der Gemeinschaft mit dem Sohn und dem Vater, so kann ich nicht sehen, wie dieses Leben des Dialogs mit dem transzendenten Ganz-Anderen vorbereitet oder bereichert werden könnte durch Techniken, die auf eine Auflösung der personalen Instanz in den kosmischen Energien abzielen, die unserer geschaffenen Welt immanent sind. Wir haben bereits festgestellt, dass beide Wege – der natürlich-mystische und der übernatürlich-mystische – zwar gleichermaßen zuerst nach innen führen, dass sie aber dann sogleich auseinander gehen: ersterer führt immer tiefer in die Seinserfahrung, bis hin zur Enstase; der zweite führt den Menschen aus sich selbst hinaus auf den Anderen zu, in einer ekstatischen Bewegung, die bereits das Werk der Gnade ist. Vorbereitungen treffen zu wollen, um den Gott aufnehmen zu können, der in Jesus Christus auf uns zukommt, und hierzu von einer natürlich-mystischen Tradition deren ureigene Techniken auszuleihen – das bedeutet, dass man sich der Gefahr ausliefert, den übernatürlichen Frieden mit der natürlichen Heiterkeit der Seinserfahrung zu verwechseln; das bedeutet, dass man das Risiko eingeht, niemals wirklich beten zu können, weil man in den narzistischen Genuss des eigenen Seinsakts eingeschlossen bleibt. Wir könnten, um ein Wortspiel zu gebrauchen, sagen: für den Gläubigen ist diese Erfahrung „interdite“ (untersagt), weil sie keinen Raum für das „inter-dit“ (Zwiegespräch), also für das Wort Gottes lässt, das den Ganz-Anderen kennzeichnet und das Gott uns als Ort der Begegnung anbietet.

---

7 Manuscrit Autobiographique C, folio 25 r°; Œuvres complètes, ed. du Cerf/DDB, Paris, 1992, S. 268

Man muss hinzufügen, dass der religiöse Kontext dieser Techniken absolut unvereinbar ist mit einer authentischen Zugehörigkeit zur Person Christi. Wie könnte sich denn ein Christ dazu bereit erklären, vor bildlichen Darstellungen von Meistern, die einer fremden Tradition angehören, sich niederzuwerfen und sie anzubeten, um dann ein *Mantra* zu wiederholen, das meist aus nichts anderem als dem Namen einer Gottheit besteht? Wie könnte ein Christ an einer Liturgie teilnehmen, die für ihn nur Idolatrie vergöttlichter Geschöpfe ist? Und da hilft es auch nicht, die Verantwortung für diesen rituellen Akt auf den Initiator abzuschieben, da dieser den Akt im Namen derer vollzogen hat, die die Initiation für sich in Anspruch nahmen.

Was sagen Sie dann zum „Christlichen Yoga" des Père Monchanin?

Ich kenne sehr wohl die langen und anstrengenden Bemühungen dieses Priesters aus Lyon. Mit 44 Jahren landete er in Indien, wo er 18 Jahre hindurch versuchte, den christlichen Glauben in die hinduistische Tradition einzubinden. Seine Versuche haben nichts Synkretistisches an sich. Es ist ihm bewusst, dass der historische Charakter der Offenbarung, die in der heilbringenden Fleischwerdung des Wortes Gottes gipfelt, für seine Ansprechpartner ein Stein des Anstoßes, um nicht zu sagen ein Skandal ist. Wie gesagt, wollen sie Jesus „bestenfalls" auf einen *„avatar"* reduzieren. Das tun die neuen fernöstlichen Strömungen des New Age ohnehin – wir Christen freilich können das keinesfalls akzeptieren. Unsere absolute Verpflichtung ist es zu bekennen, dass die Persönlichkeit Christi und das Heilsereignis einen einzigartigen Charakter haben, der sie unvereinbar macht mit der Art und Weise, wie Hinduismus und Buddhismus die menschliche Person und die Geschichte sehen und darstellen. Beide Traditionen machen dem Christentum den Vorwurf, es setze etwas absolut, was – ihrer Meinung nach – nur eine vergängliche Erscheinung ohne wirklich ontologische Konsistenz und damit letztlich Illusion ist.

Père Monchanin macht auch deutlich, dass das von der fernöstlichen Mystik angestrebte Ziel unvereinbar ist mit dem Wesen des christlichen Gebets. Dieses beschreibt er als liebende und erkennende Anbindung an Gott, das sich ausweitet zu einer Mystik der communio – und nicht der Absorption.

Nun zum *Yoga* selbst. Hier dürfen wir die bereits zitierten sehr kritischen Anmerkungen aus den Jahren 1948/49[8] nicht vergessen. Sie gelten einer Praxis, die den Menschen zur Erleuchtung führen will, der auf Gnade verzichtet und auf die eigenen Kräfte baut. Père Monchanin spricht in diesem Zusammenhang von einem *„atheistischen Pragmatismus"*, der mit der fragwürdigen Sublimation sexueller Energien spielt und in den Naturalismus abgleitet. Père Monchanin widersetzt sich vor allem der Hintanstellung des christlichen Glaubens, also der Unterordnung der Zugehörigkeit zu Christus unter die totale Abhängigkeit vom Guru. Natürlich räumt er ein, dass körperliche und mentale Askese wie auch die Kontrolle des Atems zu einer Beherrschung der Sinne und der angelegten Fähigkeiten und somit zu einer gewissen inneren Sammlung führen können. Er fügt jedoch sogleich hinzu, dass die Integration des *Yoga* in den christlichen Glaubensweg hinsichtlich der Dauer und des Ziels einer Beschränkung unterliegen muss. Diese Integration des *Yoga* müsse notwendigerweise der christlichen Grundhaltung, sich Gnade im demütigen und vertrauenden Gebet schenken zu lassen, untergeordnet sein.

Anscheinend wollen Sie damit sagen, dass die Techniken des Yoga nicht losgelöst gesehen werden können von ihrem hinduistischen Horizont.

So ist es. Ich erinnere mich noch gut an das amüsierte Lächeln des Gurus, als er sich von „Westlern" die Motive nennen ließ, die sie

8 zitiert nach Françoise Jacquin, „Le témoignage de Jules Monchanin", Revue Communio, a.a.O. Es sei darauf hingewiesen, dass diese Anmerkungen im Anhang Nr. 3 S. 260 in vollem Wortlaut wiedergegeben sind.

dazu brachten, Yoga zu praktizieren: Relax, Entspannung, Selbstbeherrschung usw. ... Sein Kommentar lautete etwa so: *„Ihr erstaunt mich. Ihr praktiziert diese heiligen Techniken um vergänglicher Wirkungen willen, denen wir keinerlei Wert beimessen. Ihr dafür legt wenig Wert auf die tiefgreifenden Veränderungen, die sie in euch bewirken!"* Und dabei zuckte er mit den Achseln, als wollte er sagen: *„Davon soll es nicht abhängen: die Techniken werden in euch – trotz eurer Unwissenheit oder eures mangelnden Interesses – bewirken, wozu sie erfunden worden sind .."*

Ich füge noch ein Zitat von Père Monchanin, der kurz vor seinem Tod als Reaktion auf diese Bemerkung des Guru Folgendes seinem Freund Duperray anvertraut: *„Ich möchte Dir nur ein paar Worte zum Thema christliches Yoga schreiben, über das man sozusagen ins Blaue hinein zu reden beginnt. Man hält sich an die Schale, den Kern wirft man weg und gibt dem, was nun eine tote Schale ist, den Namen Yoga. Ich werde mich wohl dazu entschließen müssen, zu diesem Thema etwas zu schreiben."*[9] Und Jean Varenne bemerkt: *„Es gibt zu der neuen Yogawelle im Westen nicht viel zu sagen. Sie ist der breiten Öffentlichkeit durch vielgelesene Bücher über Ramakrishna, Virekananda und vor allem über Sri Arobindo bekannt geworden. Man hat davon nur die sogenannten „praktischen" Aspekte (Körperübungen, Verlangsamung des Atems) übernommen, teils um zur Ekstase (?)*[10] *zu gelangen, teils um sich ganz einfach fit zu halten. Denken wir daran, dass diese Übungen (Sitzen im Schneidersitz, langsames Atmen) aus der Perspektive des wirklichen Yoga keine Bedeutung haben, wenn ihnen nicht eine strikte Einhaltung der Disziplin (yama und niyama) vorausgeht und wenn sie nicht eingebunden sind in die Suche nach dem Zustand des Kaivalya*[11] *mittels Rückzug der Sinne und Auflösung*

---

9 id. S. 108

10 Das Fragezeichen stammt von Jean Varenne, der diesen Begriff nicht verwendet haben will, um die natürlich-mystische Erfahrung zu bezeichnen; er gibt hier dem Begriff „Enstase" den Vorzug. S. o.S. 71

11 Das Endziel des Yoga besteht in einem Dauerzustand der absoluten Unabhängigkeit von allem. Im „lebendigen Befreiten" ist die Einheit (yoga) von shakti und shiva voll und definitiv verwirklicht, und zwar auf Dauer.

des Denkens. Vor allem hat Yoga dann keine Bedeutung, wenn man es nicht als einer Weltsicht (darshana) zugehörig betrachtet, einer Weltsicht, die man nicht in Stücke zerlegen und sich das Seine herauspicken kann.[12] Entweder haben die paar Körper- und Atemübungen, wie sie westliche Christen ausführen, nichts mit dem Yoga nach hinduistischem Verständnis zu tun – sie nehmen vergeblich diesen Namen in Beschlag, stiften damit Verwirrung und treten fruchtlose Debatten los - oder aber sie sind Anhänger des traditionellen Yoga und übernehmen auch dessen Kern: in diesem Fall haben sie mit dem Wesen des Christentums nichts mehr zu tun.

Es gibt genau genommen kein *christliches Yoga*, wie es ja auch kein hinduistisches Gebet gibt. Es gibt ein hinduistisches Yoga, das von Männern und Frauen praktiziert wird, die an den Christus der Evangelien glauben und der Meinung sind, sie könnten aus diesen Techniken zur Entfaltung ihres körperlichen, seelischen, ja geistigen Lebens Nutzen ziehen. Aber das Risiko einer Verwechslung ist enorm hoch. Ich möchte nochmals darauf hinweisen: die natürliche Heiterkeit, die durch den langsamen Prozess der Auflösung des persönlichen Bewusstseins entsteht, hat nichts zu tun mit dem übernatürlichen Frieden, der vom Geist des auferstandenen Christus kommt. Jene natürliche Heiterkeit bereitet auch nicht den Empfang dieses Friedens vor, ganz im Gegenteil! Sie ist vielmehr eine Falle, verführerisch und deswegen so gefährlich; sie kann dem, der sich ohne große Erfahrung auf die Reise nach innen begibt, durchaus Sand in die Augen streuen. Nicht wenige von ihnen sind dann versunken in der Kontemplation ihres eigenen tiefen Selbst, in der Annahme, sie durchlebten Zustände des stillen, ja von Gott eingegebenen Gebetes. Und das ist es wohl, was die Integration der *Yogatechniken* in ein authentisches Gebet und in ein authentisches Leben im Heiligen Geist so schwierig, ja unmöglich macht.

---

12 Upanishaden des Yoga, a.a.O. S. 46

Verpflichtet uns die Tatsache, dass unsere Geistseele in einem Körper wohnt, nicht dazu, beim Gebet unserem Körper Rechnung zu tragen? Sie können doch nicht abstreiten, dass eine gewisse körperliche und seelische Entspannung der Wahrnehmung von Gottes Gegenwart förderlich ist.

Unbestreitbar. Aber man muss darauf achten, dass eine derartige Entspannung immer nur Mittel bleibt und nicht unversehens den Rang des angestrebten Ziels einnimmt. Dazu möchte ich *„Einige Aspekte der christlichen Meditation“*[13] aus dem Schreiben der Kongregation für die Glaubenslehre an die Bischöfe der katholischen Kirche anführen. Das Dokument anerkennt eingangs die Bedeutung Ihres Einwurfs: *„Die menschliche Erfahrung zeigt, dass Stellung und Haltung des Körpers nicht ohne Einfluss auf die Sammlung und Bereitschaft des Geistes sind. Im Gebet muss der ganze Mensch zu Gott in Beziehung treten, also auch sein Leib, der die zur Sammlung geeignetste Stellung einnehmen muss. Verschiedene geistliche Schriftsteller aus dem christlichen Osten und Westen haben dieser Tatsache Aufmerksamkeit geschenkt.“* Weiter unten ist sogar zu lesen, *„dass echte Praktiken der Meditation, die aus dem christlichen Osten und aus den nichtchristlichen Hochreligionen stammen und auf den gespaltenen und orientierungslosen Menschen von heute Anziehungskraft ausüben, ein geeignetes Hilfsmittel für den Betenden darstellen können, sogar mitten im äußeren Trubel innerlich entspannt vor Gott zu stehen“*. Das Dokument präzisiert, dass *„diese geistlichen Schriftstellen jene Elemente aufgegriffen haben, die die Sammlung beim Gebet erleichtern, ohne zugleich ihren bloß relativen Wert zu übersehen: Sie sind dann nützlich, wenn sie im Hinblick auf das Ziel des christlichen Gebets umformuliert werden.“* Der Grund für diese Einschränkung ist ganz klar: *„Wird der Symbolis-*

---

13 La Documentation Catholique, 7. Januar 1990, Nr. 1997. Von nun an bezeichnen wir diesen Text mit der Abkürzung: „Einige Aspekte ...“, gefolgt von der Nummer, auf welche sich das Zitat bezieht. Angesichts seiner Bedeutung ist dieses Schreiben vollständig abgedruckt im Anhang I, S. 234 ff

mus unangemessen oder falsch verstanden, kann er sogar zum Idol werden und infolgedessen ein Hindernis für die Erhebung des Geistes zu Gott. Im Raum des Gebets die ganze Wirklichkeit des eigenen Körpers als Symbol zu erleben, ist noch schwieriger: Es kann zu einem Körperkult entarten und dahin führen, dass man alle seine Empfindungen fälschlich mit geistlichen Erfahrungen gleichsetzt. Einige physische Übungen erzeugen automatisch das Gefühl der Ruhe und Entspannung, Gefühle der Befriedigung, vielleicht sogar Empfindungen von Licht und Wärme, die einem geistlichen Wohlbefinden gleichen. Sie aber als echte Tröstungen des Heiligen Geistes anzusehen, wäre eine gänzlich falsche Art, sich den geistlichen Weg vorzustellen".[14]

Yoga also solches, beladen mit der ganzen Last des Hinduismus, ist ohne Zweifel unvereinbar mit dem authentischen christlichen Weg. Aber um der vom Dokument vorgegebenen Richtung zu folgen: Kann man Yoga nicht „christianisieren"?

Das ist genau die Frage, die sich auch Père Monchanin gestellt hat: *„Kann Yoga christianisiert werden? Heute ist Yoga fast immer verbunden mit dem Pelagianismus, einem virtuellen Atheismus, und dubiosen tantrischen Praktiken. Lohnt etwa das Ergebnis den Einsatz? Im strengen Yoga gibt es keinen Raum für Gnade, logischerweise nicht einmal für Gott. Narzissmus ohne Narzissus, das ist Yoga. Seine undifferenzierten Akzidenzien sind von seinem Wesen absorbiert. Adraita ist, wie auch Yoga, ein Strudel: Wer darin mit einem Gefühl des Taumelns untertaucht, kann nicht wissen, was er unten am Grund vorfindet. Ich fürchte, er findet eher sich selbst als den lebendigen Dreieinigen Gott."*[15] Man zollt dem Hinduismus keinen Respekt damit, dass man um jeden Preis die Vereinbarkeit seiner Praktiken mit dem Christentum anstrebt. Ebenso wenig respektiert man das Christentum, wenn man ihm Techniken aufpfropfen will, die ihm fremd sind und unvereinbar

---

14 Jules Monchanin, Ecrits spirituels, a.a.O.S. 26 ff
15 Jules Monchanin, Ècrits spirituels, a.a.O.S. 126 f

mit seinen Grundzielen. Wenn das Dokument mögliche Anleihen aus anderen Traditionen erlaubt, so gehen diese nicht über einige elementare Atemübungen und einfache Körperübungen hinaus, die zwar zu einer gewissen Entspannung führen, aber deswegen nicht gleich den Namen *Yoga* verdienen.

Man hat den Eindruck, als hätten Sie Angst, dass Yoga ins Christentum eindringen könnte ...

Jedenfalls glaube ich, dass der Synkretismus Verwirrung stiftet und nicht konstruktiv ist. Der Preis, den man für Besitz und Wahrung einer Identität zu zahlen hat, besteht im Eingeständnis, dass wir nicht Alles sind, und im Einverständnis damit, dass wir mit Andersartigkeiten konfrontiert sind, die sich nun mal nicht aus dem Weg schaffen lassen. Auch auf religiösem Gebiet muss man „den Unterschied wagen“. Muss denn nicht ein jeder angesichts unvereinbarer Alternativen mit fortschreitender Einsicht seine eigenen Grundoptionen neu formulieren und sich das eigene Erbe in seiner spezifischen Eigenart mehr und mehr aneignen?

Wir sollten jedoch dabei unser Augenmerk nicht nur auf den Hinduismus und die Praktiken des Yoga richten. Das Gesagte gilt in gleicher Weise für jede Religion und jede religiöse Praktik, die sich als natürlich-mystischer Weg versteht. Klar, dass ich dabei an die verschiedenen Formen des Buddhismus denke, der seit einigen Jahren – was die Faszination des Westens für fernöstliche Religionen anbelangt – an die Stelle des Hinduismus getreten ist.

Es geht um wesentlich mehr als um diese paar Übungen, die auf das Gebet vorbereiten sollen: es geht um das Wesen dieses Weges in das eigene Innere. Im Alten Testament wie im Neuen ist das In-sich-Gehen keine intellektuelle Abstraktion, die sich durch Konzentration auf das in der Tiefe ruhende Sein ergäbe. In-sich-Gehen ist Umkehr des Herzens im Wissen, dass man sich von Gott und seinen Geboten abgewandt hat. Umkehr bedeutet nicht, dass ich mich mir selber zuwende und in eine innere Leere eintauche, sondern dass ich im Gegenteil meinen Blick von mir weg auf Gott richte, der sich in seinem Wort offenbart und in dessen barmherzige Arme ich mich fallen lassen darf.

Um sein Anliegen zu unterstreichen, nimmt das Schreiben über die christliche Meditation Bezug auf den Bischof von Hippo: *„Der hl. Augustinus ist hier ein ausgezeichneter Lehrer: Willst du Gott finden, sagt er, so verlasse die äußere Welt und kehre bei dir selber ein. Aber, so fährt er fort, bleibe nicht in dir selber, sondern übersteige dich, denn du bist nicht Gott: Er ist tiefer und größer als du! Ich suche sein Wesen in meiner Seele, finde es aber nicht; da begann ich ein Suchen nach meinem Gott, und durch die geschaffenen Dinge auf Ihn hin ausgespannt, vermochte ich die unsichtbare Wirklichkeit Gottes (Röm 1,20) zu erkennen!*[16] *‚In sich selber bleiben', darin liegt die große Gefahr. Der große Kirchenlehrer empfiehlt, sich auf sich selber zu konzentrieren, aber auch das Ich, das nicht Gott ist, sondern lediglich ein Geschöpf, zu übersteigen. Gott ist ‚tiefer als mein Innerstes und höher als mein Höchstes'.*[17] Gott ist nämlich in uns und mit uns, übersteigt uns aber in seinem Geheimnis."[18]

Aber man kann doch nicht sicher sein, Gott zu begegnen, wenn man von sich Abstand nimmt!

Natürlich nicht! Das gehört eben zu jener selig gepriesenen Armut [19] des Glaubenden, der über die religiöse Erfahrung nicht verfügen kann! Christliche Askese ist nur Vorbereitung, sie ist nicht eigentlich Bestandteil des Gebets. Die Spontaneität, mit der sich der Mensch Gott zuwendet, behält ihre Berechtigung; es wird ihr aber unter dem Aspekt einer höheren Freiheit ein anderer Stellenwert zugewiesen. Diese höhere Freiheit ist die Freiheit Gottes selber,

---

16 Augustinus, Enarr. in Ps 41,8: PL 36,469
17 Augustinus, Confessiones, 3,6,11: PL 32,688. Cf.De vera religione, 39, 72: PL 34,154
18 Siehe „Einige Aspekte ..." 5,19
19 Mt 5,1

der sich die Initiative vorbehält und so den Menschen daran hindert, sich ein Absolutes zu suchen, das auf seine eigenen Maße zugeschnitten wäre und in das er sich wie in ein Gefängnis einsperren würde.

Louis Gardet schreibt: „*Der Elan der übernatürlichen Mystik selber unterscheidet sich von Anfang an radikal vom Elan der natürlichen Mystik. Die Wendung nach innen, die der übernatürlichen Mystik eigen ist, trägt sie zur Ekstase, zum Hinaustreten aus sich selbst, bringt sie dazu, den zu finden, der anders ist als sie. Sie schreitet vorwärts, aber weder in Richtung Tiefe des Seins noch in Richtung kreative Tiefe der Person; sie sucht vielmehr die Einwohnung eines Anderen, der sowohl transzendent als auch immanent ist.*“ Und Kardinal v. Balthasar versichert: „*Der wahre Aufbruch des Menschen Gott entgegen ist nicht ein Verleugnen und Abstreifen seiner Endlichkeit, sondern ein sich Frei- und Bereitmachen dafür, von Gott ganz ergriffen und in Besitz genommen zu werden*“.[20]

Wollen Sie damit sagen, dass es in der übernatürlichen Mystik keine „wirksame Technik“ gibt?

Es kann sie gar nicht geben, es kann ja doch keine Technik geben, mit der man die Gegenwart Gottes herbeizwingen könnte, nicht einmal eine Übung zur besseren Verfügbarkeit kann es geben.

Gnade bedeutet, dass Gott sich selbst in Freiheit uns zuwendet. Ich gehe sogar so weit zu sagen, dass das christliche Gebet von sich aus schon nichts zu tun haben will mit unpersönlichen Techniken, die anfällig sind gegenüber Automatismen; denn diese lassen eben der inneren Wachsamkeit des Herzens, das ganz auf den ausgerichtet ist, der kommt, keinen Raum, auch nicht dem liebenden Warten auf den transzendenten Gott. Ich darf nochmals aus dem Schrei-

---

20 Hans Urs von Balthasar, Neue Klarstellungen 1995 2. Aufl. Johannes Verlag Einsiedeln, S. 89

ben der Glaubenskongregation zitieren: „*Da der Christ Geschöpf bleibt, ein Geschöpf, das sich nur in der Gnade sicher weiß, beruht die Weise, wie er sich Gott naht, nicht auf irgendeiner Technik in strengem Sinn dieses Wortes. Das würde dem vom Evangelium geforderten Geist der Kindschaft widersprechen. Die echte christliche Mystik hat nichts mit Technik zu schaffen: sie ist immer ein Geschenk Gottes, dessen sich der Empfänger unwürdig fühlt.*“[21] Das christliche Gebet ist wesenhaft eine liebende Begegnung zweier Freiheiten; es kann also gar nichts anderes als ein Dialog sein: „*Das christliche Gebet ... nimmt im eigentlichen Sinn den Charakter eines persönlichen, intimen und tiefen Gesprächs zwischen Mensch und Gott an. Es bringt so die Gemeinschaft der erlösten Geschöpfe mit dem inneren Leben der Personen der heiligsten Dreifaltigkeit zum Ausdruck. In dieser Gemeinschaft, die sich auf die Taufe und Eucharistie, Quelle und Gipfel des Lebens der Kirche, gründet, gehört eine Haltung der Bekehrung und des Herausgehens aus dem eigenen Ich auf das Du Gottes zu. Christliches Gebet ist damit immer zugleich echt persönlich und gemeinschaftsbezogen. Es meidet unpersönliche oder auf das Ich konzentrierte Techniken, die automatische Abläufe hervorbringen, bei denen der Betende in einem rein innerlichen Spiritualismus gefangen bleibt und zum freien Sich-Öffnen für den transzendenten Gott unfähig wird. In der Kirche muss das berechtigte Erforschen neuer Methoden der Meditation sich immer vor Augen halten, dass ein echt christliches Gebet wesentlich die Begegnung zweier Freiheiten ist, der unendlichen Freiheit Gottes mit der begrenzten des Menschen.*“[22]

Demnach wäre das „Jesusgebet“, das der Ostkirche so teuer ist, eine Abkehr vom authentischen Geist des Gebets?

Ihre Frage lässt vermuten, dass Sie in diesem Gebet eine Technik sehen. Dem ist aber nicht so. Der spirituelle Weg, den man heute

---

21 Vgl. „Einige Aspekte ...“ V, 23; vgl. Anhang 1, S. 234 ff - 22 Id. I,3

unter dem Namen *Hesychasmus* (Einsamkeit, Sammlung) kennt und der sich im 14. Jahrhundert auf dem Berg Athos herausbildete, stellt keine Technik dar, sondern eine Methode zu beten, die *„Jesusgebet"* heißt. Die wichtigsten Schriften dieser spirituellen Tradition sind in einem Werk niedergelegt, das den Titel *Philokalie* trägt. Es trug zu einer bedeutsamen geistigen Erneuerungsbewegung bei, die sich im 18./19. Jahrhundert bis nach Russland erstreckte. Es handelt sich beim Jesusgebet keineswegs um eine mechanische Wiederholung des Namens Jesus, bei der man diesen Namen wie ein Mantra verwenden und eng an die Atmung ankoppeln würde, nach dem Vorbild bestimmter orientalischer Techniken. Der Name Jesus wird hier vielmehr angerufen, damit der Betende sich der Gegenwart Jesu bewusst wird und eingeführt wird in den Dialog der Liebe. Es geht darum, das Gedächtnis der göttlichen Einwohnung lebendig zu halten, damit man in Dem bleiben kann, der schon jetzt, trotz unserer Unwürdigkeit, unsere Glückseligkeit sein will.

Die Atmung findet nur insoweit Beachtung, als sie uns hilft, auch tief in unserem Herzen aufmerksam zu sein, damit auch dort der Anruf erklingen kann: *„Herr Jesus Christus, Sohn Gottes, hab Erbarmen mit mir Sünder."* Beim Einatmen füllt sich unser Herz mit Staunen und Dankbarkeit über das Mysterium der Inkarnation, durch die das fleischgewordene Wort die Menschheit mit seiner Gegenwart erfüllt: *„Herr Jesus Christus, Sohn Gottes ..."* Beim Ausatmen beten wir demütig das Geheimnis der Erlösung und geben uns so unserem Retter hin wie wir sind: *„...hab Erbarmen mit uns Sündern."* Die Wiederholung und Einbeziehung des Atmungsvorgangs stehen ganz und gar im Dienst einer persönlichen Begegnung, des Herzenseinklangs; das Verlangen danach wollen sie wecken und das Erleben verlängern. Lassen Sie mich zur Veranschaulichung das Gebet eines Heiligen „ganz aus unserer Nähe" anführen, des Pfarrers von Ars, der die Philokalie nie gelesen hat und dennoch aus der gleichen Intuition heraus der Flamme der Liebe unaufhörlich neue Nahrung zuführt:

Ich liebe Dich, o mein Gott,
und mein einziges Verlangen ist, Dich zu lieben
bis zum letzten Atemzug meines Lebens.
Ich liebe Dich, unendlich liebenswerter Gott,
und ich möchte lieber mit dieser Liebe sterben
als auch nur einen Augenblick ohne sie leben.
Ich liebe Dich, o mein Gott,
und ich sehne mich nach dem Himmel nur wegen des Glücks,
Dich vollkommen lieben zu können.
Ich liebe Dich, o mein Gott,
und ich fürchte die Hölle nur, weil sie nicht
den süßen Trost birgt, Dich lieben zu können.
O mein Gott, wenn Dir meine Zunge nicht
in jedem Moment sagen kann, dass ich Dich liebe,
so möchte ich doch wenigstens, dass mein Herz es Dir wiederholt,
bei jedem Atemzug.
O gib mir die Gnade zu leiden und Dich zu lieben,
Dich zu lieben und zu leiden
und eines Tages mein Leben auszuhauchen und Dich zu lieben
und zu spüren, dass ich Dich liebe.
Und je näher der Tag herankommt,
umso mehr flehe ich Dich an, meine Liebe zu mehren
und sie zu läutern.
Amen.

Sie werden doch anerkennen, dass der Hesychasmus eine bestimmte Methode ist, die zu einer bestimmten Schule der Spiritualität gehört. Wie schätzen Sie die verschiedenen Gebetsmethoden ein, die sich im Lauf der langen Geschichte der christlichen Spiritualität herausgebildet haben? Geben sie denn nicht Zeugnis von der ununterbrochenen Suche nach wirksamen Mitteln, um Gott zu erfahren?

Methode und Technik dürfen nicht verwechselt werden. Anders als die Technik dient die Methode nur zur Unterstützung und Vorbereitung; sie bietet keinerlei Garantie und ist dem angestrebten

Ziel nicht adäquat. Sämtliche christliche Gebetsmethoden verfolgen nur den einen Zweck, nämlich uns besser auf den Empfang der Gnade einzustimmen, d.h. auf den Empfang des Herrn, der über seine Gaben frei nach seinem Ratschluss verfügt.

Die Warnung der *hl. Therese v. Avila* ist von einer erstaunlichen Aktualität: *„Bei Dingen, vor denen Seine Majestät anscheinend eine Grenze gezogen hat und die er sich selber vorbehalten will, kann ich mich nicht zu menschlichen Anstrengungen überreden. Peinvoll nenne ich es, wenn wir uns selber irgendwie Gewalt antun wollen. Dies ist genauso eine Pein, wie wenn wir den Atem anhalten würden. Wir sollen vielmehr die Seele den Händen Gottes überlassen – mag er mit ihr machen, was er will -, so sorglos und unbekümmert um ihren Vorteil, wie wir nur immer sein können, und völlig ergeben in den Willen Gottes. Wenn Seine Majestät will, dass der Verstand von seinem Tun ablässt, so beansprucht er ihn auf andere Weise und schenkt der Erkenntnis eine Erleuchtung, die so erhaben ist über das, was wir von uns aus zu erreichen vermögen, dass der Verstand hingerissen verharrt. Und da erfährt er, ohne zu wissen wie, eine Unterweisung, die sehr viel besser ist als alles, was er mit seinem Eifer, der ihn nur immer tiefer in die Verlorenheit stürzt, je erlangen könnte. Denn Gott hat uns die Seelenkräfte gegeben, dass wir mit ihnen arbeiten und eine jede ihren Lohn erlange. Es gibt keinen Grund, weshalb wir sie mit einem lähmenden Bann belegen sollten: wir wollen sie vielmehr ihres Amtes walten lassen, bis ihnen der Herr eine höhere Aufgabe zuweist.“*[23]

Wie würden Sie die christlichen Gebetsmethoden im Vergleich zu östlichen oder anderen Techniken kennzeichnen?

Das wesentliche Merkmal der übernatürlichen Mystik ist ihre Unverdientheit. Ihr Ziel kann vom Menschen selbst nicht erreicht

---

23 Innere Burg, 4. Wohnung III, 5-6

und erkämpft werden. Es handelt sich immer um ein Geschenk, auf das sich der Betende zweifellos vorbereiten kann und soll, auf das er aber niemals einen Anspruch hat; er kann es sich nicht einmal verdienen. Diese Haltung der Demut lässt sich nicht durch eine Technik erwirken, sondern nur durch eine Umkehr zur Liebe, durch die Annahme der Vergebung, die von Gott kommt. *„Die Liebe Gottes, einziger Gegenstand der christlichen Kontemplation, ist eine Wirklichkeit, deren man sich mit keiner Methode oder Technik ‚bemächtigen' kann; ja, wir müssen den Blick immer auf Jesus Christus gerichtet halten, in dem die göttliche Liebe für uns am Kreuz so weit gegangen ist, dass sie auch die Gottverlassenheit auf sich genommen hat (vgl. Mk 15,34). Wir müssen also Gott die Entscheidung darüber überlassen, wie er uns an seiner Liebe teilhaben lassen will."*[24]

Deshalb ist jede christliche Meditation grundsätzlich christologisch. Für den Glaubenden ist Jesus das wahre Antlitz Gottes und das wahre Antlitz des Menschen. In Ihm ist uns die Liebe des Vaters offenbart, die uns zu Söhnen im Geiste macht. Der Ort der Wahrheit und der verwandelnden Begegnung ist dieses lebendige Wort, dieses ursprüngliche Heilssakrament, das in Jesus sich an uns wendet. In der Betrachtung seines Lebens und Beispiels sowie in unserer Teilnahme an seinen Sakramenten finden wir Zugang zur tieferen Erkenntnis dessen, wer Gott ist, wer er für uns ist und wer er an sich ist. Wer auf fernöstliche Weise meditiert, ist von Anfang an bemüht, alle Gedanken und an Dinge gebundene Vorstellungen auszuschalten. Wer auf christliche Weise meditiert, entzieht sich den von außen auf ihn eindringenden Zerstreuungen und Bedürfnissen der eigenen Phantasie; das tut er aber nicht, um – jenseits einer Aktivierung der eigenen Möglichkeiten – den Zustand der inneren Leere zu erreichen. Sein ganzes Bemühen ist auf den Empfang des Wortes der Gnade ausgerichtet, das von Gott her zu ihm kommt und für das er empfänglich sein will. Und er

---

24 vgl. „Einige Aspekte ..." Nr. 31, Anhang 1, S. 251 f

muss dieses Wort, dem er in der Tiefe seiner Meditation begegnet, eben auch als fleischgewordenes Wort erkennen, das in der Geschichte verborgen ist und dessen Gegenwart er erst entdecken muss.

Soll das heißen, dass der Christ keinen Zugang zur Gottheit hat außer durch das Menschsein Christi?

Lassen Sie mich mit einem Zitat des Origines antworten: *„Wir könnten von Christus sagen, dass sein natürliches Prinzip die Göttlichkeit ist, dass aber aus unserer Sicht, für uns, die sein wirkliches Sein unter dem Aspekt seiner Größe zu erörtern nicht in der Lage sind, sein natürliches Prinzip das Menschsein ist. So bringt man den Kindern Jesus Christus und den gekreuzigten Jesus nahe. Und deshalb kann man, von der Natur der Dinge her gesehen, sagen, dass die prinzipielle Erkenntnis Christi Weisheit und Kraft Gottes ist; dass aber in Bezug auf uns das Wort Fleisch geworden ist, um unter uns zu wohnen. Nur so können wir Christus verstehen."*[25]

Man kann Folgendes sagen: Jeder „direkte Aufstieg" - oder jeder andere Weg –, der eine natürliche Sicht Gottes zum Ziel hat, der aber nicht der Weg ist, den uns das allerheiligste Menschsein Christi eröffnet, steht mit absoluter Gewissheit im Gegensatz zum Neuen Testament. Eine derartige Haltung würde verraten, dass das Geheimnis der Menschwerdung verkannt wird, oder dass der verklärte Christus dem Heiligen Geist gleichgesetzt wird. Dies wiederum würde uns sofort hineintauchen in die Liebesglut der göttlichen Natur, ohne dass fortan das fleischgewordene Wort noch Mittler sein müsste. Das Dokument der Glaubenskongregation ruft es uns ins Gedächtnis: *„Das christliche Gebet wird immer von den Strukturen des christlichen Glaubens bestimmt, in dem die Wahrheit Gottes selber und die Wahrheit über die Schöpfung aufleuch-*

---

25 In Jo 1, 18,106-107; cit nach A.-G.Hamman, L'homme image des Dieu, éd. Deselée, Paris, 1987, S. 147

tet. Zwischen der Offenbarung und dem Gebet liegt daher eine enge Beziehung vor. Deshalb empfiehlt die Kirche immer die Lektüre des Wortes Gottes als Quelle des christlichen Gebets und regt zugleich zum Entdecken des tieferen Sinns der Heiligen Schrift durch das Gebet an, damit zwischen Gott und Mensch ein Dialog entstehe"[26]*, denn wir reden mit ihm, wenn wir beten; ihn hören wir, wenn wir Gottes Weisungen lesen".*[27]

Das Wort Gottes zu meditieren, ist eine Sache; eine andere Sache ist es, Ihm in einer mystischen Erfahrung zu begegnen, die zwangsläufig unaussprechbar ist und demnach über dem Wort steht.

Die „Versuchung", das fleischgewordene Wort beiseite zu lassen, um unmittelbar in die Sphäre des nicht zu fassenden Göttlichen einzutauchen – diese Versuchung der nicht objektbezogenen Meditation ist im Verlauf der langen Geschichte der christlichen Spiritualität mehrmals aufgetreten. Zitieren wir nochmals die hl. Therese von Avila: *„Ihr meint vielleicht, dass jemand, der sich solch hoher Dinge erfreut, nicht mehr über die Geheimnisse der allerheiligsten Menschlichkeit unseres Herrn Jesus Christus meditieren will, da er doch ganz an die Liebe hingegeben ist. Ich habe an anderer Stelle ausführlich über diese Frage geschrieben.*[28] *Obgleich man mir damals widersprochen und gesagt hat, ich verstünde es nicht (denn das seien Wege, auf denen Gott unser Herr die Seelen führe, und sobald man die Anfänge hinter sich habe, sei es besser, sich mit göttlichen Dingen zu befassen und das Körperliche zu fliehen), wird man mich nicht zu dem Bekenntnis bringen, dies sei ein guter Weg. Es mag schon sein, dass ich mich täusche und dass wir alle ein und dasselbe meinen; doch ich habe gesehen, dass der Satan mich eben damit betrügen wollte, und dies hat mich so abgeschreckt, dass ich – auch wenn ich es schon oft gesagt habe – es auch hier noch einmal sagen möchte, dabei*

---

26 Vgl. „Einige Aspekte...", Nr. 1-2
27 Vaticanum II, Konstitution über die göttliche Offenbarung, 25
28 Vida, 22

doch ja recht wachsam zu sein. Und schaut, ich wage zu sagen, dass ihr niemand glauben sollt, der euch darüber etwas anderes sagt (...) Wir dürfen uns nicht von dem entfernen, der unser ganzes Heil und unsere Rettung ist – von der heiligsten Menschlichkeit unseres Herrn Jesus Christus. Ich versichere denen, die sich von ihr entfernen, dass sie nicht in die beiden letzten Wohnungen gelangen. Wenn sie nämlich den Führer verlieren, den guten Jesus, so werden sie den Weg nicht finden, und es wäre schon reichlich viel, wenn sie sich in den anderen Wohnungen sicher fühlen könnten".[29] Mehrmals hat die hl. Theresa auf die Schriften der spanischen Alhumbradas reagiert, in denen Kontemplation als vages Eintauchen in das Göttliche[30] oder als ein *„An-nichts-Denken"*[31] propagiert wird; denn sie sah darin die Gefahr, dass man sich in sich selbst verschließt und von Jesus entfernt, von dem doch „alle Güter auf uns kommen."[32] In diesem Sinn ist ihr Aufschrei zu verstehen: „Dass man sich ganz und gar von Christus abwendet, das kann ich nicht ertragen!"[33]

Der Heilige Vater kommentiert die Haltung der Heiligen so: *„Dieser Schrei ist auch heute noch aktuell, gerichtet gegen gewisse Gebetstechniken, die ihre Inspiration nicht aus den Evangelien beziehen und praktisch dazu tendieren, ohne Christus auszukommen, um einer mentalen Leere willen, die im Christentum keinerlei Sinn hat. Jede Gebetstechnik ist in dem Maße wertvoll, wie sie sich von Christus inspirieren lässt und zu Christus führt, der ja der Weg, die Wahrheit und das Leben ist.*[34] *Christus ist die Tür, durch welche die Seele Zugang hat zum mystischen Stadium;*[35] *Christus führt sie in das Geheimnis der Dreieinigkeit ein.*[36] *Seine Gegenwart in der Weiterentwicklung jenes „freundschaftlichen Umgangs", den wir Gebet nennen, ist unerlässlich notwendig. Christus ist es ja, der das Gebet bewirkt und entfaltet, und der zugleich Objekt des Gebets ist. Er ist das „lebendige Buch", das Wort des Vaters.*[37]

---

29 Die innere Burg, 6. Wohnung 7, 5-6 - 30 Vida 22,1 - 31 Die innere Burg IV 3,6
32 Vida 22,4 - 33 Vida 22,1 - 34 Joh 14,6 - 35 Vida 10,1 - 36 Id. 27, 2,9
37 Id. 26,5

Der Mensch lernt in tiefer Stille auszuharren, wenn Christus ihn im Innern „ohne den Lärm von Worten“[38] *belehrt. Er wird innerlich leer, „indem er den Gekreuzigten anschaut“.*[39] *Die theresianische Betrachtung ist keine Suche nach verborgenen Kräften mittels komplizierter innerer Reinigungsmethoden, sondern ein demütiges Sich-Öffnen auf Christus hin und seinen mystischen Leib, die Kirche.“*[40]

Was der Heilige Vater an dem theresianischen Gebet ganz besonders hervorhebt, gehört zum Wesen jeder christlichen Meditation.

Hans Urs von Balthasar bemerkt, dass „das vollkommenste menschliche Jawort *„Siehe, ich bin die Magd des Herrn, mir geschehe nach deinem Wort“*[41] *aller Wahrscheinlichkeit nach nicht auf den Wegen einer nicht objektgerichteten Meditation herangereift ist – da die Sprechende Jüdin war.*[42]

Es bietet also das christliche Gebet, so wie Sie es darstellen, doch Raum für eine mystische Begegnung? Will sagen: für eine authentische unmittelbare Gotteserfahrung?

Das Wort ist kein Vermittler, der die Unmittelbarkeit einer Begegnung behindern würde. Es ist der Ort, an dem Gott sich zu erkennen gibt, sich hingibt: *„Das Ergebnis oder die Frucht der Hl. Schrift“*, so sagt uns der hl. Bonaventura, *„ist nicht irgendetwas: es ist die volle ewige Glückseligkeit. Denn es ist die Schrift, die die Worte des ewigen Lebens enthält. Sie ist also für uns geschrieben, nicht nur damit wir glauben, sondern, auch damit wir das ewige Leben haben, in dem wir sehen werden, lieben werden und in dem unser Verlangen ganz und gar gestillt sein wird. Erst wenn unsere*

---

38 Der Weg der Vollkommenheit 25,2
39 Die Innere Burg VIII 4,9
40 Johannes Paul II, Homilia à Avila, La Documentation Catholique, Nr. 1841, 5. Dez. 1982, p. 1091
41 Lk 1,38
42 Balthasar, a.a.O. S. 112

Sehnsüchte gestillt sein werden, werden wir die Liebe wirklich kennen lernen. ‚Sie überragt die Erkenntnis', und so werden wir von Gott ganz erfüllt werden. In diese Fülle möchte uns die Heilige Schrift führen, entsprechend der Wahrheit des eben zitierten Wortes des hl. Paulus. Im Hinblick auf dieses Ende, in dieser Absicht, muss die Hl. Schrift studiert, gelehrt, gehört werden."[43]

Um auf Ihre Frage zurückzukommen: wir müssen zweifellos den Begriff „Gotteserfahrung" schärfer fassen. So seltsam es auch erscheinen mag: Gotteserfahrung ist kein biblisches Thema. Die Schrift spricht von einem Gott, der sich auf die Suche nach dem Menschen macht, der ihm entgegengeht, um ihm Seine Freundschaft anzubieten. Man experimentiert nicht am lebendigen Gott wie an einem bestimmten subjektiven Zustand: bestenfalls ist eine solche Erfahrung dann psychischer Natur. Der Gott Jesu Christi möchte sich schenken, wie ein Mensch sich einem anderen in einem Dialog der Liebe schenkt. Der Glaube – zumindest der durch die Liebe lebendige Glaube – stellt genau diese Liebesbeziehung dar, in der Gott sich schenkt und in der ich eingeladen bin, mich Ihm zu schenken. In diesem Sinn könnte man sagen, dass der Ort der christlichen Gotteserfahrung das Wort ist, in welchem der Glaubensdialog in Gang kommt.

Der geistliche Fortschritt misst sich nicht an der Intensität mystischer Erfahrungen – diese kann uns der Herr frei schenken oder vorenthalten – sondern an der Reife unseres Glaubens; an der Treue, mit der wir Ihm angehören; an der Großherzigkeit, mit der wir seinem Wort gehorchen; an der prompten Bereitschaft und Uneigennützigkeit unseres Dienstes an den Brüdern.

Anders ausgedrückt: die Heiligkeit bemisst sich nicht nach Kriterien intimer oder intimster Erfahrungen, sondern nach unserer Fähigkeit, uns durch den Heiligen Geist aus uns selbst hinaus-

43 Breviloquium, Übersetzung Orval, LXXVI, Liturgie des Heures, I.

tragen zu lassen, hin zu Gott und zu den Anderen. Wenn Heiligkeit Teilnahme am göttlichen Leben bedeutet und wenn *Gott die Liebe ist*[44], dann kann nur die Liebe das Maß der Heiligkeit sein: *Wer in der Liebe bleibt, der bleibt in Gott und Gott in ihm.*[45] *Hier ist Liebe natürlich im biblischen Sinn verstanden: konkrete Nächstenliebe und nicht narzisstische Eigenliebe. Jesus hat uns mit seinem ganzen Leben und mit seinem Tod den vollen Ernst eines solchen Engagements im Dienste der Liebe aufgezeigt: Es gibt keine größere Liebe, als wenn einer sein Leben für seine Freunde hingibt.*[46] *Bewundernswert, wie die hl. Therese von Lisieux dies kommentiert: Lieben bedeutet alles verschenken und sich selbst verschenken.*[47]

Wenn wir uns, auch in unserer tiefsten Armut, Gott überlassen, dann machen wir die Erfahrung der Gnade, die ihre Kraft in der Schwachheit erweist[48] und uns zur Liebe befähigt, trotz der Trägheit unserer von der Sünde verwundeten Natur. Jede mystische Erfahrung, die nicht zu mehr Großmut im Dienste der Liebe führt, muss sich den Verdacht gefallen lassen, eine Illusion zu sein.[49]

Anscheinend stellen Sie Glaubenserfahrung und mystische Erfahrung in Gegensatz zueinander?

Ich würde eher sagen, dass das Christentum zwischen beiden Erfahrungen klar unterscheidet, ohne sie jedoch in einen Gegensatz zueinander zu stellen. Lassen Sie mich wieder auf die Autorität des Kardinals Hans Urs von Balthasar zurückgreifen: „...“. *„Konträr*

---

44 1 Joh 4,16 - 45 Id. - 46 Joh 15,13
47 Poèsies, PN 54,22; Oevres complètes, a.a.O.S. 755
48 „Meine Gnade genügt Dir, denn sie erweist ihre Kraft in der Schwachheit“ (2 Kor 12,9)
49 „Wenn ich in den Sprachen der Menschen und der Engel redete, hätte aber die Liebe nicht, wäre ich dröhnendes Erz oder eine lärmende Pauke. Und wenn ich prophetisch reden könnte, und alle Geheimnisse wüsste und alle Erkenntnis hätte; wenn ich alle Glaubenskraft besäße und Berge damit versetzen könnte, hätte aber die Liebe nicht, wäre ich nichts. Und wenn ich meine ganze Habe verschenkte, und wenn ich meinen Leib dem Feuer übergäbe, hätte aber die Liebe nicht, nützte es mir nichts.“ (1 Kor 13,1-3)

zum Evangelium ist jede Theorie, die eine psychologische Erfahrung des Geistes oder der Tröstung zum Kriterium dessen erhebt, ob echter Glaube vorhanden und wie intensiv er ist (wie im Montanismus[50] und Messialismus[51]). Glaube, Hoffnung und Liebe können nicht in höherem Maße Gegenstände der Meditation sein als das Ich. Echter Glaube muss gereinigt werden durch eine Nichterfahrung von sich selbst im Hinblick auf etwas, das wie eine Gotteserfahrung sein könnte. Vom katholischen Standpunkt aus wird man sagen, dass derjenige, der keine Erfahrung macht, den gleichen Grad von Heiligkeit erreichen kann wie derjenige, der die Erfahrung macht; und aus dem gleichen Grund einer, der kein Mystiker ist, genau so wie ein Mystiker.“[52]

Man darf den Glauben, eine theologale Tugend, und die ihn begleitenden Gaben des Heiligen Geistes nicht verwechseln mit charismatisch mystischen Erfahrungen, die der Heilige Geist bestimmten Gliedern der Kirche zum Aufbau der Gemeinde schenkt.[53] Unser Autor warnt sehr zu Recht davor, einen spirituellen Weg nach dem klassischen Schema darstellen zu wollen: Buße - Erleuchtung - Einheit, was daran denken ließe, dass diese Etappen sich notwendigerweise aus dem Glaubensleben ergeben.

Übten Sie nicht eben harsche Kritik an der charismatischen Erneuerung, für die Sie, soweit ich weiß, doch mehr als nur Sympathie empfunden haben?

---

50 Ekstatische Sekte, im 2. Jahrhundert n. Chr. gestiftet von dem Phrygier Montanus, der sich als Sprachrohr des Heiligen Geistes ausgab. Er verkündete das baldige Ende der Welt und forderte dazu auf, sich durch ein besonders strenges Asketenleben auf das Ende vorzubereiten. Der Montanismus verstieg sich zu der Forderung, die Autorität der institutionellen Kirche dem charismatischen Prophetentum unterzuordnen (vgl. Rahner/Vorgrimmler, Kleines Lexikon der katholischen Theologie).

51 Lehre einer christlichen Sekte, entstanden um 350 n. Chr., deren Anhänger auch Massalier, Euchiten, Enthusiasten etc. genannt wurden. Nach dieser Lehre kann man auf dem Weg der Askese schon hier auf Erden zur Anschauung Gottes gelangen. Die Sakramente werden jedoch als ungeeignet zur Erlangung der Gnade bezeichnet (Id. S. 281).

52 Balthasar, S. 121

53 „Jedem aber wird die Offenbarung des Geistes geschenkt, damit sie anderen nützt“ (1 Kor 12,7).

Vielleicht muss sich die Erneuerung besonders vor der eben genannten Gefahr hüten, vom rechten Weg abzuweichen. Mit Charismen, die der Herr möglicherweise austeilt, zu rechnen und sie anzunehmen – das darf nicht dazu verleiten, den durch Geistesgaben ermöglichten Dienst zu verwechseln mit einer unmittelbaren Gotteserfahrung, an der sich der Wert des spirituellen Lebens bemessen ließe. Sobald man Erfahrungen oder außergewöhnliche Gaben um ihrer selbst willen sucht, liegt be-reits eine Abweichung vor, welcher spirituellen Gruppierung auch immer man angehören mag. Übrigens bedroht eine derartige Versuchung in unserer Zeit nicht nur die Charismatiker. Unter dem Einfluss des New Age sind die Christen auch in Versuchung, den Wert ihres spirituellen Lebens an der Intensität der Tröstun-gen zu messen, die der Geist ihnen zukommen lässt. Freilich gehen sie dabei ein Risiko ein: sie streben nach diesen Tröstungen unter Verwendung von Techniken, die mit ihrer eigenen christlichen Tradition unvereinbar sind.

Das Dokument der Glaubenskongregation führt unter *„den falschen Gebetsweisen"* auch diejenige auf, die darin besteht, *„dass die Vollkommenheit des christlichen Gebets an der Erfahrung des Göttlichen im Sinne des Messalianismus gemessen wird. Die unechten Charismatiker des 4. Jahrhunderts identifizierten die Gnade des Heiligen Geistes mit der psychologischen Erfahrung seiner Gegenwart in der Seele. Dagegen betonten die Väter die Tatsache, dass sich die Vereinigung der betenden Seele mit Gott im Geheimnis vollzieht, zumal durch die Sakramente der Kirche. Sie kann sich ferner sogar in den Erfahrungen der Trübsal oder Trostlosigkeit zeigen"*[54]

Und wenn Gott uns die Gnade schenkt, uns auf eine „spürbare" Weise heimzusuchen, selbst dann sind wir eingeladen, dieses Geschenk mit Demut und Gefasstheit anzunehmen: *„Wir dürfen*

---

54 „Einige Aspekte ..." III, 9; vgl. S. 239 f

nie irgendwie versuchen, uns mit dem betrachteten Gegenstand, der freien Liebe Gottes, auf eine Stufe zu stellen; auch dann nicht, wenn uns durch die Barmherzigkeit Gottes des Vaters, durch den in unsere Herzen gesandten Heiligen Geist in Christus aus Gnade ein spürbarer Widerschein dieser göttlichen Gnade geschenkt wird und wir uns von der Wahrheit, Güte und Schönheit des Herrn gleichsam angezogen fühlen".[55]

Der ontologische Unterschied bleibt bis in die tiefste mystische Erfahrung hinein gewahrt und verpflichtet uns dazu, in der Haltung respektvoller Anbetung zu verharren gegenüber dem Ganz Anderen, der uns so nahe kommt, dass er uns in einer liebevollen Umarmung mit sich vereint.

Sie legen Wert auf die Feststellung, dass eine Voraussetzung der Liebe die Verschiedenartigkeit ist. Aber ist nicht auch eine gewisse Gleichartigkeit der Natur nötig, damit Beziehung und Begegnung möglich werden?

Ohne Zweifel. Hiermit schlagen Sie das Kapitel von der Theologie der Gnade auf, genauer noch: von der „vergöttlichenden Gnade". Die Kirchenväter teilen Ihren Einwand und argumentieren damit, dass es zwischen Geliebtem und Liebendem eine bestimmte Affinität, ja sogar – und das ist auch Ihre Ansicht – eine bestimmte Einheitlichkeit der Natur geben muss. Und genau das vollbringt Christus für uns: Gott ist Mensch geworden, um der Menschheit eine gewisse Natur-Ähnlichkeit mit ihrem Schöpfer einzugießen, auf deren Fundament die Liebesbeziehung möglich ist. Daran werden wir bei jeder Eucharistiefeier erinnert, wenn der Priester bei der Opferung einen Tropfen Wasser in den Kelch mit Wein fallen lässt und dabei die Worte spricht: „*Wie dieses Wasser sich mit dem Wein verbindet zum heiligen Zeichen, so lasse uns dieser Kelch*

---

55 Id. VII, 31

teilhaben an der Gottheit Christi, der unsere Menschennatur angenommen hat.“

Dies setzt mit Gewissheit eine bestimmte „Prädisposition“ der Natur voraus, die den Empfang der vergöttlichenden Gnade ermöglicht. In diesem Sinn haben die Kirchenväter das biblische Thema des als Abbild Gottes geschaffenen Menschen behandelt.[56] Dieses uns vom Schöpfer eingeprägte Bild ist gleichsam eine Berufung zur Vereinigung, die seit jeher den Sinn unserer Existenz ausmacht. Gewiss hat die Sünde das Bild eingetrübt, aber Christus Jesus hat durch seine Erlösung schaffende Menschwerdung das wahre Bild des Menschen wieder hergestellt, damit dieser, indem er immer mehr vom Heiligen Geist in sich aufnimmt, immer mehr sich der vollen Ähnlichkeit annähern kann.

Teilzuhaben an der Gottheit, d.h. aus dem Leben Gottes selbst zu leben – bedeutet das nicht vergöttlicht zu werden? Gelangen wir am Ende dieser Umformung, im Einswerden mit Gott, zu dem Frieden, den die Yogis suchen?

Der Begriff „Vergöttlichung“ findet sich tatsächlich im christlichen Vokabular. Es stimmt, dass er in der westlichen Kirche seltener verwendet wird als der Begriff „Heiligung“; aber er bezeichnet dieselbe Wirklichkeit. Eingeführt wurde er zu Beginn des 3. Jahrhunderts von Hippolyth und taucht bei den Kirchenvätern des 4. und 5. Jahrhunderts häufig auf. Unter „Vergöttlichung“ verstehen die Autoren niemals eine Identifikation mit Gott. Der Begriff ist vielmehr eine Zusammenfassung des Ausdrucks „Teilhabe an der göttlichen Natur“, den wir bereits verwendet haben und der im 2. Petrusbrief vorkommt: *„Durch seine Herrlichkeit und Kraft ... wurden uns die kostbaren und überaus großen Verheißungen geschenkt, damit ihr der verderblichen Begierde, die in der Welt*

---

56 Gott sagt: „Lasst uns Menschen machen nach unserem Abbild.“ ... Gott schuf also den Menschen als sein Abbild; als Abbild Gottes schuf er ihn. Als Mann und Frau schuf er sie.“ (Gen 1,26-27)

herrscht, entflieht und an der göttlichen Natur Anteil erhaltet.“[57] Der Apostel lädt uns dazu ein, unser Verlangen auf den zu richten, der es weit über unsere Erwartung hinaus stillen kann und uns Anteil an seiner göttlichen Natur verschafft. Wir finden das Thema von der Umkehrung des Verlangens wieder beim hl. Paulus, der sehr kraftvoll dafür eintritt: *„Ihr seid mit Christus auferweckt, darum strebt nach dem, was im Himmel ist, wo Christus zur Rechten Gottes sitzt. Richtet euren Sinn auf das Himmlische und nicht auf das Irdische.“*[58]

Diese Vergöttlichung ist Werk und Ziel des Glaubens, der sich in der Liebe verzehrt. Die Liebesgemeinschaft setzt aber nun geradezu voraus, dass ein Unterschied zwischen den Personen und sogar zwischen den Naturen bestehen bleibt. Nur das Wort ist von Natur her Sohn Gottes; wir unsererseits werden Söhne nur durch Teilhabe an seiner einzigartigen Sohnschaft, die unsere Natur umformt, ohne deren Kreatürlichkeit auszulöschen.

Gestehen Sie ein, dass diese unsere „doppelte Zugehörigkeit“ nicht einfach zu begreifen ist!

Von der Begrifflichkeit her ist sie es nicht. Aber Symbole können uns behilflich sein, in das Geheimnis einzudringen. Ich denke da z.B. an das, was der hl. Bernhard sagt, um begreiflich zu machen, wie die transformierende Gemeinschaft mit Gott die personale und ontologische Verschiedenheit des Liebenden und des Geliebten wahrt: *„So wie ein kleiner Tropfen Wasser, in eine große Menge Wein gegossen, nicht mehr zu existieren scheint und Geschmack und Farbe des Weines annimmt; so wie das weißglühende Eisen seine ursprüngliche, ihm eigene Erscheinungsform aufgegeben hat und ganz und gar dem Feuer gleicht; und wie die vom Sonnenlicht durchströmte Luft den Glanz des Lichts annimmt in einem Maß, dass sie nicht nur lichtvoll erscheint, sondern selbst*

---

57 2 Petr 1,3-7 - 58 Kol 3,1

Licht zu sein scheint – so löst sich notwendigerweise in den Heiligen das menschliche Fühlen im Willen Gottes völlig auf. Anders gesagt: wie könnte denn ‚Gott alles in allem' sein, wenn im Menschen selbst etwas vom Menschen zurückbliebe? Sicherlich, sein Körper bleibt, aber er ist von anderer Erscheinung, hat eine andere Ausstrahlung und eine andere Kraft."[59]

So überhöht die durch die Gnade erwirkte Teilhabe an der göttlichen Natur unsere eigene Natur, ohne dass sie den Status der Geschöpflichkeit verliert.

Das päpstliche Dokument sieht in dieser ontologischen Umwandlung die Erfüllung des Verlangens, das die Menschen innerhalb ihrer jeweiligen Traditionen auf Gott zugehen lässt: *„In der christlichen Wirklichkeit werden alle im Gebet anderer Religionen präsenten Anliegen über jedes Maß hinaus erfüllt, ohne dass damit das persönliche Ich und seine Geschaffenheit aufgelöst wird und im Meer des Absoluten untergehen muss. „Gott ist Liebe"*[60]*: Diese zutiefst christliche Aussage kann die vollkommene Vereinigung und die Verschiedenheit von Liebenden und Geliebtem, zwischen ewigem Austausch und ewigem Dialog verbinden. Gott selber ist dieser ewige Austausch, wir aber können in voller Wahrheit als Adoptivsöhne Christi teilhaftig werden und mit dem Sohn im Heiligen Geist rufen: „Abba, Vater". In diesem Sinn sprechen die Väter mit vollem Recht von einer Vergöttlichung des Menschen, der, einverleibt in Christus, den Sohn Gottes von Natur aus, durch seine Gnade der göttlichen Natur teilhaftig und „Sohn im Sohne" wird".*[61]

Der Plan der Liebe, den Gott mit den Menschen hat, wird in Jesus Christus offenbar und verwirklicht sich in ihm in ganzer Fülle. Diese Überzeugung findet ihren sehr deutlichen Ausdruck in den weiteren Ausführungen des päpstlichen Schreibens zur Evangeli-

---

59 Abhandlung über die Liebe Gottes X, 28 - 60 1 Joh 4,8
61 „Einige Aspekte ..." IV, 15; vgl. S. 243

sation der Welt von heute: *„Die Religion Jesu Christi bringt den Menschen, im objektiven Sinn, in die Verbindung mit dem Heilsplan Gottes, mit seiner lebendigen Gegenwart, mit seiner Tätigkeit. Die Kirche lässt ihn so dem Geheimnis der göttlichen Vaterschaft begegnen, die sich der Menschheit zuneigt. Mit anderen Worten: Unsere Religion stellt tatsächlich eine echte und lebendige Verbindung mit Gott her, was den übrigen Religionen nicht gelingt, auch wenn sie sozusagen ihre Arme zum Himmel ausstrecken.*[62]

62 Nr. 53, a.a.O., S. 39

8. Der achtgliedrige Pfad des Buddha

Bisher haben wir vor allem über den Hinduismus gesprochen, wobei Sie den Buddhismus nur insoweit erwähnt haben, als Sie ihn in die Reihe der natürlichen Mystiken gestellt haben. Aber übt denn derzeit im Westen der Buddhismus nicht eine größere Faszination aus?

Das stimmt. Hierzulande praktizieren mehrere Zehntausend Franzosen die eine oder andere Form der buddhistischen Meditation, in einem der 200 offenen Zentren. Die Zahlen sind beeindruckend, aber der Modeeffekt ist für jedermann erkennbar. Es ist kein Zufall, dass zwei Drittel der zum Buddhismus konvertierten Franzosen tibetanische Zentren aufsuchen, obwohl diese Form des Buddhismus historisch gesehen sehr jung ist und mit nur ca. vier Millionen Anhängern in der Welt die geringste Verbreitung hat. Diese Begeisterung hat zweifellos zu tun mit dem Charisma des Mannes, der in den letzten Jahrzehnten die Vermittlerrolle hatte: dem Dalai Lama*. Und das, obwohl dieser Mann seiner Zurückhaltung gegenüber einer Konversion der Franzosen zum Buddhismus folgendermaßen Ausdruck verleiht: *„Ich bin nicht dafür, dass die Westler richtige Buddhisten werden, denn man soll sich nicht von seinen Wurzeln lösen. Es wäre besser, wenn die Franzosen die wahren Schätze ihrer eigenen Religion wiederentdecken würden.“*[1]

Der Einfluss, der vom Hinduismus ausgeht, ist immer noch beträchtlich, selbst wenn er nicht so sehr ins Auge fällt. Die meisten von New Age angebotenen Techniken sind direkt dem *Yoga* entliehen. Vergessen wir auch nicht: selbst wenn die Philosophie des *Buddha* in mehreren Punkten von der hinduistischen Stammlehre abweicht, ist die angestrebte Erfahrung die gleiche, und die

---

1 L'Express, 24. Okt. 1996

im Buddhismus angebotenen Techniken sind nichts anderes als Varianten des *Yoga.*

Das gilt vor allem für den tibetanischen Buddhismus, der im 7. Jahrhundert n. Chr. entstanden ist, als Buddhismus und Tantrismus aufeinander trafen. Über den Tantrismus haben wir bereits gesprochen. Man kann ihn als Spross des Hinduismus sehen, der die Versuche, okkulte Energien in den Dienst mystischer Erfahrung zu stellen, am weitesten vorangetrieben hat. Nehmen wir noch den Einfluss der *Bon**- Religion hinzu – einer sehr alten tibetanischen Religion, die einige ihrer „magischen" Praktiken an den tantrischen Buddhismus weitergereicht hat – so dürften wir, ungeachtet der Stimmen unserer französischen *„Lamas",* der einhelligen Meinung sein, dass der tibetanische Buddhismus für die Lehre des historischen Buddha nicht am repräsentativsten ist.

Glauben Sie, dass die Zunahme des Buddhismus nur eine Modeerscheinung ist?

Sicherlich nicht. Dennoch darf man diesen Aspekt nicht ganz vernachlässigen. Irgendwie macht es einen perplex, wenn man von einem höheren Angestellten hört, der, seitdem er in einem tibetanischen Kloster ein- und ausgeht, jeden Morgen auf nüchternen Magen seinen Urin trinkt. ... Mir ist durchaus bewusst, dass die Texte der *Atharva Veda** (Hinduismus!) diese Praxis empfehlen: der morgendliche Urin enthalte alle Antikörper zur Neutralisation sämtlicher in unserem Körper vorhandenen Krankheitskeime. Andrerseits hat die Biochemie nachgewiesen, dass dieser Urin auch toxische Substanzen enthält, vor denen die Medizin eindringlich warnt.

Ich will den Buddhismus keinesfalls auf derlei Praktiken reduzieren – die ja nur sehr indirekt mit ihm zu tun haben; andrerseits muss ich feststellen, dass für viele Westler diese Art von „Emigration" die wichtigste Rolle spielt. Viele von ihnen gehen völlig auf in einem Ensemble von Riten, deren Sinn und Tragweite sie nicht verstehen; sie tun es ganz einfach deshalb, weil ihnen damit ein Ausbrechen aus ihrem überrationalisierten und säkularisierten Tagesablauf ermöglicht wird. Wenn ich Franzosen in den tibetanischen Zentren sehe, wie sie dem Ritual der *puja* beiwohnen, ohne die Anrufungen zu verstehen, denen sie andächtig lauschen; ohne die Symbolik der dort angebotenen Opfergabe zu verstehen – dann drängt sich mir die Vorstellung auf, wie viele von ihnen mit Sicherheit spöttische Bemerkungen über lateinische Messen und den Weihrauch in unseren Liturgien gemacht haben! Ich denke da an ein Gespräch mit einer Französin, die in einem tibetanischen Zentrum eine Mönchskutte trug. Aus dem Gespräch ging hervor, dass sie nicht die geringste Ahnung hatte, wie sehr der von ihr praktizierte Buddhismus vom Tantrismus beeinflusst war. Sie war überzeugt, dem Buddhismus in seiner ursprünglichen Reinheit anzuhangen. Ich begriff sehr rasch, dass sie ihr Leben auf einen Weg gebracht hatte, den sie nicht wirklich kannte. Da sie keinerlei solide philosophische Ausbildung hatte, war sie fasziniert von den Worten des Lama und dem Ambiente des Zentrums, das sie an „die Religion ihrer Kindheit" erinnerte!

Stillt also der Buddhismus einen geistigen Durst unserer Zeitgenossen, den jüdisch-christliche Quellen nicht mehr zu stillen vermögen?

Ich kann mir das gut vorstellen, selbst wenn man die Ursache des „Erfolgs" des Buddhismus noch anderswo suchen muss. Ihr Argument (in Frageform) hat für mich umso mehr Gewicht, als es für meinen Lebenslauf Gültigkeit hat. Ich hatte eine Zeitlang die spirituelle Suche aufgegeben; als ich sie wieder aufnahm, war die Rückkehr zum Glauben meiner Kindheit kein Thema, sondern ich orientierte mich nach Osten.

Was mir an den Zeugnissen der zum Buddhismus übergetretenen Franzosen auffällt: sie entdecken im Buddhismus vor allem Werte des Evangeliums, ganz besonders das Mitleid.

Die Sehnsucht danach ist in ihnen, ungeachtet ihrer Distanzierung vom Christentum, lebendig geblieben. Das Christentum wird von ihnen im Blick auf spirituelle Wegfindung häufig als inkompetent eingestuft: es antworte auf Fragen nach dem „Sinn“ nur mit „Normen“. Ein derartiges Urteil *a priori* hat mit der im Glauben gelebten Wirklichkeit nichts gemein, reicht aber doch aus, um einen Übertritt in eine religiöse Tradition zu rechtfertigen, deren Wesensmerkmale man meistens gar nicht kennt.

Was sind diese Merkmale?

Der wesentliche Teil der Lehre des *Buddha* findet sich in der berühmten Rede von Benares, wo er den Mönchen *(bhikkhus)* die vier edlen Wahrheiten darlegt. Der Meister entwickelt darin eine eher pessimistische Anthropologie und schlägt eine psychische Therapie vor, die rein menschlich und individuell ist. Keinerlei Hinweis auf Gott oder ein Höchstes Wesen: der einfache Buddhismus vermittelt nicht im Geringsten den Anschein einer Religion, sondern versteht sich als Bestandsaufnahme eines empirischen und psychologischen Gesetzes, das die Seelenwanderung regelt, der *Buddha* zu entkommen versucht.

Die erste Wahrheit bringt zum Ausdruck, dass in diesem Leben alles Leid *(dukkha)* ist:

Hier, o Mönch, ist die edle Wahrheit über dukkha:
die Geburt ist dukkha, das Alter ist dukkha,
die Krankheit ist dukkha, der Tod ist dukkha,
mit etwas vereint zu sein, das man liebt, ist dukkha,
nicht zu haben, wonach man sich sehnt, ist dukkha.
Zusammengefasst: die fünf Aggregate der Bindung sind dukkha.[2]

Von der Geburt bis zum Tod ist das Leben nichts anderes als eine

---

2 Walpola Rahula, L'enseignement du Buddha, éd. du Seuil, Paris, 1961, S. 123

lange Abfolge von körperlichen und seelischen Leiden. Endliche, unvollkommene, zufällige, unbeständige Wesen werden unerbittlich in den endlosen Strom von Geburt und Tod (*samsara**) hineingezogen und fallen unaufhörlich aus einer schmerzhaften Existenz in die nächste. Die *„fünf Aggregate“* weisen auf die besonders komplexe Lehre des Nicht-Seins (*anatta** oder *anatman*) hin, nach der es keine dauernde, substantiale Wirklichkeit gibt, die man „Sein“ oder „Seele“ nennen könnte. Diese Ausdrücke bezeichnen nichts als eine vorübergehende Verbindung physischer und mentaler Energien, die sich zusammenfügen und gegenseitig bedingen. Man kann sie zu fünf Aggregaten bündeln: Materie, Empfindungen, Wahrnehmung, mentale Bildkräfte, reines Bewusstsein. Letzteres stellt nichts Dauerhaftes dar, sondern ist das augenblickliche Resultat einer der möglichen Verbindungen dieser Aggregate. Das also ist die ursprüngliche und spezifische Lehre der buddhistischen Philosophie.

Die zweite Wahrheit enthüllt uns den Ursprung, die Ursache des Leidens:

Hier, o Mönch, ist die edle Wahrheit über die Ursache des Leidens.
Es ist dieser „Durst“, (Begierde, tanha)
der das Wieder-Dasein und das Wieder-Werden hervorbringt.
Er geht einher mit einer leidenschaftlichen Gier,
die bald hier, bald dort neues Vergnügen findet,
also der Durst nach Sinnenfreude,
der Durst nach Existieren und Werden,
und der Durst nach dem Nichtexistieren (Selbstver-nicht-ung)

Es handelt sich um Begehren in all seinen Ausformungen, die *Buddha* in drei Grundhaltungen des Durstes zusammenzieht: Durst nach Existenz, der zur fortwährenden Wiedergeburt führt; Durst nach Vergnügen mit seinem Gefolge von trügerischen Begehrlichkeiten; Durst nach Besitz, Wohlstand und Wissen. Diese Begierden sind eitel, denn sie richten sich auf eine illusorische

Welt, an die sie uns aufgrund des fehlenden Wissens um die wirkliche Natur der Wesen und Dinge ketten.

Unwissenheit ist also die Ursache der Begierde, und die Begierde ihrerseits ist die Ursache des Leidens.

Nach der Feststellung des Symptoms und seines Ursprungs unterbreitet uns die dritte Wahrheit das diagnostische Vorgehen. Um die Wirkung auszuschalten, muss man die Ursache ausschalten:

Hier ist, o Mönch, die edle Wahrheit über das Ende des Leidens.
Es besteht im völligen Aufhören des Durstes,
von ihm lassen, auf ihn verzichten,
sich von ihm befreien, sich von ihm lösen.

Es gibt keinen anderen Weg den Schmerz auszuschalten als die Begierde zu ver-nicht-en, auf sie zu verzichten, sich von ihr zu befreien, ihr keinen Raum mehr zu geben. Da jeder Begierde ein Leid zugeordnet ist, führt das Auslöschen jeder Begierde notwendigerweise zum Auslöschen jeden Leidens.

Schließlich stellt uns *Buddha* seine Therapie vor, das Thema der vierten Wahrheit:

Hier ist, o Mönch, die edle Wahrheit über den Weg,
der zum Ende des Leidens führt.
Es ist der edle achtgliedrige Pfad, nämlich:
Die richtige Sicht, das richtige Denken, das richtige Wort,
die richtige Handlung, die richtige Lebensweise,
die richtige Anstrengung, die richtige Aufmerksamkeit,
die richtige Sammlung.

Die Methode, die Begierde auszuschalten, besteht im Beschreiten des achtgliedrigen Pfades, eines heiligen achtfach verzweigten Weges. Auf diesem Weg lernt der Schüler die Welt total anders wahrzunehmen und total anders in ihr zu leben. Auf dreien dieser

Pfade geht es um das moralische Verhalten: Reinheit der Rede, Reinheit des Verhaltens und Reinheit der Lebensweise; bei weiteren dreien um die geistige Disziplin: Reinheit der Aufmerksamkeit, Reinheit des Gedächtnisses und Reinheit der Meditation. Zwei Pfade betreffen die Weisheit: Reinheit des Glaubens und des Willens.

Dieser achtfache Pfad, auf dem wir von illusorischen Begierden befreit und wach werden sollen für die Letzte Realität, die der Schein noch verhüllt, erinnert an den Weg des Yoga, legt aber weniger Wert auf Körperhaltungen und Atemübungen, wenngleich diese als Einführung in die Meditation keinesfalls ihre Bedeutung verlieren.

Das ist tatsächlich eine besonders pessimistische Sicht des Menschen ...

... und hat sehr wenig zu tun mit der Jagd nach Glück unserer westlichen Welt, die diese sehr spezielle anthropologische Sicht in ihrem ganzen Ausmaß offensichtlich noch nicht begriffen hat!

Trotzdem denke ich, dass man eines Tages daran gehen muss, Buddha zu analysieren, und zwar im Blick auf die Situation des Menschen. Stimmt es denn nicht, dass für die meisten Bewohner dieses Planeten das Leben hier auf Erden oft nichts anderes ist als ein Geflecht aus Leiden, Kämpfen und enttäuschten Hoffnungen? Dagegen zu revoltieren macht den Schmerz nur ätzender, und sich fatalistisch zu unterwerfen erscheint menschenunwürdig. Buddha weigert sich, auf das Schicksal zu verweisen oder auf ein Höchstes Wesen: er sucht den Grund des Leidens im Menschen selbst und nicht in einem göttlichen Erstverursacher, der ihm dieses traurige Schicksal aufbürdet. Buddhas Aussagen predigen Moral, wobei er auf die Kategorien Gut und Böse zurückgreift, die ihrerseits einen absoluten transzendenten Urgrund zur Voraussetzung hätten. Weitaus radikaler stellt er die Tiefendynamik des menschlichen Wesens heraus: seine Begierde. Von dieser und nur von dieser kommt das Leiden, denn das Objekt, auf das sich der Mensch hinwendet, ist Illusion, und seine Hinwendung kann deshalb nur zur Enttäuschung führen.

So öffnet sich die Anthropologie einer sehr eigentümlichen Ontologie, was bestimmte Kommentatoren fragen lässt, ob aus buddhistischer Sicht die Welt an sich existiert, oder ob sie nur eine Auswirkung unserer Blindheit und Dummheit ist. Buddha selbst hat nie zur Frage der Realität der Außenwelt Stellung bezogen und hat stets metaphysische Spekulationen zurückgewiesen, die die Illusion des denkenden Ich und das Verlangen nach Wissen nähren.

Aber wenn die Außenwelt illusorisch ist und das Denken suspekt, wo kommt dann der einzelne Mensch zur Konsistenz, zu seiner Beschaffenheit?

Ihre Frage bezieht sich auf die Lehre vom Nicht-Sein (anatta), auf die ich schon hingewiesen habe. Nach dieser Lehre gibt es keine beständige Realität, die man „Sein" oder „Seele" nennen könnte. Der ehrwürdige Walpola Rahula schreibt: *„Was man ‚Ich' nennt oder ‚Sein' ist nichts anderes als eine Verbindung physischer und mentaler Aggregate, die unabhängig voneinander in einem Strom vorübergehender Veränderungen agieren, dem Gesetz von Ursache und Wirkung unterworfen. Im ganzen Universum gibt es nichts Dauerndes, Ewiges, Unveränderliches.*[3] Man muss es aufgeben, nach einem ontologischen Fundament zu suchen außer in der „Leere", oder besser in der „Vakuität", was weder „Sein" noch „Nicht-Sein" bedeutet. Es handelt sich nicht um ein metaphysisches Prinzip, sondern um eine absolut homogene, undeterminierte geistige Realität, von der man nichts behaupten oder abstreiten kann und die man über eine praktische Haltung der systematischen Nicht-Bejahung erreicht. Der Begriff „Vakuität" be-

---

3 L'enseignement du Buddha, a.a.O. S. 93

zeichnet den Zustand der reinen Potentialität. Viel später erst kommt eine die Individualität gestaltende Differenzierung; noch viel später, um es radikaler zu formulieren, kommt jeder konkrete einzelne Existenzakt. Von daher rührt der überraschende Ausdruck „Nicht-Sein", der manchmal zur Bezeichnung dieses Grundzustandes dient. Ein auf der Hand liegender Einwand betrifft die Frage, wie es denn von der reinen ursprünglichen Potentialität zum Existenzakt kommen kann: wie soll man sich diesen Übergang vorstellen, ohne dass man eine Dualität voraussetzt? Wir finden keine Antwort auf diese Frage, denn Buddha, wie gesagt, lässt sich auf metaphysischem Gebiet auf keine Debatte ein.

Die „substantielle" Person ist also wieder nur Illusion?

Mehr denn je. Wir könnten sie als „nutzlose Passion" bezeichnen, die sich durch hartnäckiges Begehren, die einzige Ursache des illusorischen persönlichen Ich, selbst erhält. Umgekehrt: wenn das Ich erst einmal entstanden ist, dann begehrt es immer weiter und zeugt sich selbst so fort, von Inkarnation zu Inkarnation. Deshalb ist der Weg des Auslöschens der Begierde eng verbunden mit der Abschaffung des persönlichen Ich, von dem die Begierde genährt wird.

Wir stoßen hier wieder auf die hinduistische Anschauung, nach der der Mensch danach trachten muss, das individuelle Bewusstsein immer weiter hinter sich zu lassen in seinem Streben nach Erfahrung des reinen substanzialen Seinsakts.

Die Originalität der Anthropologie Buddhas besteht darin, dass er die Person als ein Wesen der Begierde definiert, einer Begierde, die genauso nichtig ist wie die Person selber.

Eines ist schon erstaunlich; es gibt auf diesem Weisheitsweg, der alles in allem, selbst wenn er zur Verneinung der Individualität führt, doch sehr individualistisch ist, keinen Hinweis auf Gott.

Die Lehre Buddhas ist keine Offenbarung über eine transzendente Wirklichkeit, sondern eine originale Sichtweise des Zustandes des Menschen und das Angebot einer in sich stimmigen existenziellen Haltung. Der Mensch wirkt sein eigenes „Heil", ohne jede Hilfe von außen, sei sie nun göttlich oder menschlich.

Kann man unter diesen Umständen noch von Religion sprechen?

Der Begriff ist tatsächlich nicht zutreffend, wenigstens nicht für den originalen Buddhismus, der heute von *Theravada** repräsentiert wird. Es handelt sich nicht um eine „Religion", da Theravada mit der Idee eines göttlichen Wesens nichts anfangen kann; das gilt noch mehr für ein göttliches Eingreifen – in Form eines Urteils oder einer gnadenhaften Hilfe; auch Kult oder Gebet ist für Theravada nicht vorstellbar. Man sollte eher von Weisheit sprechen, die sich als praktische Disziplin darstellt und jegliche Spekulation über Gegenstände von sich weist, die außerhalb des Blickfelds der vier Wahrheiten liegen.

Aber sind denn diese Wahrheiten nicht selber Gegenstand einer Debatte?

Keineswegs. Der Buddhismus ist vor allem ein „Glaube" an die Lehre des Gründers, die heilige Schriften ersetzt und absolute Autorität genießt. Weil Buddha die vedische Literatur ablehnt, ist Buddhismus im Urteil des Hinduismus eine Häresie. Ein jeder ist dazu aufgerufen, die Stichhaltigkeit der Wahrheiten, die das Fundament des Systems bilden, zu prüfen. Um aber herauszufinden, ob die Wahrheiten wirklich zutreffen, muss man sie als wahr annehmen, d.h. man muss Buddha glauben.

Der entscheidende Akt, der einen zum Buddhisten werden lässt, besteht in der dreifachen „Zuflucht" (*trisharana*), oder dem dreifachen „Kleinod" (*triratna*): der dreifachen Wiederholung des folgenden Satzes:

„Ich nehme meine Zuflucht zu Buddha;
ich nehme meine Zuflucht zu Dharma (Lehre);
ich nehme meine Zuflucht zu Sangha (Gemeinschaft).

Dieses „Zufluchtnehmen“ stellt einen Akt der Hingabe dar, des absoluten Vertrauens in die Person des Buddha, in seine Lehre und in die von ihm gegründete Gemeinschaft.

Misst so der Gläubige Buddha nicht göttliche Autorität bei?

Man kann es so sehen, da der Meister sich von jeder Illusion völlig befreit hat und das Göttliche vollkommen „realisiert“ hat. Aber das würde nicht zu einer Vergöttlichung Buddhas führen oder zu einem Kult seiner Person: da würde man ja auf dem „Weg des Erwachens“ eine illusorische Dualität wiedereinführen. Getreu der Lehre des Buddha verehrt *Theravada* keine Statue oder andere Darstellungen des Meisters; sie sieht ihn nur als einen Menschen, den ersten, der den Zugang zum Weg der Befreiung vom *samsara* geöffnet hat.

Die Position, die *Mahayana** oder *„Großes Fahrzeug“* vertritt – eine spätere Strömung, die zu Beginn der christlichen Ära aufgekommen ist – ist komplexer. Sie stellt das Ergebnis einer langen Entwicklung dar, die diese Schule zu einer Wiederaufnahme von Elementen geführt hat, die von Buddha bei seiner Reform des Hinduismus beiseite gelassen worden waren: z.B. der Kult der verschiedenen Emanationen des „Ursprünglichen Wesens“ und eine Sammlung von Riten, die diesen Kult begleiten. Diese Strömung ist derzeit vorherrschend.

Könnten Sie mit wenigen Worten sagen, was das Besondere an dieser Strömung ist?

Im ursprünglichen Buddhismus suchte *arhat** (der Heilige) die Erleuchtung, ohne sich um andere zu kümmern. Im *Mahayana* hingegen ist der Begriff *arhat* durch den Begriff *bodhisattva* ersetzt: hier kümmert man sich nicht nur um die eigene Freisetzung, sondern will die Freiheit anderen bringen. Genauer gesagt, der *bodhisattva* gelobt, sich solange nicht endgültig in die beseligende Einswerdung mit dem Absoluten Sein zurückzuziehen, bis nicht alle Menschen von der Illusion ihrer Individualität befreit sind. So kommt es zur Vorstellung eines universellen Mitleids, die sich in einigen aus *Mahayana* hervorgegangenen Strömungen zu einer Lehre der Übertragung von Verdiensten entwickelt hat, die meilenweit entfernt ist von der Konzeption des historischen Buddha: der normale Mensch könne sich nicht selbst, ohne Hilfe anderer, retten und suche Zuflucht beim *bodhisattva,* auf dessen Verdienste er sich berufen kann, um sein *karma* loszuwerden. So verbürgt sich im *Amidismus* – einer im 4. Jahrhundert in China aufgetretenen Strömung, von wo aus sie Japan erfasst hat – der *bodhisattva Amitabha* (in Japan: *Amida*) dafür, alle die von *samsara* zu befreien, die an ihn glauben und vertrauensvoll seinen Namen aussprechen.

Dann ist also das Mitleid keine spezifisch christliche Tugend?

Das Mitleid ist eine spezifisch menschliche innere Haltung, auf die keine bestimmte Tradition Exklusivrechte hat. Dennoch darf ich darauf hinweisen, dass dieser Begriff im buddhistischen Umfeld eine andere Haltung bezeichnet als im christlichen.

Der *bodhisattva* ist ein Weiser, der die Vakuität aller Dinge begriffen und jedwede Dualität, einschließlich der Eigenart der menschlichen Person, überwunden hat. Deshalb kann sein Mitleid nichts anderes sein als die Besorgtheit des Ganzen gegenüber jedem seiner konstituierenden, noch in Unwissenheit isolierten Einzelteile. Außerdem, wie könnte denn dieses Ich, das nichts ist als eine Illusion und Ursache so vieler Leiden, Gegenstand echten Mitleids sein? Und schließlich, wie könnte man überhaupt lieben, wenn man doch als eigenständige Person gar nicht existiert?

Wir spüren sehr wohl, dass dieses auf sich selbst gerichtete Mitleid des *bodhisattva,* so respektabel es auch sein mag, nicht viel zu tun hat mit dem Mitleid Christi. Das Wort, die zweite Person der Heiligen Dreifaltigkeit, nimmt Fleisch an von unserem Fleisch, um unsere menschliche Situation bis in die letzten Konsequenzen der Sünde auf sich zu nehmen: Leiden und Tod, um uns ungeschuldet Teilhabe an seinem Leben als Auferstandener anzubieten. Dieses Mitleid ist sehr real: Er leidet mit uns und für uns und bietet uns die Verdienste seiner Passion an, um den Liebesbund wieder aufzurichten, den wir durch die Sünde gebrochen haben.

Ich habe im *Express* einen Artikel aus der Feder eines Zeugen gelesen. Darin bemerkt er, dass das biblische Mitleid gleichzusetzen wäre mit Erbarmen; wohingegen Mitleid für den Buddhisten aus einer allgemeinen Haltung dem Universum[4] gegenüber bestehe. Und ich möchte hinzufügen: sie ist eine derartig allgemeine Haltung, dass sie den Einzelnen nicht mehr erreicht, weil er zu einer Illusion reduziert ist! Schon Kardinal de Lubac bemerkt: *„Einige westliche Historiker machen hier einen Fehler. Nachdem sie sehr wohl erkannt haben, dass das buddhistische Mitleid sich nicht beim Einzelfall aufhält und keineswegs zu verwechseln ist mit den Regungen einer natürlichen Sensibilität, haben sie vorschnell seinen allgemeinen Charakter für ein Zeichen von Universalität gehalten und außer Acht gelassen, dass der Unterschied zwischen allgemein und universell genauso groß ist wie der zwischen abstrakt und konkret“.*[5]

Die höchste Form von Mitleid im Buddhismus ist diejenige, die sich vom Leidenden und vom Leid selbst freigemacht hat, um ganz gegenstandslos zu sein, reine Tugend, ohne Inhalt: es hat kein Wesen und keine Realität mehr zum Gegenstand, es geht nicht einmal mehr von einem bestimmten Individuum aus, sondern ist *„ein universaler Faktor, keineswegs jedoch anthropomorphisch“*[6],

---

4 Yves Duterl, Interviev im „Express“ vom 24.10.96
5 Aspekte des Buddhismus, a.a.O. S. 38
6 Paul Oltramare, La théosophie bouddhique, S. 51

Jesus Christus ist nicht gekommen, um das Menschengeschlecht zu retten, sondern jeden einzelnen Menschen, ohne auch nur einen zu vergessen. Jeder ist für ihn einmalig, Träger eines Namens, eines Gesichtes, einer Geschichte, die Er kennt: *„Du bist in meinen Augen teuer und wertvoll, und ich liebe dich“*[7]. Der Herr bietet jedem Einzelnen sein Erbarmen an als Einladung, den Weg der göttlichen Kindschaft wieder einzuschlagen, von dem wir durch die Sünde abgeirrt sind.

Auch bin ich überrascht, dass man von der Übertragung von Verdiensten in einem anderen Zusammenhang als dem des Christentums reden hört.

Ich glaube, dass Ihre Überraschung berechtigt ist. Übertragung von Verdiensten kann ja nur als höchster Ausdruck der Liebe zwischen zwei ganz realen Personen Sinn machen, zwei Personen, die sich einander schenken, ohne in dieser Beziehung ihre persönliche Identität zu verlieren. In einem Zusammenhang, wo kein Du existiert, haben Begriffe wie „Mitleid“, „Übertragung“ und „Verdienst“ kaum einen Sinn, außer auf dem oberflächlichen und trügerischen Niveau der Welt des Scheins.

Gibt es viele Bodhisattvas?

Zahlreich und hierarchisch positioniert in einem Pantheon, das wie eine Übertragung des hinduistischen Pantheons wirkt. Der historische Buddha ist nur eine der zahlreichen Emanationen eines Ur-Buddha: *Svayamghu.* Genauer gesagt ist er der 5. *bodhisattva* unseres kosmischen Zyklus, auf der letzten Emanationsstufe; der nächste soll ein gewisser *Maïtreya* sein.

Mahayana hat unbestreitbar mit dem ursprünglichen Buddhismus gebrochen, der Weisheit sein wollte, und ist nun eine ganz andere

---

7 Jes 43,4

Religion geworden. Die Tempel, in denen die Gläubigen die immensen und zahlreichen *bodhisattvas* kultmäßig verehren, gehören alle *Mahayana.*

Gehört der tibetanische Buddhismus, der sich in Frankreich breitgemacht hat, auch dazu?

Der *Vajrayana** oder „Diamantfahrzeug“ ist tatsächlich aus der Begegnung von *Mahayana* und Tantrismus entstanden, der sich von Nordindien aus etwa im 3. Jahrhundert unserer Zeitrechnung in Tibet ausgebreitet hat. Man nennt ihn tantrischen Buddhismus oder tibetanischen Buddhismus, je nachdem ob man seinen indischen Ursprung oder sein hauptsächliches Verbreitungsgebiet herausstellen will.

Er umfasst vier große Schulen, in dreien davon trägt man eine rote Kopfbedeckung, in der vierten eine gelbe. Letztere – derzeit die zahlenmäßig umfassendste – ist aus einer Reform im 15. Jahrhundert hervorgegangen, die die Heirat der Mönche verbietet. An der Spitze der tibetanischen Gesellschaft stehen normalerweise zwei Lamas: der *Dalaï Lama,* der die weltliche Macht ausübt, und der *Pantschen Lama* als der Repräsentant der spirituellen Macht.[8] Daher rührt der Begriff *Lamaïsmus,* mit dem manchmal in unpassender Weise *vajrayana* bezeichnet wird.

Wie schon gesagt, reintegriert diese Form des Buddhismus über den Tantrismus viele hinduistischen Techniken: Aufsagen von *mantras,* Konzentrationsübungen durch innere Visualisierung, das Praktizieren ritueller Gesten (*mudras*), Verwendung von Gebetshilfen (Gebetsmühlen und Fahnen). Diese Form bewahrt auch die Verehrung einer Riesenschar von *bodhisattvas;* vor allem des *Chenrezi, bodhisattva* des endlosen Mitleides und Beschützer Tibets, von dem der *Dalaï Lama* eine Emanation sein soll.

---

8 Der gegenwärtige Dalaï Lama vereinigt die beiden Machtsphären seit seinem Exil im Jahre 1959, als Tibet von China besetzt wurde.

Sie haben mit uns noch nicht über Zen gesprochen?

Es müssten tatsächlich über Zen ein paar Worte gesagt werden: da diese ursprüngliche Form des Buddhismus etwa 100 Zentren oder *dojo** in Frankreich zählt, genauso viele wie der tantrische Buddhismus.

Zen ist in China gegen Ende des 7. Jahrhunderts entstanden, aus der Begegnung von *Mahayana* und der Weisheit des *Tao**. Der Buddhismus *Ch'an,* ein Wort, das aus dem Sanskritwort *dhyana* kommt und Meditation bedeutet, wird in Japan zu Zen, wo es sich vor allem seit dem 12. Jahrhundert entwickelt.

Was unterscheidet Zen von den anderen buddhistischen Ritualen?

Zweifelsohne die Überzeugung, dass jeder von uns seine eigene Buddha-Natur, die uns innewohnt, aber unter unserer Unkenntnis begraben liegt, durch eine plötzliche, direkte und intuitive Bewusstwerdung erlangen kann. Es ist nicht nötig, Hilfe zu suchen bei heiligen Texten, Praktiken, Riten ... Es reicht *prajna** zu wecken, die transzendentale Weisheit, die in den Tiefen eines jeden Menschen schlummert.

Es wird also keine Technik angewendet?

Um auf diese Frage zu antworten, muss man zwischen den beiden wichtigsten Schulen unterscheiden, die aus dem *Zen* hervorgegangen sind: *rinsai* und *soto**, die sich in ihrer Methodik unterscheiden. *Rinsai* legt den Akzent auf die Plötzlichkeit der Erleuchtung, die *satori** genannt wird. Die Befreiung kann ausgelöst werden durch die Konfrontation mit einem Koan. Dabei handelt es sich um einen kurzen, unzusammenhängenden Satz, der die Intelligenz destabilisieren möchte, um dem Geist den Zugang zu einer anderen Art von Intuition zu ermöglichen, welchen der Verstand versperrt. Die Koans können sogar Rufe, Einwürfe, ja Gesten und sogar unerwartete und unverständliche Klänge sein.

Soto schlägt eine sanftere Methode vor. Es stimmt, dass sein Ziel nicht die plötzliche Erleuchtung ist, es will vielmehr *satori* allmählich verwirklichen durch die Praxis von *Zazen,* einer friedlichen Sitzhaltung, die man unter der Führung eines Meisters erlernt, nach einer Vorbereitung und einem präzisen Rituale.

Im Vergleich zu den ritualistischen Formen des Mahayana Buddhismus, die Sie angesprochen haben, scheint Zen so etwas wie eine Rückkehr zu mehr Einfachheit zu sein, ganz im Geist des Gründers ...

Ohne Zweifel. Die Verfechter des Zen behaupten sogar, dass ihre Lehre direkt von Buddha ausgeht. Es handelt sich tatsächlich um eine chinesische Leseart von *Mahayana,* die einen Großteil der interpretativen traditionellen Literatur weggelassen hat, um zu dem zurückzukommen, was an der Botschaft des Buddha wesentlich ist: die Erleuchtung oder *satori,* deren Eingebungen nicht schriftlich niedergelegt werden können. Diese Erfahrung, aus der Zen lebt, wird als das Höchste im Buddhismus, ja auch in jeder Philosophie und Religion angesehen.

9. Von Buddha zu Christus
Die Verklärung des Verlangens

Es war doch Romano Guardini, der die Frage stellte, ob nicht Buddha das letzte religiöse Genie sei, mit dem sich das Christentum auseinander zu setzen habe?[1]

Richtig. Eines muss man durchaus zugestehen: der tragische Charakter der menschlichen Existenz, die nach einem kurzen Durchgang durch dieses Tal der Tränen dem Tod geweiht ist, scheint *Buddha* Recht zu geben. Die Offenbarung jedoch lässt die Anthropologie des Verlangens, wie sie der Weise von Benares uns vorlegt, im Licht einer neuen Hoffnung erscheinen.

Für die Interpreten der Bibel ist das Verlangen, in welchem sich das Individuum äußert und behauptet, keineswegs eine Illusion, sondern hat seine Wurzel in Gott.

Rufen wir uns das Wort des hl. Augustinus in Erinnerung, das er zu Beginn seiner Bekenntnisse spricht: *„Du hast uns für Dich (wörtl. auf Dich hin) geschaffen, Herr, und unruhig ist unser Herz, bis es ruht in Dir.“*[2] Und der hl. Gregor von Nazianz singt in einem Hymnus an den Schöpfer: „Das Verlangen der ganzen Schöpfung

---

1 „Einen Einzigen gibt es, der den Gedanken eingeben könnte, ihn in die Nähe Jesu zu rücken: Buddha. Dieser Mann bildet ein großes Geheimnis. Er steht in einer erschreckenden, fast übermenschlichen Freiheit; zugleich hat er dabei eine Güte, mächtig wie eine Weltkraft. Vielleicht wird Buddha der Letzte sein, mit dem das Christentum sich auseinander zu setzen hat. Was er christlich bedeutet, hat noch keiner gesagt. Vielleicht hat Christus nicht nur einen Vorläufer aus dem Alten Testament gehabt, Johannes, den letzten Propheten, sondern auch einen dritten, der das letzte Wort östlich-religiöser Erkenntnis und Überwindung gesprochen hat: Buddha. Er ist frei; seine Freiheit ist aber nicht die Christi. Vielleicht bedeutet sie nur eine letzte, furchtbar-ablösende Erkenntnis der Nichtigkeit der gefallenen Welt.
Die Freiheit Christi kommt daraus, dass er ganz in der Liebe Gottes steht; und seine Gesinnung ist der von Gottes Ernst getragene Wille, die Welt zu heilen.“ „Der Herr“ I, ed. Alsatia, Paris, 1947, S. 346.
2 Buch I, 1

ist auf Dich gerichtet."[3] Wir könnten es so sagen: das ganze geschaffene Universum ist durch die Dynamik eines Grundverlangens, das im Menschen sich seiner selbst bewusst wird, auf Gott hin ausgerichtet.

Wir ahnen bereits, wie weit diese beiden anthropologischen Denkgebäude auseinander liegen, wenngleich beider Hauptaugenmerk doch dem Verlangen gilt. Für *Buddha* ist das Verlangen ein Feuer, das unnütz Leiden verursacht und die Illusion der Individualität aufrecht erhält. Für das Christentum hingegen ist das Verlangen das Siegel des Dreieinen Gottes im Herzen des Menschen, eines Gottes, dessen Wesen die Wechselseitigkeit des Verlangens ist: Ewig zeugt der Vater den Sohn, nach den es Ihn verlangt, und der Sohn kehrt seinerseits in einem Elan des wechselseitigen Verlangens zu seiner Quelle zurück. Dieses Gefallen aneinander, das in seinem Vollzug das ganze Wesen Gottes beinhaltet, ist selbst eine göttliche Person: der Heilige Geist. Die drei göttlichen Personen stellen sich im Inneren des einen göttlichen Wesens als fortdauernde Liebesbeziehungen dar. Diese wechselseitige Liebe trägt die Personen in einer Ekstase des Verlangens aufeinander zu, die ihre Vollendung in der Seligkeit der ewigen Umarmung, der *circumincessio,* findet. Und das ist etwas ganz anderes als das ungreifbare Höchste Wesen oder die absolute Vakuität.

Entspringt diese Anthropologie Ihrem Denken, oder lässt sie sich an der Bibel festmachen?

Sie kündigt sich bereits in den ersten Kapiteln der Genesis an: Gott ist der liebevolle und wohlmeinende Schöpfer des Universums – der Einschub: *„Gott sah, dass es gut war"* kommt im ersten Schöpfungsbericht fünfmal vor - und sein Schöpfungswerk gipfelt in der Erschaffung des Menschen, den er *„als sein Abbild"*[4] schuf.

---

3 Liturgie des Heures, éd. Aubier - 4 Gen 1,27

Derselbe Vers präzisiert: *„als Mann und Frau schuf er sie"* und deutet damit an, dass Gott selbst Beziehung zwischen Personen ist und dass die Gottähnlichkeit des Menschen in seiner Fähigkeit besteht, eine bewusste und freie Beziehung einzugehen, die sich auf dem Weg über das Verlangen in einer fruchtbaren Umarmung erfüllen soll: „Und der Mensch sprach: *‚Das endlich ist Bein von meinem Bein und Fleisch von meinem Fleisch; Frau soll sie heißen, denn vom Mann ist sie genommen'. Darum verlässt der Mann Vater und Mutter und bindet sich an seine Frau, und sie werden ein Fleisch.*"[5]

Der biblische Bericht begnügt sich aber nicht damit, das gegenseitige Verlangen – als im Schöpfungsakt begründet – zu beschreiben, das Mann und Frau zueinander zieht. Die Schrift sagt uns etwas viel Grundlegenderes: nämlich dass Gott in den Menschen zutiefst ein Verlangen hineingelegt hat, das von der Natur nicht gestillt werden kann, weil es deren Möglichkeiten übersteigt. Es ist dies ein Verlangen, dessen Erfüllung sich der göttliche Gemahl selber vorbehält.

Gott, der Herr, *„blies in seine Nase den Lebensatem. So wurde der Mensch zu einem lebendigen Wesen"*.[6] Wir könnten dieses Bild so kommentieren: Gott lässt in jedem Menschen „Lungen" entstehen, durch die er den Atem Gottes in sich aufnehmen kann.

Oder so: Jeder Einzelne empfängt von seinem Schöpfer die Fähigkeit, an dessen göttlichem Leben teilzuhaben. Er kann damit – durch die Annahme dieses Geschenks – zum einzigen Geschöpf werden, das aus dem Leben seines Gottes lebt. Der hl. Thomas fasst dies – und dabei folgt er dem hl. Bernhard und dem hl. Anselm – so schön zusammen mit den Worten: der Mensch ist geschaffen als *capax dei,* also fähig zur Gemeinschaft mit seinem Gott.

---

5 Gen 2,23-24 - 6 Gen, 2,7

Das ist die Bestimmung des Menschen, der Grund dafür, dass er geschaffen worden ist: Gott stellt den Menschen ins Dasein durch ein Wort der Liebe, das gleichzeitig die Aufforderung in sich trägt, in Gemeinschaft mit Gott zu leben. Es ist die Sehnsucht Gottes, sein Leben über sich selbst hinaus mitzuteilen. Sie drängt ihn dazu, schöpferisch zu sein. Und diese Sehnsucht erweckt im Menschen das Bewusstsein seiner selbst. Er ist dieses Du, nach dem ein geheimnisvolles göttliches Ich verlangt und nach dem es ruft. Es erweckt so in seinem Geschöpf seinerseits die Sehnsucht nach liebender Begegnung und Vereinigung. *„Meine Seele verzehrt sich in Sehnsucht nach dem Tempel des Herrn. Mein Herz und mein Leib jauchzen ihm zu, ihm, dem lebendigen Gott.“*[7]

Zieht sich diese Sehnsucht auch durch das Neue Testament?

Hier findet sie sogar ihren stärksten Ausdruck. Denn das Wort wird durch sein Verlangen nach unserem Heil dazu gedrängt, Fleisch anzunehmen: *„Ich habe mich sehr danach gesehnt, dieses Paschamahl mit euch zu essen.“*[8] Das Johannesevangelium betont diese Sehnsucht ganz besonders unter dem Aspekt des „Durstes“: der Durst, den Jesus vor der Samariterin[9] und später vom Kreuz herab[10] bekundet, ist der Ausdruck seines Verlangens, wir möchten doch auf sein Heilsangebot mit einer Antwort der Liebe eingehen. Durch diese Sehnsucht des Sohnes hindurch vernehmen wir auch die Sehnsucht des Vaters. Wunderbar bringt das der Hymnus des Epheserbriefes zum Ausdruck: *„Gepriesen sei der Gott und Vater unseres Herrn Jesus Christus: Er hat uns mit allem Segen seines Geistes gesegnet durch unsere Gemeinschaft mit Christus im Himmel. Denn in ihm hat er uns erwählt vor der Erschaffung der Welt, damit wir heilig und untadelig leben vor Gott; er hat uns aus Liebe im Voraus dazu bestimmt, seine Söhne zu werden durch Jesus Christus.“*[11] An einer anderen Stelle desselben Briefes hat der Verfasser, inspiriert vom Heiligen Geist, die Kühnheit, das, was

---

7 Ps 84,3 - 8 Lk 22,15 - 9 Joh 4,7 - 10 Joh 19,28 - 11 Eph 1,3-5

sich bereits bei unserer Lektüre der ersten Kapitel der Genesis angedeutet hat, unmissverständlich zu formulieren: dass nämlich das Verlangen, das Mann und Frau einander in die Arme führt, das Abbild des weitaus ursprünglicheren und fundamentaleren Verlangens ist, von dem Gott seinem Geschöpf und das Geschöpf seinem Gott zugeführt wird, in dem allein es seine völlige Erfüllung finden kann. Der Verfasser interpretiert den bereits erwähnten Vers (Gen 2,24: *Darum verlässt der Mann Vater und Mutter und bindet sich an seine Frau, und sie werden ein Fleisch)* mit dem Ausruf: *„Dies ist ein tiefes Geheimnis, ich beziehe es auf Christus und die Kirche.“*[12]

Das Urbild der ehelichen Verbindung ist die Vereinigung des Schöpfers mit seinem Geschöpf. Dazu sind die Welten geschaffen worden. Das Verlangen, diese Vereinigung zu vollziehen, hat das Wort dazu gebracht, Fleisch anzunehmen und am Kreuz zu sterben, um seine Kirche zu seiner Angetrauten zu machen, die – so der Epheserbrief – *„herrlich vor ihm erscheint, ohne Flecken, Falten oder andere Fehler; heilig und makellos.“*[13]

Das einzige Wort, das die Offenbarung des Johannes uns von dieser „bräutlichen Kirche“ sagt, ist wieder ein Ruf, mit dem sie ihr glühendes Verlangen ausdrückt, ein Ruf, in den der Geist in Person mit einstimmt: *„Der Geist und die Braut aber sagen: komm! ... Amen Komm, Herr Jesus!“*[14] Dieser Geist war ihr übrigens an Pfingsten in Form von Feuerzungen[15] gegeben worden, die das brennende Verlangen versinnbildlichen, das Er in den Herzen der Apostel entzünden wollte.

Vom Verlangen des Geistes zu sprechen, dem innertrinitarischen göttlichen Verlangen, das zur Seligkeit führt und analog dazu vom menschlichen Verlangen, das leider selten seine Erfüllung findet – ist das denn nicht ein Widerspruch? Wie verträgt sich denn das

---

12 Eph 5,32 - 13 Eph 5,27 - 14 Offb 22,17-20 - 15 Apg 2,3

Ärgernis des Kreuzes mit der von Ihnen entworfenen Anthropologie des Verlangens?

Darauf scheint mir das 3. Kapitel der Genesis mit dem Bericht über die Ursünde eine Antwort geben zu wollen. Der Mensch ist ein Wesen voll des Verlangens, eines gewaltigen, unendlichen Verlangens, das nur in Gott seine Erfüllung finden kann. Gott ist für den Menschen das höchste Gut, seine endgültige Bestimmung. Daher besteht das größte Übel für ihn darin, dieses Gutes beraubt zu sein, d.h. von Gott getrennt zu sein. Deshalb wird die Schläue der Schlange voll und ganz darauf abzielen, in das Herz des Menschen den Zweifel zu säen: Ist Gott wirklich jener wohlwollende und liebende Vater – oder aber ein eifersüchtiger Rivale, der uns in Abhängigkeit hält, um uns nicht erkennen zu lassen, dass wir ihm ebenbürtig sind? Und hat sich einmal das Misstrauen in die Beziehung zu Gott eingeschlichen und tut die Neugier das ihre – dann ist es nicht mehr weit bis zum Bruch mit: der Mensch wählt die Unabhängigkeit, die Autonomie; er will mit seinen eigenen Flügeln fliegen, selber *„Gut und Böse erkennen"*[16]; mit anderen Worten: er will selber entscheiden, worin seine Bestimmung liegt – außerhalb Gott, ohne Gott, ja gegen Gott.

Sobald sich aber der Mensch von dem Dem abgewandt hat, in dem sich sein Verlangen bündelte und einte, steht er völlig orientierungslos und innerlich zerrissen da. Die mannigfaltigen Sehnsüchte, die vorher harmonisch auf Gott zuliefen, zerstreuen sich nun in alle Richtungen, verlangen alle ihr Recht. Das Herz des Menschen ist zwischen den vielen von ihm verfolgten Einzelzielen hin- und hergerissen, von denen sich eines trügerischer als das andere erweist. Die Kapitel 3-11 der Genesis schildern, wie fehlgeleitete Wünsche den Mann sich gegen seine Frau wenden lassen, den Menschen gegen seinen Nächsten, eine Nation gegen die andere.

---

16 Gen 3,5

Wenn der Mensch Gott nicht mehr als seinen Vater, als Quelle und Ziel seiner Existenz erkennt, als denjenigen, der seinem Leben Sinn gibt, dann wird er unfähig, in den Anderen seine Brüder zu erkennen. Misstrauen gegenüber Gott führt zu Misstrauen gegenüber dem Nächsten. Angst schleicht sich in alle Beziehungen, Angst und ihre unguten Begleiterscheinungen: sklavische Unterwerfung unter die Gewalt, Hass, Eifersucht, Neid, Rachsucht. Leid durchflutet Herz, Seele und Körper des von widersprüchlichen Sehnsüchten zerrissenen Menschen. Was die ureigene Dynamik des Menschen darstellt, nämlich seinen Elan in Richtung Transzendenz, das verkommt zu einer Vielzahl von Begehrlichkeiten, die ihn allenthalben bedrängen und übermannen und ihn zum Gefangenen seiner unstillbaren Genussgier machen.

Seine Freiheit, sein spontanes Urverlangen nach dem Guten, sollte den Menschen teilhaben lassen an der Glückseligkeit des Dreieinen; sein freier Wille führte ihn aber in den Kerker seines zerstörerischen Egoismus, Individualismus und Hedonismus.

Anscheinend geben Sie also doch Buddha Recht: es ist besser das Feuer dieses wahnsinnigen Begehrens zu löschen als sich von ihm verzehren zu lassen ...

Zum gegenwärtigen Stand unserer Analyse haben Sie Recht. Wenn der Mensch Gott und damit den Sinn seines Lebens verloren hat, ist er nur noch eine „nutzlose Leidenschaft“, und es ist besser den Schaden zu begrenzen und das pervertierte Verlangen zum Erlöschen zu bringen.

Nun sagt uns aber die Frohe Botschaft, dass es eine Alternative gibt. Diese Alternative trägt, weil es sich um eine Person handelt, einen Namen: Jesus Christus.

Ich glaube, ohne ihn wäre ich Buddhist. Aber in Jesus wird uns die Möglichkeit eines Neuen Bundes aufgezeigt, jenseits des durch die Erbsünde verursachten Bruchs. Er ist das Wort der Wahrheit über

Gott, der eingeborene Sohn, der im Fleisch gekommen ist, um uns die Liebe des Vaters zu seinen verirrten Kindern zu bezeugen. Durch sein ganzes Leben, durch seinen Tod und seine Auferstehung bedeutet er uns, dass sich Gottes Mitleid und Barmherzigkeit nicht erschöpft haben, dass sie vielmehr in Strömen fließen: *„Wo die Sünde mächtig wurde, da ist die Gnade übergroß geworden."*[17]

Gott unser Vater, wartet immer noch auf uns: Er bietet sich uns weiterhin dar als unsere Bestimmung zur Herrlichkeit, *„denn unwiderruflich sind Gnade und Berufung, die Gott gewährt."*[18] Es liegt an uns, die Hand zu ergreifen, die er uns in seinem Sohn entgegenstreckt.

Jesus ist auch das Wort der Wahrheit über den Menschen, den vollkommenen, ganz auf Gott bezogenen Menschen, der, in Liebe ganz eins mit ihm, keine andere Sehnsucht kennt als Seinen Willen zu tun: *„Meine Speise ist es, den Willen dessen zu tun, der mich gesandt hat, und sein Werk zu Ende zu führen."*[19] Er trägt in sich die ganze Menschheit mitsamt ihren Wunden und der Last ihrer Sünden und *„hat die versprengten Kinder Gottes wieder gesammelt."*[20] Er hat sie untereinander versöhnt, indem Er ihnen durch den Geist von neuem Zugang verschafft hat zur Sohnschaft Gottes und zur umfassenden Brüderlichkeit. Er hat sie mit sich selbst versöhnt, indem Er ihnen im selben Geist, durch die Beherrschung körperlicher und seelischer Leidenschaften, innere Einheit und inneren Frieden angeboten hat.

Wollen Sie damit sagen, dass der Mensch nunmehr mit einem Verlangen neuer Art liebt, das weder zerstörerisch noch trügerisch ist?

Genau. Im Heiligen Geist nimmt der Mensch am Verlangen Gottes selbst teil, und dieses Verlangen kann weder enttäuschen noch

---

17 Röm 5,20 - 18 Röm 11,29 - 19 Joh 4,34 - 20 Joh 11,52

erlöschen. *„Mächtige Wasser (des Todes) können die Liebe nicht löschen.“*[21] Die Gnade weckt diese göttliche Liebe in uns, und sie ist es, die all unsere zerstreuten Sehnsüchte eint, ihnen Richtung gibt und sie integriert, um sie wieder in Gott, dem höchsten Gut, zusammenzuführen.

„Himmelwärts muss das Verlangen den Mund öffnen“, sagt uns der hl. Johannes vom Kreuz, einen Mund, *„der leer ist von allem anderen, was ihn füllen könnte, so dass der Appetit durch nichts gedrosselt ist und der Mund leer und offen bleibt für den, der sagt*[22]*: Tu deinen Mund auf! Ich will ihn füllen!“*[23]

Wir müssen uns auf Gott hin ausstrecken mit der ganzen Kraft unseres erneuerten Verlangens. Natürlich setzt das eine asketische Haltung gegenüber unseren niedrigen Sehnsüchten voraus, aber wir sagen unser Nein zu diesen – allzu oft fehlgeleiteten - Wünschen, um zu Gott besser Ja sagen zu können.

Was ist ein fehlgeleiteter Wunsch?

Ein Verlangen, das nicht mehr dem Weg, der Wahrheit und dem Leben[24] entspricht, weil es sein letztes Ziel nicht in Gott, sondern in mir selbst hat und mich immer mehr in meinem Egoismus einkerkert. Es kann durchaus sein, dass das nächstliegende Ziel meiner Wünsche nicht viel mit jener übernatürlichen Zielsetzung zu tun hat; aber dieses Nahziel muss in einer Beziehung stehen zum einzigen Absoluten unseres Lebens. Ohne diesen Bezug wird es ein Idol. *„Wenn jemand zu mir kommt und nicht Vater und Mutter, Frau und Kinder, Brüder und Schwestern, ja sogar sein Leben gering achtet, dann kann er nicht mein Jünger sein.“*[25] Jesus macht uns keinen Vorwurf daraus, dass wir Menschen lieben, die

---

21 Hld 8,7 - 22 Brief VII (VI), nach Cyprien de la Nativité de la Vierge, Oevres complètes, éd. DDB, Paris, 1967, S. 837
23 Ps 80,11 - 24 Joh 14,6: Jesus sagt zu Thomas: „Ich bin der Weg, die Wahrheit und das Leben. Niemand kommt zum Vater außer durch mich.“ - 25 Lk 14,26

uns nahe stehen; diese Liebe muss aber auf Ihn hin ausgerichtet sein, und in Ihm auf Gott hin. Genauer gesagt, könnten wir nur in Ihm, in der Dynamik seines Geistes, die Kinder Gottes in Wahrheit so lieben, wie Er sie liebt. Jede andere Art zu lieben ist ihrer unwürdig und entfremdet uns und sie der eigentlichen Bestimmung.

Nur in Jesus Christus wird unsere Liebe und unser Verlangen von den Schlacken des Egoismus gereinigt, von Schlacken, die Liebe und Verlangen zum bloßen Besitzen-Wollen verkommen lassen.

„Lasst uns Vertrauen haben, denn es ist sehr wichtig, dass wir unsere Sehnsüchte nicht auf ein Minimum beschränken", schreibt die hl. Therese von Avila,[26] weiten wir sie vielmehr aus, bis sie die Dimension des Verlangens Gottes nach uns und unsere Nächsten erreicht haben. Buddha verurteilt zu Recht den Durst nach Existenz, nach Genuss, nach Besitz, und zwar wegen des Egoismus, der hinter diesem Durst steckt. Da der Mensch aus eigenen Kräften diesen egoistischen Zug seines Verlangens zu korrigieren nicht im Stande ist, kommt Buddha zu dem Schluss, dass es nötig sei, dieses Verlangen ganz und gar auszuschalten: das Verlangen als solches und das Objekt, dem das Verlangen gilt und von dem es getragen und genährt wird. Die Alternative des Evangeliums besteht aus dem Angebot, das Verlangen am Leben zu lassen, es aber in eine andere Richtung gehen und vom Geist berichtigen zu lassen. So soll es dazu beitragen, einen neuen Menschen zu bauen, der in Christus wiederhergestellt ist.

Verträgt sich der Genuss, der einem gestillten Verlangen entspringt, mit diesem Weg zu Gott?

Der Genuss begleitet die Realisierung eines der Natur entsprechenden Aktes. Er bedeutet Ruhe in der Einheit mit dem geliebten

---

26 Vida, XIII, 2; nach Marcelle Auclair, Oevres complètes, éd. DDB, Paris, 1964, S. 81

und begehrten Objekt. Ich genieße eine Speise, die dem Bedürfnis meines Körpers entspricht. Dieser Genuss ist, wie auch meine Natur, eine Gabe Gottes, die ich dankbar annehme. Den intensivsten Genuss bietet uns unsere Natur in der Verwirklichung zweier Akte, die für das Überleben des Einzelnen wie auch der Gattung wesentlich sind: Nahrungsaufnahme und Fortpflanzung. Wir müssen diesem Aspekt des Funktionierens unserer körperlichen Natur mit Dankbarkeit begegnen. Der Genuss darf aber nicht Selbstzweck sein, er muss in den Entwurf unseres ganzen menschlichen Lebens integriert sein. Dieser Entwurf ist geistiger Natur, darf aber die fleischliche und psychische Dimension unseres Seins nicht leugnen oder vergessen: wir sind nicht reiner, sondern Fleisch gewordener Geist. Kinder zu zeugen, damit die Familie Gottes wächst, gehört sowohl zur natürlichen als auch zur übernatürlichen Bestimmung der christlichen Ehe. Wie könnten denn Eheleute anders als mit Dankbarkeit den Genuss annehmen, den ihnen der Schöpfer in der körperlichen Umarmung schenkt, durch die sie seinen Willen erfüllen? Die Umarmung ist absolut kein Hindernis für die Heiligung der Eheleute; sie kann jubelnde Freude auslösen, die man als Danksagung dem darbringt, der Quelle und Ziel aller Liebe ist. Die Freude an einem guten Essen, das man als Zeichen der Freundschaft unter Gottes Blick mit anderen teilt – sollte denn diese Freude nicht das Herz des Vaters erfreuen?

Nicht der Genuss ist das Problem, sondern unsere Anhänglichkeit an den Genuss. Aufgabe der Askese ist es, bei den Genüssen das rechte Maß zu bewahren, damit diese Genüsse Mittel bleiben und sich nicht als Götzen präsentieren.

Nicht nur der Körper möchte genießen ...

Richtig. Wir können die gleiche Überlegung auf die anderen Ebenen unseres Seins übertragen. Mein Verlangen richtet sich ganz spontan auf körperlichen Genuss, auf seelische Entfaltung und auf geistiges Glück. Diese verschiedenen Arten von Verlangen stehen meiner echten Freude keinesfalls im Wege. Sie müssen aber in

Geduld integriert werden, damit sie, jede auf seiner Ebene, einen Beitrag leisten zur Verwirklichung des Planes Gottes für mein ganzes Sein, das nun einmal in der untrennbaren Einheit von Körper, Seele und Geist besteht.

Das Trachten nach Glück ist legitim, wenn das Glück in Gott gesucht wird, der Quelle und Ziel all unserer Sehnsüchte ist. Das Streben nach persönlicher Entfaltung ist legitim, wenn sie dazu führt, dass man der Liebe besser dient. Schließlich ist der körperliche Genuss legitim, wenn er der (psychischen) Entfaltung und dem (geistigen) Glück förderlich ist.

Es gibt also eine Art Hierarchie unter den einzelnen Arten von Verlangen, die es wieder aufzufinden gilt, damit sie gemeinsam unser Wachstum fördern können?

Das glaube ich. Unsere Natur ist durch die Sünde nicht von Grund auf verdorben, sie ist nur außer Ordnung geraten. Sie hat ihre Grundorientierung auf Gott verloren. Unsere innere Dynamik ist anarchisch geworden.

Der hl. Bernhard schreibt, dass wir, um von der Pathologie des Verlangens geheilt zu werden, alles genießen müssten, was wir auf der Erde nur ersehnen können, um dann zu entdecken, dass nichts uns ganz zufrieden stellen kann. Dann endlich würden wir begreifen, dass das Einzige, was uns fehlt, Gott ist, und dass unsere Sehnsüchte auf Ihn hin zusammenlaufen, von Ihm Sinn und Wert beziehen: *„Denn aufgrund des Gesetzes der Begehrlichkeit, die den Menschen Dinge begehren ließ, die er nicht hatte, ohne diejenigen zu schätzen, die er schon hatte, die ihn Letzterer überdrüssig werden und nach Ersteren streben ließ – (aufgrund dieses Gesetzes) wird er dann, wenn er alles, was Himmel und Erde bieten, gehabt und zu verachten gelernt hat, zweifellos auf den Einen zulaufen, der ihm bisher gefehlt hat, auf den Gott aller Dinge. Bei ihm angekommen, wird er Ruhe finden; denn wie uns vorher nichts Ruhe* *verschaffen kann, wird uns ab dann keine unerfüllte Sehnsucht mehr bedrängen.“* [27]

Die Sehnsucht nach Gott ist uns durch den Schöpfungsakt eingeschrieben: wir sind geschaffen – und in Christus von neuem geschaffen – nach dem Bilde Gottes, um seine Gnade empfangen zu können. Daher ist ja auch die Sehnsucht nach Heiligkeit wirklich unser tiefstes Verlangen. Es ist dies ein Verlangen, das auf eine gewisse Weise sogar am leichtesten zu erfüllen ist, weil die Erfüllung allein von Gott abhängt, der uns sein Wohlwollen dadurch bewiesen hat, dass er seinen Sohn für uns geopfert hat. Dies lässt die hl. Therese von Lisieux zu folgender Feststellung kommen: *„Der liebe Gott kann keine Sehnsüchte eingeben, die nicht zu verwirklichen sind. Ich kann also trotz meiner Niedrigkeit die Heiligkeit anstreben.“*[28]

Das einende und integrierende Prinzip ist der Heilige Geist, der in seinem übernatürlichen Elan unseren Sehnsüchten eine neue Orientierung schenkt, uns so unserem Egoismus entreißt und in uns, nach dem Bild der göttlichen Personen, die ursprüngliche ekstatische Dimension wiederherstellt. Christliches Leben ist ein Leben im Geiste Christi, das gekennzeichnet durch die „Synergie“ zwischen unseren natürlichen Begehrlichkeiten und der ihnen eigenen Dynamik einerseits und dem übernatürlichen Verlangen des Geistes mit seiner göttlichen Dynamik andrerseits. Umkehr besteht darin, dem Geist die Leitung unserer natürlichen Impulse zu überlassen und sie ihm zu übereignen, so dass sie in harmonischer Hierarchie und fruchtbarem Zusammenwirken im Dienste der Liebe einander zugeordnet sind.

Man muss zugestehen, dass die von Ihnen entworfene Anthropologie des Verlangens eine Moral erkennen lässt, die alles andere

---

27 Traité de l'amour de Dieu, IX, 19, a.a.O. S. 53
28 Manuscrit c, folio 2v°; Oevres complètes, a.a.O. S. 237

als moralisierend ist. Wie kommt es dann, dass das Christentum in der Öffentlichkeit keineswegs so gesehen wird?

Wir dürfen das Christentum nicht verwechseln mit seiner Darstellung durch die Medien. Ich will damit nicht sagen, dass es Puritanismus und Jansenismus nicht gegeben hätte. Aber ich habe den Eindruck, dass es ein glatter Anachronismus ist, wenn heute das Christentum als moralisierend, eingeengt und einengend dargestellt wird.

Statt nun wegen dieser bedauerlichen Tatsache in Wehklagen auszubrechen, stelle ich mir lieber die Frage, was denn der Grund dafür ist, dass man sich scheinheilig ereifert, dass man Verlautbarungen des Lehramtes so tendenziös interpretiert. Wie kommt es zu diesem Einverständnis zwischen der Öffentlichkeit und den Medien, die ja im Übermaß produzieren, was die Zustimmung des Konsumenten findet? Ich frage mich, ob unsere Gesellschaft tatsächlich bereits die „Vaterkrise" bewältigt hat, die in den 60er-Jahren ausgebrochen ist. Ich gehe sogar so weit zu sagen, dass der blinde Eifer gegen das Christentum – und vielleicht auch die Begeisterung für den Buddhismus – zum Teil von jener kulturellen Erkrankung herrühren, die unsere Zeitgenossen noch immer in Mitleidenschaft zieht. Ich habe den Eindruck, dass man das Christentum zum Sündenbock macht, auf den alle Phantasmen unseres mit Schuldgefühlen belasteten Gewissens abgeladen werden. Der Religion der Freiheit wird so paradoxerweise aller Tand des individuellen und kollektiven Über-Ichs übergestülpt, unter dem wir trotz unserer Anstrengungen uns seiner zu entledigen, immer noch zu ersticken drohen.

In meiner Unfähigkeit, dem Anderen in seiner Andersartigkeit zu begegnen – er stellt ja eine Bedrohung für meine durch die Abwesenheit des Vaters zerbrechlich gewordene Identität dar – bleibt mir nichts anderes übrig, als diese Religion der Brüderlichkeit, der Liebe, des gegenseitigen Dienens zu verwerfen, die sich – Gipfel der Ironie! – unter den Augen des Vaters entfaltet, den wir ein für alle Male getötet zu haben glaubten. Da unsere seelische Verwundung uns daran hindert, unsere Sehnsucht auf den von uns abgelehnten Vatergott zu richten, suchen wir anderswo unseren Durst zu stillen. Gewiss können hier in dem soeben beschriebenen Zusammenhang die Traditionen des Fernen Ostens mit ihrem Angebot einer nicht-dualistischen Mystik eine große Versuchung sein. Ein göttliches Du, das auf eine Illusion reduziert ist, vermag für eine Person, die selbst von Hinfälligkeit gezeichnet ist, keine Bedrohung mehr darzustellen. Ein für schuldig erklärtes Gewissen findet seinen Frieden nur in der Zerstörung des Objekts seiner Angst, selbst wenn es dabei selbst zerstört wird. Die Verschmelzungsmystiken finden da Zulauf, wo Menschen zu zerbrechlich sind um Ja zu sagen zu Freiheit, Verantwortung, kurz und gut, zum Anderen. Man braucht mehr innere Kraft, um das Wagnis einzugehen, sich selbst zu verlassen und Christus auf dem Weg des Lebens nachzufolgen, als dazu, sich in dem „Großen ohne Namen und Gesicht“ aufzulösen.

Sie plädieren fü ein Chistentum der Freiheit und des Lebens. Steht aber das Christentum nicht immer noch im Schatten des Kreuzes?

Lassen Sie uns eines nicht vergessen: das Kreuz ist der Lebensbaum, der mitten im Garten Eden[29] steht und der uns vor den Strahlen der göttlichen Gerechtigkeit schützt. Die Strahlen der Barmherzigkeit dagegen, die durch seine Krone dringen, sind für unsere von der Sünde gezeichneten Natur angemessener. Das Kreuz ist kein Zeichen des Todes sondern ein Symbol des Lebens: der horizontale Balken der Natur wird überhöht durch den vertikalen Balken der Gnade und wird in dessen Aufwärtsbewegung hineingenommen. Christus am Kreuz ist Offenbarung der unendlichen Liebe Gottes zu seinen Kindern, einer Liebe, deren Triumph am Ostermorgen offenkundig wird. Das letzte Wort, das der Vater uns zuspricht, ist nicht der Tod seines Sohnes, sondern dessen

29 Gen 2,9

Auferstehung und die Ausschüttung seines Geistes auf alles Fleisch. Das Kreuz lässt sich nur im Licht des Ostermorgens verstehen, an dem sich seine ganze Bedeutung enthüllt. Man müsste sogar sagen: im Lichte von Pfingsten, wenn der Glaubende das Leben des Auferstandenen zu seinem Leben gemacht hat und so das Geheimnis des Kreuzes erkennen kann.

Der Christ lebt nicht im Schatten eines Folterinstruments, das ihn ständig bedroht oder an den Preis seiner Rettung erinnert, sondern er steht beim Kreuz, weil es sein Siegesbanner ist, das seine Feinde allesamt in die Flucht schlägt. Am Kreuz hat Jesus *„die Feindschaft getötet"*[30], die Sünde und den Tod: der auferstandene Jesus siegt über alles, was den Menschen sich selbst entfremdet, ihn erniedrigt; in seinem Geist lässt Er uns teilhaben an seiner Freiheit, seinem Frieden und seiner Freude.

An der Liebespassion Jesu gibt es keine Unvollkommenheit: sie ist das endgültige Ja zu Gott, seinem Vater, das lauter tönt als alle unsere Weigerungen zu lieben. Dieses Ja hat er für uns gesprochen dadurch, *„dass er sein Leben hingab als Lösegeld für viele"*.[31] Dieses Ja gilt uns und ist der Schlüssel zum Reich Gottes; das ist der Grund, warum sich der Mensch, sofern er weise ist und sich seiner Schwachheit bewusst, nie vom Kreuz seines Retters entfernt: es ist ja unser Ruhm[32], unser Erbe, unsere Kraft. Durch das Kreuz haben wir die durch ungeordnete Begierden verursachte Trennung überwunden und uns in der Freiheit der Sohnschaft festgemacht.

Hat es denn zur Rettung des Menschen wirklich nur den Weg über dieses Folterinstrument gegeben?

Gott allein weiß es. Aber ich glaube nicht zu irren, wenn ich sage: wenn Gott diesen Weg gewählt hat, so deshalb, weil Er uns so noch

---

30 Eph 2,16 - 31 Mt 20,28 - 32 Gal 6,14

tiefer in seine Liebe hineinführen konnte. Bevor Er aus freiem Willen sein Leiden auf sich nimmt, lässt er seine Jünger in sein Herz schauen und sagt zu ihnen: *„Die Welt soll erkennen, dass ich den Vater liebe und so handle, wie es mir der Vater aufgetragen hat.“*[33] Die Liebe Jesu zum Vater macht ihn in einer Weise eins mit dessen Heilswillen für die Menschen, dass er sein Leben für sie hingibt. *„Gott hat die Welt so sehr geliebt, dass er seinen einzigen Sohn hingab, damit jeder, der an ihn glaubt, nicht zugrunde geht, sondern das ewige Leben hat. Denn Gott hat seinen Sohn nicht in die Welt gesandt, damit er die Welt richtet, sondern damit die Welt durch ihn gerettet wird.“*[34] Und der hl. Paulus zieht folgenden Schluss: *„Was ergibt sich nun, wenn wir das alles bedenken? Ist Gott für uns, wer ist dann gegen uns? Er hat seinen eigenen Sohn nicht verschont, sondern ihn für uns alle hingegeben – wie sollte er uns mit ihm nicht alles schenken? Wer kann die Auserwählten Gottes anklagen? Gott ist es, der gerecht macht! Wer kann sie verurteilen? Christus Jesus, der gestorben ist, mehr noch: der auferweckt worden ist, sitzt zur Rechten Gottes und tritt für uns ein. Was kann uns scheiden von der Liebe Christi? ... Ich bin gewiss, weder Tod noch Leben, weder Engel noch Mächte, weder Gegenwärtiges noch Zukünftiges, weder Gewalten der Höhe oder Tiefe, noch irgendeine andere Kreatur können uns scheiden von der Liebe Gottes, die in Jesus Christus ist, unserem Herrn.“*[35]

Jesus stirbt, *„um die versprengten Kinder Gottes wieder zu sammeln.“*[36] Und diese große Sammelbewegung, diese weltumfassende Versöhnung hat als Mittelpunkt das Banner des Kreuzes: *„Wenn ich über die Erde erhöht bin, werde ich alle zu mir ziehen.“*[37]

Jesus ist der „echte“ ältere Sohn aus dem Gleichnis vom verlorenen Sohn[38]: er hat das Herzensanliegen des Vaters verstanden und beschließt, auf die Suche zu gehen nach all den jüngeren verlorenen Brüdern, also nach uns, gemäß der Rechtsvorschrift aus dem

---

33 Joh 14,31 - 34 Joh 3,16 f - 35 Röm 8,31-35.39 - 36 Joh 11,51-52
37 Joh 12,32 - 38 Lk 15,11,32

Buch Levitikus: „*Wenn ein Fremder oder ein Halbbürger bei dir zu Vermögen kommt, aber dein Bruder von ihm wirtschaftlich abhängig wird und sich ihm oder einem Nachkommen aus der Familie eines Fremden verkauft, dann soll es, wenn er sich verkauft hat, für ihn ein Loskaufrecht geben: einer seiner Brüder soll ihn auslösen.*"[39] Das hat Jesus für uns getan: er hat die Stelle des Sklaven, zu dem der Mensch geworden war, eingenommen - die Kreuzigung war die auf Sklaven beschränkte Strafart - um uns die Freiheit der Söhne Gottes, unseres Vaters, zu erwirken.

Aber warum wurde dieses Übermaß an Leid „notwendig", um uns zu retten?

Sie werden sicher verstehen, dass ich diese Frage, die in die Tiefen des Geheimnisses der Erlösung zielt, nicht beantworten kann: *„"Wir verkünden Christus als den Gekreuzigten: für Juden ein empörendes Ärgernis, für Heiden eine Torheit, für die Berufenen aber, Juden wie Griechen, Christus, Gottes Kraft und Gottes Weisheit. Denn das Törichte an Gott ist weiser als die Menschen, und das Schwache an Gott ist stärker als die Menschen.*"[40]

Jesus selbst bedient sich in seiner Unterweisung der Emmaus-Jünger keines spekulativen Arguments, sondern verweist nur auf die Schrift: „*Begreift ihr denn nicht? Wie schwer fällt es euch, alles zu glauben, was die Propheten gesagt haben! Musste nicht der Messias all das erleiden, um so in seine Herrlichkeit zu gelangen? Und er legte ihnen dar, ausgehend von Mose und allen Propheten, was in der gesamten Schrift über ihn geschrieben steht.*"[41] Das Leiden Christi ist ein Mysterium der Solidarität aus Liebe: wir alle wissen, wie schmerzhaft es ist, jemanden, den man liebt, leiden zu sehen. Wie gerne würden wir dieses Leiden auf uns nehmen oder zumindest mit dem geliebten Menschen das Leid teilen, um in seiner Prüfung bei ihm sein zu können. Wenn nun wir, *die wir böse sind,*[42] zu so viel Mitleid fähig sind, wie sollte da Gott nicht vor

---

39 Lev 25,47-48 - 40 1 Kor 1,23-25 - 41 Lk 24,25-27 - 42 Lk 11,13

Verlangen brennen, unser Elend mit uns zu teilen und all unsere Leiden auf sich zu nehmen, auch unseren Tod, um uns dabei vorauszugehen und uns mit seiner Gegenwart trösten zu können.

Das „Ärgernis“ des Kreuzes rührt von den schwerwiegenden Folgen der Sünde her, die Jesus für uns getragen hat. Wir wollen nicht vergessen: *„Er hat unsere Krankheit getragen und unsere Schmerzen auf sich geladen. Er wurde wegen unserer Verbrechen durchbohrt, wegen unserer Sünden zermalmt. Zu unserem Heil lag die Strafe auf ihm, durch seine Wunden sind wir geheilt.“*[43] Der hl. Paulus sagt zu Recht: *„Es wird schwerlich jemand für einen Gerechten sterben; vielleicht wird er jedoch für einen guten Menschen sein Leben wagen. Gott aber hat seine Liebe zu uns darin erwiesen, dass Christus für uns gestorben ist, als wir noch Sünder waren.“*[44] So *„drängt uns die Liebe Gottes, da wir erkannt haben: einer ist für alle gestorben“*[45] (unter den uns bekannten leidvollen Umständen), damit *„durch den einen Jesus Christus alle, denen die Gnade und die Gabe der Gerechtigkeit reichlich zuteil wurde, leben und herrschen.“*[46] Denn: *„Wo die Sünde mächtig wurde, da ist die Gnade übergroß geworden“*,[47] damit wir der Freude teilhaftig werden, die denen verheißen ist, die für die Gabe des Heils offen sind: *„Wie mich der Vater geliebt hat, so habe auch ich euch geliebt. Bleibt in meiner Liebe.“*[48]

Besteht nicht trotzdem – und zwar personifiziert durch Maria, der schmerzensreichen Mutter am Fuß des Kreuzes – im Christentum immer noch eine bestimmte Neigung zur Glorifizierung des Schmerzes?

Der Evangelist Johannes sagt ganz deutlich: *„Bei dem Kreuz Jesu stand seine Mutter“*[49], aber nicht als eine Frau mit verheultem Gesicht und zerrauften Haaren, sondern in der ganzen Kraft und Würde ihres Glaubens, ihrer Hoffnung und ihrer Liebe. Wie Jesus

---

43 Jes 53,4-6 - 44 Röm 5,7-8 - 45 2 Kor 5,14 - 46 Röm 5,17 - 47 Röm 5,20
48 Joh 15,9 - 49 Joh 19,25

ganz dem Heilswillen seines Vaters für die Menschheit hingegeben war, so war Maria ganz dem Willen ihres göttlichen Sohnes und seiner Heilsabsicht hingegeben. In beider Herzen brannte das gleiche Feuer und gab ihnen Kraft zum Martyrium. *„Niemand entreißt mir mein Leben, sondern ich gebe es aus freiem Willen hin"*.[50] Dieses Wort bringt die absolute Freiheit Jesu zum Ausdruck, der sich aus Liebe zu uns zur Hingabe seines Lebens entscheidet. Und Maria schließt sich dieser Entscheidung, Opfergabe zu sein, an. Sie will das Heilswirken ihres fleischgewordenen göttlichen Sohnes, das allen Menschen gilt, mittragen. Dadurch werden alle Menschen zu ihren Kindern. *„Frau, siehe, dein Sohn!"* sagt Jesus zu Maria und weist auf den hl. Johannes. Dann sagte er zu dem Jünger: *„Siehe, deine Mutter!"*[51] Über dieser Szene, in der Gott die Welt durch das Leiden seines Sohnes und das Mitleiden des Heiligen Geistes im Herzen Marias rettet, liegt nichts, was den Schmerz verherrlichen würde.

Was verstehen Sie unter „Mitleiden des Heiligen Geistes"?

Jesus ist der einzige Erlöser, seine Passion bedarf keiner Ergänzung. Aber der Vater rettet die Menschen durch seine beiden Gesandten – seine beiden „Hände" würde der hl. Irenäus sagen -, seinen Sohn und den Heiligen Geist. Nachdem der Sohn das große Leidenswerk vollendet hat, sorgt der Heilige Geist durch seinen Dienst des Mitleidens dafür, dass das Werk allen zugute kommt. Maria, die vollkommene Braut des Heiligen Geistes, ist das erste Werkzeug dieses göttlichen Mitleidens des Heiligen Geistes. Sie wird so zum Modell der mitleidenden Kirche, dazu bestimmt, die Gnaden der Passion Christi zu empfangen und weiterzugeben, bis Er wiederkommt in Herrlichkeit.

Wenn es erlaubt ist, von Maria als Miterlöserin zu sprechen – und damit von der miterlösenden Kirche – dann kann das, glaube ich, nur in dem Sinne sein, dass der Heilige Geist, der in Maria wohnt

---

50 Joh 10,18 - 51 Joh 19,27

und durch sie handelt, durch seine Vermittlung des Mitleidens Miterlöser ist. Gott allein ist es, der rettet. Der Mensch kann diesem ihm gratis angebotenen Heil nichts hinzufügen. Und Er rettet durch das Leiden seines Sohnes und das Mitleiden des Geistes.

Dennoch – sagt nicht der hl. Paulus: „Jetzt freue ich mich in den Leiden, die ich für euch ertrage. Für den Leib Christi, die Kirche, ergänze ich in meinem irdischen Leben das, was an den Leiden Christi noch fehlt.“[52] *Liegt darin nicht eine Einladung, Leid für sich herbeizuwünschen, ja sogar das ergänzen zu wollen, was am Leiden Christi fehlt?*

Eine solche Interpretation würde die paulinische Theorie vom Heil durch Glauben zunichte machen. Ich will es nochmals wiederholen: das Leiden Christi braucht keine Ergänzung, aber die Gnade, die es birgt, muss in den Herzen der Menschen ankommen. Es ist dieser Dienst des Mitleidens, auf den der hl. Paulus anspielt. In der Freude des Heiligen Geistes, der in ihm wirkt, hat der hl. Paulus diesen Dienst auf sich genommen.

Der Heilige Geist ist im Apostel lebendig, also die Liebe Christi. Sie brennt in seinem Herzen. In der Kraft des Heiligen Geistes sind für den Apostel seine Leiden Möglichkeiten, an der Passion seines Herrn teilzunehmen und ihm seine Liebe zu bezeugen. In dieser Einswerdung im Mitleiden kann die Passion ihre Heilsfrucht in die Herzen derer ausgießen, die dafür offen sind.

Der vermittelnde Dienst des Mitleidens des Heiligen Geistes ist miterlösend in dem Sinne, dass ohne ihn das Geschenk der Erlösung nicht wirklich unser werden kann. Denn Erlösung strömt nur dann aus dem durchbohrten Herzen Jesu in unser Herz, wenn dieses sich unter dem Wirken des Heiligen Geistes dem Mitleiden geöffnet hat.

---

52 Kol 1,24

Wenn das Herz Mariens – nach der Weissagung des greisen Simeon[53] – durch die Lanze, die in das Herz Jesu[54] drang, durchbohrt werden konnte, so muss die Kraft des Mitleidens des Geistes Maria zusammen mit ihrem Sohn auf das Kreuz erhöht haben, so sehr, dass ihrer beider Herzen eins wurden.

Das Kreuz ist die Jakobusleiter[55], die zwischen Himmel und Erde aufgerichtet ist. Sie müssen wir aus der Kraft des Geistes des Mitleidens erklimmen. Denn einzig und allein dieser Geist des Mitleidens kann uns in die volle Erkenntnis des Mysteriums der gekreuzigten Liebe führen.

Wenn der hl. Pfarrer von Ars betet: *„Herr, gewähre mir, dass ich Dich liebe und leide und dass ich leide und Dich liebe"*, dann spricht da kein Neurotiker, sondern ein vor Liebe brennendes Herz, das auf den Flügeln des Geistes des Mitleidens sich immer höher zu erheben sucht, um im Herzen dessen zur Ruhe zu kommen, der Anfang und Ende seines Verlangens ist, eines gereinigten und verwandelten und geheiligten Verlangens.

Sie wollen uns vermitteln, dass das Kreuz, also Leiden und Tod, nicht ein Ort der Niederlage, der Erschöpfung und schließlich des versiegenden Verlangens ist; nicht ein Ort, wo Enttäuschung und Illusion besiegelt werden – sondern ganz im Gegenteil ein Ort des gesteigerten Verlangens, ja dessen Erfüllung? Ist das nicht paradox?

Das ganze Evangelium ist paradox. Es ist das Paradoxon der Guten Nachricht, dass das Leben über den Tod hinaus siegt, auch wenn der Tod den Zugang zum neuen Leben darstellt. Deshalb bedürfen wir der Gabe des Glaubens, um das Abenteuer dieses österlichen Weges, auf dem uns Christus vorangegangen ist, zu wagen.

Für den Glaubenden ist das glorreiche Kreuz – glorreich, weil

---

53 Lk 2,35 - 54 Joh 19,34 - 55 Gen 28,12

durch die Auferstehung Christi glanzvoll erstrahlend – wirklich der Ort, wo sich das verrückteste, aber auch fundamentalste Verlangen des Menschen erfüllt: immer mit Gott vereint zu sein, in einer liebenden Umarmung, die auch der Tod nicht mehr lösen kann.

Das Kreuz ist der Übergang in ein neues Leben. Gott ist Mensch geworden, er hat sein göttliches Leben in die klaffende Wunde der Sünde, die unser Menschsein so sehr infiziert, hineinvergossen. Er hat die Folgen dieser Sünde auf sich genommen bis in den Tod hinein, damit wir, vom Tod befreit, für immer aus seinem Leben leben können.

Ich erinnere mich an den Moment meiner Umkehr: es hatte mich die Gegenüberstellung einer Ikone des gekreuzigten Christus und einer Abbildung des sterbenden *Buddha* zutiefst ergriffen. Buddha zieht sich, nachdem er sich von seinen um das Lager versammelten Jüngern verabschiedet hatte, langsam in ein *samadhi* zurück, aus dem er nicht mehr wiederkehrt. Er durchschreitet nach und nach die verschiedenen Etappen der Meditation, bis sich zuletzt sein persönliches Bewusstsein in die beseligende Leere auflöst. Die Heiterkeit seines Gesichtsaudrucks rührt vom geheimnisvollen Lächeln her, das ein Kennzeichen der Enstase ist.

Jesus dagegen ist in aufrechter Haltung zwischen Himmel und Erde erhöht, mit offenen, weitausgestreckten Armen, einer Geste, die die ganze Welt zu sich ruft und umarmt. Er stirbt mit dem lauten Schrei: *„Es ist vollbracht“*[56], dem Siegesruf eines triumphierenden Kriegers, dem Geburtsschrei des *„Erstgeborenen der Toten“*.[57] Er legt seinen Geist in die Hände des Vaters[58], neigt seinen Kopf Maria und Johannes zu und haucht seinen Geist über sie aus – die bereits angedeutete Schöpfungsgeste aus Gen 2,7 wieder aufnehmend.[59] Er bringt so zum Ausdruck, dass der Mensch neu

---

56 Joh 19,30 - 57 Kol 1,18 - 58 Lk 23,46 - 59 „Gott blies in seine Nase den Lebensatem. So wurde der Mensch zu einem lebendigen Wesen.“ (Siehe S. 187)

nach dem Bild Gottes geschaffen ist, von neuem fähig, aus dem Geist Gottes zu leben.

Ist es nicht schockierend, einen Gekreuzigten als Lebensideal und Vorbild anzupreisen?

Das christliche Ideal besteht nicht im Kreuz, sondern aus einem Leben der Liebe – und unser Vorbild ist Jesus, der uns so sehr geliebt hat, dass er an einem Kreuz sein Leben für uns hingab. *„Darum hat Gott ihn über alle erhöht“*[60] und hat durch die Auferstehung den Sieg der Liebe, doch der scheinbaren Niederlage am Karfreitag, bestätigt. Seitdem brauchen wir um unser Leben keine Angst mehr zu haben: wir wissen, dass Gott sich derer annimmt, die sich der Liebe ausliefern. Mehr noch: *„Wer sein Leben retten will, wird es verlieren; wer aber sein Leben um meinetwillen verliert, der wird es retten.“*[61] Sein Leben für Christus verlieren, heißt, es – wie er – im Dienst der Liebe verlieren. Dass der Dienst bis ans Kreuz geht, das hat er uns durch sein Beispiel gezeigt und darauf hat er, *der die Erde geformt und gemacht hat – er ist es, der sie erhält* – uns durch sein Wort vorbereitet: *„Wer mein Jünger sein will, der verleugne sich selbst, nehme täglich sein Kreuz auf sich und folge mir nach.“*[62]

Aber was bedeutet das? Wir wissen, dass der Weg des Kreuzes einmündet in das wirkliche Leben, in ein Leben als Söhne Gottes in Christus. So ist der Gekreuzigte Vorbild für alle, die die Entscheidung treffen, sich auf das Abenteuer der Liebe einzulassen, und zwar bis zum Ende, denn das Maß der Liebe ist, ohne Maß zu lieben. *„Ich habe kein großes Verlangen mehr außer dem einen, zu lieben, bis ich vor Liebe sterbe...*[63]

Wie weit haben wir uns damit entfernt vom Ideal der natürlichen Mystiken und von der narzisstischen Betrachtung des göttlichen

---

60 Phil 2,9 - 61 Lk 9,24 - 62 Lk 9,23 - 63 Hl. Therese vom Kinde Jesus, Manuskript C, folio 7 v°; Oeuvres complètes a.a.O. S. 244

Selbst! Für den Christen vollzieht sich die Loslösung vom empirischen Ich nicht in Richtung einer immer weiter um sich greifenden Vereinsamung und nicht in der Suche nach einer sterilen Leere: *„Denn so spricht der Herr, der den Himmel erschuf, er ist der Gott, der die Erde geformt und gemacht hat – er ist es, der sie erhält, er hat sie nicht als Wüste geschaffen, er hat sie zum Wohnen gemacht - : Ich bin der Herr, und sonst niemand. Ich habe nicht im Verborgenen geredet, irgendwo in einem finsteren Land. Ich habe nicht zum Geschlecht Jakobs gesagt: sucht mich im leeren Raum!"*[64] Ganz im Gegenteil: dieses Sich-Losreißen setzt den Christen frei, damit er sich mit der ganzen Kraft seiner Liebe dem Anderen zuwende, in einer Ekstase, die ihm seine wahre Identität enthüllt. Denn wie im Inneren der Hl. Dreifaltigkeit das Wesen jeder Person durch seine Beziehungen zu den beiden anderen bestimmt ist, so erfährt der nach dem Bild Gottes geschaffene Mensch seine wahre Identität nur durch das Du, das ihm gegenübersteht und dem er sich in der Verletzbarkeit der Liebe öffnen will. So ist der Weg des Kreuzes, der Selbstentäußerung aus Liebe, schon hier unten Quelle des Lebens. Denn er ist der Geburtsweg unserer eigentlichen persönlichen Identität, einer Identität, die wir von Gott her haben und die uns der Heilige Geist nach und nach zu entdecken gibt, und zwar in dem Maße, wie wir mit Ihm auf dem Weg der Liebe, auf den Spuren Christi, voranschreiten.

Und dieser Weg ist ein Weg der Freude, vielleicht sogar der einzige Weg, auf dem man der echten Freude begegnet, *die uns niemand nimmt.*[65] Denn wenn Christus uns lehrt, dass wir in seiner Liebe und der Liebe des Vaters bleiben sollen, aus Gehorsam gegenüber dem Gebot der Bruderliebe,[66] dann fügt er hinzu: „Dies habe ich euch gesagt, damit meine Freude in euch ist und damit eure Freude vollkommen wird."[67]

---

64 Jes 45,18-19 - 65 Joh 16,22 - 66 Joh 15,12-13: „Liebt einander, wo wie ich euch geliebt habe. Es gibt keine größere Liebe, als wenn einer sein Leben für seine Freunde hingibt." - 67 Joh 15,11

10. Die ewige Wiederkehr oder der große Durchgang

Sie stellen, um jeder Art von Synkretismus aus dem Weg zu gehen, sehr stark die Unterschiede zwischen den verschiedenen Traditionen heraus. Gibt es aber nicht Vorstellungen, die nun mal allen Religionen gemein sind? Gehört hierher nicht die Vorstellung von der Wiedergeburt als einer sehr alten Vision menschlichen Weiterlebens, auf die man in allen heiligen Schriften stößt?

Genau das ist es, was New Age verbreitet und die Leute glauben machen will. Dabei handelt es sich hier aber nur um das Echo eines esoterischen Mythos, demzufolge alle Religionen nichts anderes sind als Interpretationen einer einzigen Universalreligion, bruchstückartige und oft deformierte Interpretationen, die einander folgen und ablösen. Auftrag von New Age sei es nun, diese Urlehre in ihrer Ganzheit und ursprünglichen Reinheit wieder entdecken zu helfen.

Der Erfolg dieser doch recht willkürlich aufgestellten Hypothese, die jeder wissenschaftlichen Begründung entbehrt, zeigt zweifelsohne das Bestreben unserer Zeitgenossen auf, sich der Unruhe zu entledigen, die sie angesichts der Vielfalt des religiösen Angebots befällt. Diese Vielfalt zwingt sie dazu, eine „riskante" Wahl zu treffen, deswegen, weil es um die Frage nach dem Sinn des Lebens geht. Aber der Mythos einer Universalreligion, einer Art von zeitloser Gnosis *, die der Menschheit durch die dunklen Zeiten ihrer Unwissenheit hindurch Licht spenden soll, ist eine allzu bequeme Lösung, die der historischen Dimension des Menschen und seinem Fragen nicht gerecht wird. Es ist geradezu erstaunlich, dass die Menschen unserer Generation, die auf evolutionistische Paradigma eingeschworen sind, an einer so unbeweglichen Vorstellung festhalten, wenn es um Religion geht!

Aber lassen Sie uns zur Reinkarnation zurückkehren. Es ist falsch zu sagen, dieses Konzept sei universell anerkannt, es reiche in vorgeschichtliche Zeiten zurück und zähle zu einem „gemeinsamen Ursubstrat" aller Religionen. Dabei sprechen nicht einmal die *Veden* von Reinkarnation. Das Konzept taucht erst um das 6. vorchristliche Jahrhundert auf, und zwar in den *Upanishaden,* die als metaphysische Deutungsversuche der heiligen Bücher des Hinduismus gelten können. Gleichzeitig finden wir dieses Konzept in Griechenland vor, im Zusammenhang mit den Mysterien von Eleusis* und denen des Pythagoreismus*. Das bedeutet aber noch lange nicht, dass diese Vorstellungen identisch sind. Sollte sich der Glaube an die Wiedergeburt tatsächlich in unterschiedlichen Kulturen – die der Kelten eingeschlossen – finden, so doch jedes Mal – und das muss betont werden – mit speziellen Schattierungen.

Wenn die Rede von Reinkarnation ist, so unterscheiden nur die wenigsten zwischen den verschiedenen Auslegungen des Begriffs. Im Allgemeinen bewegt man sich hier auf einem sehr anspruchslosen Niveau: „Etwas" (der Geist? die Seele? das physische Element? ein subtiler Körper?) überlebt den physischen Tod und umgibt sich nach einer mehr oder weniger langen Wartezeit mit einer neuen Körperhülle. So wird die Hoffnung geboren, das Individuum könne seinen Lauf fortsetzen, von Existenz zu Existenz. Dabei weiß man nicht genau, wohin der Lauf führt – ist denn nicht das „Überleben" die Hauptsache? Auch kann man nicht sagen, worin die sogenannte Individualität besteht, die sich auf die Wanderung macht.

Könnten Sie bitte näher ausführen, worin der Unterschied zwischen den verschiedenen Formen des Glaubens an die Wiedergeburt besteht – ohne dabei in den Fachjargon zu verfallen.

Wenn im Hinduismus die Rede von Reinkarnation ist, so fällt am häufigsten der Begriff *samsara,* was den endlosen Strom von Geburt und Tod bedeutet. Er nimmt alle Lebewesen mit sich, angefangen bei den niedrigsten Lebensformen (Insekten, Tiere) bis hin zu den höchsten der Götter.

Die Seelenwanderung[1] wird als unentrinnbar dargestellt: die Lebensumstände der jeweils aufeinander folgenden Existenzen hingegen bestimmen sich danach, wie das Individuum in seinem vorausgegangenen Leben gehandelt hat. Der Motor des *samsara* ist also das *Karma,* das, wie gesagt, die vitale Energie ist, die durch unsere bewussten Handlungen erzeugt wird. Wenn diese egozentrisch gefärbt sind, verstärken sie im Individuum den Durst nach Existenz. Die besagte vitale Energie wird durch den Tod nicht ausgelöscht, sondern bewirkt den Eintritt in eine neue Existenz. Die positiven oder negativen Früchte einer individuellen Existenz werden so, entsprechend dem Gesetz des *Karma,* an ein Individuum einer nachfolgenden Generation weitergegeben. Dieses Erbe bestimmt nun die Bedingungen des Handelns (körperliche und psychische Fähigkeiten, Talente, Lebensumstände, soziale Zugehörigkeit ... des Individuums). Ihm bleibt es überlassen, dieses Erbe in freier Wahl zumGuten oder zum Schlechten zu verändern.

Sie sprechen von der Weitergabe der Früchte einer individuellen Existenz an ein Individuum der Nachfolgegeneration: in welcher Beziehung zueinander stehen diese Individuen? Und wer ist es, der unter den vorgegebenen Bedingungen die „Wanderung" vollzieht?

Das kann nur der für die Ausformung des *Karma* innerhalb einer Einzelexistenz verantwortliche „Träger" sein, da ja die das Individuum konstituierenden Elemente mit dem Tod vergehen. Für den Hindu gibt es ein permanentes „Etwas" (*tad*), das die Kontinuität zwischen den aufeinander folgenden Daseinsformen garantiert.

---

1 Die Seelenwanderung bezeichnet den Prozess, in dem die Seele – oder das Lebensprinzip – nicht mit dem Tod zu existieren aufhört, sondern sich einen neuen Körper gibt und so wiedergeboren wird.

Es sieht so aus, als würde das *Karma* innerhalb des Göttlichen Seins, der Letzten Realität und des Absoluten Grundes, eine Art „Blase" individueller Existenz (*atman*) herausisolieren, die vom Ganzen (Brahman) durch ein Häutchen aus subtiler Energie, der Frucht willentlicher Handlungen, getrennt wäre. Es gibt aber keinen wirklichen Unterschied zwischen dem universellen (*göttlichen*) Grund und dem Grund des Einzelwesens, dessen Individualcharakter ausschließlich von karmischen Aktivitäten herrührt. Das Erwachen oder die Erleuchtung besteht darin, dass durch Auflösung des *Karma*-Häutchens, (wodurch ja die Individualität bestimmt wird) die Identität von *atman* und *Brahman* hergestellt wird.

Das alles ist immer noch im Kontext einer Anthropologie zu sehen, die die menschliche Person auf eine Illusion reduziert, die zusammen mit den Folgen der sie nährenden Handlungen vergehen soll. Außerhalb dieses sehr speziellen Blickwinkels, der sicherlich nicht der Blickwinkel des Judentums und des Christentums ist, ist der Begriff „Reinkarnation", wie ihn der Hinduismus versteht, kein Beitrag zur Klärung des Problems.

Bringt Buddha in das Reinkarnationskonzept, das er vom Hinduismus übernommen hat, nun etwas Neues ein?

In der buddhistischen Lehre von *anatta* wird die Vergänglichkeit des Individuums noch drastischer dargestellt. Hier gibt es nicht mal mehr den durchgehend vorhandenen „Träger", der die Einheit der aufeinander folgenden Momente ein und desselben Lebens garantiert. Wir haben bereits die Theorie erwähnt, derzufolge der Mensch nichts anderes ist als eine nur ephemere Kombination von fünf physischen und mentalen Energien, die sich in ständiger Mutation befinden. Der Tod ist demnach nichts anderes als eine etwas radikalere Mutation – aber nichts essentiell Anderes als das, was in jedem der aufeinander folgenden Momente des Lebens abläuft. Genau genommen, hat die Reinkarnationstheorie im Rahmen der Religionsphilosophie *Buddhas* keinen Platz, weil es hier kein dauerhaftes spirituelles Prinzip (wie die individuelle Seele es ist) gibt. Die Evolution des Lebens sei einer unpersönlichen Kraft, einer vitalen Energie, zuzuschreiben, in der die Dynamik des göttlichen Seins einen Ausdruck findet.

Ich glaube, mich an die Behauptung Buddhas erinnern zu können, dass er sich seiner vergangenen Leben bewusst geworden sei ...

Das stimmt. Das ist Teil der Primärerfahrung des Religionsstifters unter dem berühmten *bodhi,* dem Baum des Erwachens, wie er sie in seiner Großen Rede beschreibt. Aber man kann die Natur dieser Erfahrung hinterfragen. Denn wenn man davon ausgeht, dass *Buddha* von aller Anhänglichkeit an die Realität der Phänomene völlig freigeworden ist – und zwar dadurch, dass er als deren tiefstes Wesen die Leere erkannte -, so hat er dadurch ja die Inkonsistenz der eigenen Individualität erkannt.

Eine Illusion bleibt, auch wenn man in ihr verharrt, eine Illusion. Buddha kann nicht zu Recht behaupten, ihm sei der Weg einer substantiellen Seinsform durch eine Reihe aufeinander folgender Inkarnationen hindurch bewusst geworden. Er kann höchstens die Behauptung aufstellen, den Verlauf einer Welle verfolgt zu haben, die auf dem Ozean dahinrollt und dabei die sie belebende Bewegung bis zu deren Ausklingen weitergibt. Diese Analogie scheint mir hier in besonderem Maße zutreffend. Denn wie es im eigentlichen Sinn keine sich fortbewegende Welle gibt, sondern lediglich einen Anstoß, der jeweils von einem Punkt der Wasseroberfläche auf den nächsten weitergegeben wird – ebenso wenig gibt es kein Individuum, das in verschiedenen Seinsformen weiterlebte, sondern lediglich eine Kette ineinander greifender Aktionen und Reaktionen.

All das ist nicht leicht zu begreifen. So ist es schon erstaunlich, dass ein so komplexes Konzept eine solche Breitenwirkung im Westen hat.

Wie bereits erwähnt, war die Vorstellung einer Reinkarnation bei den Kelten und in der griechischen Welt bekannt. Die Orphiker*, Pythagoras und Plato nehmen Bezug auf sie, und Plotin greift seinerseits diese Vorstellung wieder auf. Die Hypothese der Seelenwanderung taucht im Zusammenhang mit der Neuentdeckung der platonischen und neuplatonischen Philosophie auch in der Renaissance wieder auf.

Die weite Verbreitung, die die Reinkarnationslehre im Westen gefunden hat, geht jedoch nicht so sehr auf das Konto dieser philosophischen Strömungen. Vielmehr scheinen es die esoterischen Schulen des vergangenen Jahrhunderts zu sein, die zum größten Teil die Begeisterung für diese vom Osten übernommene Lehre geweckt haben. Ihr Konzept weicht aber von dem des Hinduismus in einem wesentlichen Punkt ab: die Seelenwanderung vollzieht sich hier nicht am Horizont eines kosmischen Werdens im Inneren des unpersönlichen göttlichen Seins, sondern wird als Evolutionsweg der Seele dargestellt, die als fortdauernde, ja unsterbliche Realität sich auf dem Weg zu ihrer individuellen Vervollkommnung befindet.

Sicherlich gelten die hier aufgestellten Behauptungen nur in abgewandelter Form für jede einzelne Schule; ganz allgemein aber lassen sich, was die esoterische Anthropologie betrifft, durchaus einige gemeinsame Merkmale erkennen. Demnach besteht der Mensch aus drei in enger Wechselwirkung zueinander stehenden Prinzipien. Zutiefst im Menschen befindet sich zunächst ein geistiges Wesen göttlicher Natur. Dieses reflektiert sich im „Astralleib"* (der energetischen Zone zwischen Geistigem und Materiellem), der seinerseits den physischen Leib schafft. So verwirklicht sich die göttliche Idee in der Materie durch das Dazwischenschalten ihrer astralen Projektion. Beim Tod zersetzt sich der Körper, aber sein astrales Double, das alle Erfahrungen gespeichert hat, setzt seinen Weg in einer neuen fleischlichen Hülle fort, die für die Seele so etwas wie ein weiteres spirituelles Übungsfeld ist. Im Lauf der Transmigrationen wird sich die Seele ihres tiefsten Wesens, nämlich der ihr innewohnenden göttlichen Idee, mehr und mehr bewusst. Sie erwirbt sich neues Wissen (aufeinander folgende Initiationen), dehnt ihre Wirkmacht auf die Materie aus (okkulte, den verschiedenen Initiationsgraden entsprechende Fähigkeiten) und steigt so immer höher.

In diesem Konzept bleibt die Kontinuität eines individuellen Bewusstseins innerhalb einzelner aufeinander folgender Inkarnationen erhalten. Diese werden immer als ein aufsteigender Weg gesehen, der letztendlich in eine Identifikation der Seele mit dem absoluten göttlichen Sein einmündet, dem sich das individuelle Bewusstsein im Laufe seiner Evolution allmählich öffnet.

Das Konzept, demzufolge die Individualität durch verschiedene Inkarnationen hindurch gewahrt bleibt, scheint tatsächlich der westlichen Mentalität eher zu entsprechen.

Das ist richtig. Aber man muss ein bisschen genauer hinschauen. Nach dem bisher Gesagten könnte die Ansicht aufkommen, das individuelle Bewusstsein bleibe die diversen Inkarnationen hindurch bewahrt. Diese Art von Bewusstsein ist jedoch nichts anderes als nur der Widerschein der absoluten Idee (des Göttlichen in einer Einzelexistenz), wodurch der Erfahrung Grenzen gesetzt sind.

Das persönliche Bewusstsein entsteht aus dem Widerstand, der die unendliche absolute Idee bei ihrem Eintritt in die Endlichkeit und Bedingtheit erfährt. Das Göttliche wird durch und im Einwohnen in der Materie erfahren, die die göttliche Idee in eine Vielzahl individueller Bewusstheiten aufsplittert. Letztere könnte man als eine Vielzahl göttlicher Funken sehen: sie liegen tief in der Materie verschüttet, aus der sie im Lauf der Migrationen allmählich auftauchen, um dann wieder in die große göttliche Feuersbrunst einzutauchen. Die Seelen sind also „in Wirklichkeit" viel weniger individuell als sie „die Erfahrung" erscheinen lässt.

Nun ist zwar in der Esoterik kaum die Rede von Illusion, dennoch ist folgende Vorstellung sehr präsent: das individuelle Bewusstsein ist nichts anders als der Widerschein des unpersönlichen Göttlichen im Spiegel der einzelnen materiellen Wesenheit. Es ist dies eine Spiegelung, die mittels des Astralleibes Dauer gewinnt. Man könnte den Astralleib mit einem photographischen Negativ vergleichen, das entwickelt worden ist auf dem lichtempfindlichen Papier aufeinander folgender Inkarnationen, die ihrerseits auf diesem Negativ ihre Eindrücke hinterlassen.

Die Vielfalt der Vorstellungen, die in der Vokabel „Reinkarnation" zusammengefasst ist, lässt diesen Begriff als schillernd erscheinen – das muss ich zugestehen; auch dass diese Lehre nicht so einfach ist, wie uns das einschlägige Schrifttum weismachen will. Wenn wir aber aus den verschiedenen Interpretationen nur deren gemeinsame Idee der sukzessiven Inkarnationen eines geistigen Prinzips herausschälen – ist diese Idee denn tatsächlich unvereinbar mit dem christlichen Glauben und worin bestünde die Unvereinbarkeit?

Im Edikt des Justinian 543 n. Chr., das auf der Synode von Konstantinopel verlesen wurde, hat die Kirche die Theorie der Metempsychose (Seelenwanderung) als mit dem christlichen Glauben unvereinbar verworfen, ebenso und endgültig dann beim 2. Konzil in Lyon 1274 und in Florenz 1439.

Der Hauptgrund hierfür ist das Wort Gottes selbst: *„Es ist dem Menschen bestimmt, ein einziges Mal zu sterben, worauf dann das Gericht folgt."*[2] Diese Auffassung findet sich auch in der Lehre Jesu, besonders klar in seiner Rede über das Endgericht bei Mt 25,31-46: *„Wenn der Menschensohn in seiner Herrlichkeit kommt und alle Engel mit ihm, dann wird er sich auf den Thron seiner Herrlichkeit setzen. Und alle Völker werden vor ihm zusammengerufen werden, und er wird sie voneinander scheiden, wie der*

---

2 Heb 9,27

Hirt die Schafe von den Böcken scheidet. Er wird die Schafe zu seiner Rechten versammeln, die Böcke aber zur Linken."

Darüber hinaus aber ist die Idee der Reinkarnation unvereinbar mit der Vorstellung, die die Bibel von der Beziehung Gott – Mensch hat. Der tatsächliche Unterschied zwischen der geschaffenen menschlichen Natur und der ungeschaffenen göttlichen Natur macht es aus, dass das Heil nur als unverdientes Geschenk gesehen werden kann. Der Mensch ist nicht etwa ein Gott, der vom Weg abgekommen ist und nun erst am Ende einer langen einsamen Reise seine ursprüngliche göttliche Natur wiederfindet, ohne jemals die Initiative abgegeben zu haben. Der Mensch ist vielmehr dazu eingeladen, die heiligmachende Gnade in einem Akt freier Zustimmung (diese Zustimmung mag ausgesprochen oder unausgesprochen sein) zum Heilsangebot Jesu Christi anzunehmen.

Es spielt also wieder der Status der – wirklichen oder eingebildeten – Beziehung zwischen Mensch und Gott eine Rolle?

Ganz gewiss. Ich möchte hier auf eine Argumentation zurückgreifen, die wir anlässlich unserer Auseinandersetzung mit den fernöstlichen Traditionen entwickelt haben: das, was die Bibel unter dem Begriff „Person" versteht, verträgt sich kaum mit der Annahme einer Wiedergeburt. Gott erschafft den Menschen nach seinem Bildnis und ruft ihn als Person ins Dasein, macht ihn also fähig zu freien Beziehungen, in denen er sich ausdrückt, sich selbst entdeckt und entwirft. Dieser personale Charakter ist keineswegs eine Illusion, sondern ganz im Gegenteil das Krönungswerk der Schöpfung: das, was den Menschen ausmacht und worin der Mensch etwas vom Geheimnis des göttlichen trinitarischen Lebens widerspiegelt (Motiv des „Abbildes").

Nun haben wir aber gesehen, dass die verschiedenen Weisen, in denen sich die Reinkarnation darstellt, allesamt, wenngleich auf verschiedenen Wegen, zur Leugnung der menschlichen Person führen. Dadurch ist deren unveräußerlicher und in ihr selbst begründeter Wert in Frage gestellt. In diesem Falle wäre die biblische Lehre vom besiegelten Bund zwischen Gott und seinem Volk ihres Fundaments beraubt. Dann würde sich nämlich die Bindung an Gott ebenso verflüchtigen wie die ganze menschliche Person, sofern diese dann nichts anderes wäre als eine ephemere Illusion, der es bestimmt ist, sich in dem großen unpersönlichen göttlichen Ganzen aufzulösen.

Ein göttliches Sein dieser Art vermag nicht mehr auf das Leben des Menschen einzuwirken; auch haben dann Grundbegriffe der christlichen Theologie wie Offenbarung, Fleischwerdung, Erlösung, Heiligung etc., die allesamt eindeutig Beziehungen zwischen Personen beinhalten, keinen Sinn mehr. Man muss sich schon darüber klar sein: der Gott Abrahams, Isaaks und Jakobs, der Gott, der uns seinen Namen und sein Gesicht in Jesus Christus enthüllt, um uns im Heiligen Geist zu einem Liebesbund einzuladen – ein solcher Gott ist schwer in Einklang zu bringen mit der Vorstellung von einem unpersönlichen göttlichen Sein, außerhalb dessen alles nur Illusion ist.

Und die Vorstellung von der Auswechselbarkeit des Körpers?

Der den verschiedenen reinkarnatorischen Entwürfen zugrunde liegende anthropologische Dualismus entspricht mit Sicherheit nicht dem biblischen Menschenbild. Der menschliche Körper ist keine vorübergehende und austauschbare Umkleidung der Seele. Er ist vielmehr „Sakrament" der Person, was bedeutet: wirksames Zeichen, authentischer Ausdruck seines Geheimnisses. Die Feststellung „Ich bin" gilt meinem Körper genauso wie meiner Seele oder meinem Geist, um die drei Dimensionen anzusprechen, die nach Paulus den Menschen bestimmen.[3] Die biblische Anthropologie unterscheidet sehr wohl verschiedene „Ebenen" im

3 1 Thes 5,23: „Der Gott des Friedens heilige euch ganz und gar und bewahre euren Geist, eure Seele und euren Leib unversehrt, damit ihr ohne Tadel seid, wenn Jesus Christus, unser Herr, kommt.

Menschen, scheidet diese jedoch niemals voneinander. Die Dimensionen Leib, Seele und Geist machen in ihrem Zusammenwirken und ihrer Untrennbarkeit die Individualität des Einzelnen aus: keine von den Dimensionen ist austauschbar. Dieses einzigartige Wesen ist in seiner Ganzheit zur Herrlichkeit bestimmt, einschließlich seiner körperlichen Komponente. Zu einer solchen Lehre gehört auch die rechte Sicht der Zeit: zu sehen, dass der Zeitpfeil auf das singuläre Ereignis der Auferstehung verweist, in dem die Heilsgeschichte jedes Einzelnen und der gesamten Menschheit ihre Erfüllung findet.[4] Es ist einleuchtend, dass eine derartige Perspektive unvereinbar ist mit der zyklischen Vorstellung von Zeit, die der These der Metempsychose zugrunde liegt.

Gibt es denn nicht Schriftstellen, die die These von der Wiedergeburt stützen?

Vermutlich spielen sie auf die sogenannte Identität von Johannes dem Täufer und Elias an, die auf einen Vers bei Markus zurückzuführen ist: *„Ich sage euch* (Jesus spricht vom Täufer): *Elia ist schon gekommen, doch sie haben mit ihm gemacht, was sie wollten, wie es in der Schrift steht.“*[5] Lassen wir zunächst Johannes den Täufer selbst sprechen. Auf die direkte Frage der Juden, die von den Priestern und Leviten aus Jerusalem geschickt worden sind: *„Bist du Elia?“* antwortet der Prophet unzweideutig: *„Ich bin es nicht.“*[6] Das sollte die Debatte beenden. Was aber wollte Jesus sagen? Einfach nur, dass der Geist der Prophetie, der auf dem Vorläufer ruhte, derselbe war wie derjenige, der den Elia angetrieben hatte, als er seinen Dienst tat. Diese literarische Vorgehensweise, nämlich eine Person durch ihren Auftrag zu kennzeichnen und zwar indem man ihr den Namen desjenigen gibt, dessen Dienst sie

---

4 Lassen Sie mich als Beleg zitieren: „Als aber die Zeit erfüllt war, sandte Gott seinen Sohn, geboren von einer Frau und dem Gesetze unterstellt, damit er die freikaufe, die unter dem Gesetz stehen, und damit wir die Sohnschaft erlangen“ (Gal 4,4-5) und „Gott hat uns das Geheimnis seines Willens kundgetan, wie er es gnädig im Voraus bestimmt hat: Er hat beschlossen, die Fülle der Zeiten heraufzuführen, in Christus alles zu vereinen, alles, was im Himmel und auf Erden ist“ (Eph 1,9-10).
5 Mk 9,13 - 6 Joh 1,21

weiterführt, hat für den kundigen Leser nichts Außergewöhnliches an sich.

Wir könnten die Zahl der Schriftstellen im Alten wie im Neuen Bund, die gegen die Annahme der Wiedergeburt sprechen, beliebig vermehren. Ich möchte hier noch einen Psalmvers zitieren, der Gott seinen Zorn zurückhalten lässt, *„denn er denkt daran, dass der Mensch nichts ist als Fleisch, nur ein Hauch, der vergeht und nicht wiederkehrt."*[7] Rufen wir uns aus dem Neuen Testament das Wort ins Gedächtnis, das Jesus am Kreuz zu dem reumütigen Schächer spricht, der mit ihm gekreuzigt ist: *„Amen, ich sage dir, heute noch wirst du mit mir im Paradies sein."*[8] Man müsste auch das ganze 5. Kapitel des zweiten Briefes des hl. Paulus an die Christen von Korinth lesen, die ihn nach dem Schicksal der Gläubigen nach dem Tod befragen. Dort sagt uns der Apostel: *„Ja wir sind voller Zuversicht und ziehen es vor, aus dem Leib auszuwandern und daheim beim Herrn zu sein"*.[9]

„Daheim sein" bezeichnet eine endgültige Dauerhaftigkeit, die jede Rückkehr in Lebensbedingungen des Sterblichen ausschließt, da „der Herr", zu dem er aufbricht, der Lebendige ist, der ihm in die endgültige Glorie vorausgeht. Präzis sagt es der Hebräerbrief: *„Jesus hat für die Sünden nur ein einziges Opfer dargebracht, und hat sich dann für immer zur Rechten Gottes gesetzt."*[10]

Ich muss nochmals insistieren: Haben nicht bestimmte maßgebliche Autoren des frühen Christentums, Kirchenväter z.B., diese Position verteidigt?

Sie spielen zweifellos auf Origenes an, der oft, wenngleich zu Unrecht, in diesem Zusammenhang zitiert wird. Er war in der Tat ein Verfechter der Präexistenz der Seele, - einer Position, die von der Kirche fallen gelassen wurde – hat sich aber ausdrücklich gegen

---

7 Ps 78,39 - 8 Lk 23,43 - 9 2 Kor 5,8 - 10 Hebr 10,12

die Reinkarnation gewandt. Die ersten Kirchenväter, namentlich Justinian, Irenäus, Tertullian, Hippolyt und Gregor von Nazianz, haben selbst heftig gegen die Lehre von der Metempsychose Stellung bezogen.[11] Die Argumentation dieser Autoren dreht sich um die Perfektion des Schöpfungsaktes und um die Unvereinbarkeit des Auferstehungsgedankens mit der Vielzahl der Körper. So schreibt der hl. Irenäus: *„Wie jeder von uns vom Schöpfergott seinen eigenen Körper erhält, so hat er auch seine eigene Seele. Denn Gott ist nicht so arm und so unbedarft, dass er nicht jedem Körper seine eigene Seele als sein Markenzeichen zuweisen könnte. Und deshalb werden, wenn die von ihm à priori festgelegte Zahl der Menschen vollständig ist, all diejenigen, die im Buch des Lebens stehen, mit ihrem eigenen Leib, ihrer eigenen Seele und ihrem eigenen Geist,[12] in denen sie Gott gefallen haben, auferstehen; diejenigen freilich, welche Strafe verdienen, werden diese auch erhalten, in ihrer eigenen Seele und ihrem eigenen Körper, in denen sie sich von der Güte Gottes getrennt haben."*[13]

Hätte da – wenn sich uns nach einem Leben voller Misserfolg und Leid eine neue Chance böte – die Reinkarnation als Quelle der Hoffnung nicht einen höheren Stellenwert verdient?

Ich muss eine derartige Hoffnung dämpfen, die erneut davon ausgeht, dass eine persönliche, reale Identität die Verbindung zwischen verschiedenen Inkarnationen herstellt, was ja, wie wir aufzuzeigen versuchten, bei der Metempsychose nicht der Fall ist. Im Zusammenhang mit der Reinkarnation gibt es kein „Geschenk", da sich das Rad des *samsara,* wie das unpersönliche Schicksal, unerbittlich dreht. Vergessen Sie nicht, dass für den Osten die Reinkarnation ein leider unvermeidliches Übel ist, da das ganze Leben vom Leid gekennzeichnet ist. Erstaunlich ist, dass der Westen diesen Aspekt minimalisiert und dass daher im westlichen Bewusst-

11 L. Bukowski, „La réincarnation selon les Pères de l'Eglise" Gregorianum, vol. 9,1928, S. 65-91 - 12 1 Thes 5,23
13 Irenäus von Lyon, adv. Haires., II, 33, a.a.O. S. 226

sein von alledem nur eine gewisse Relativierung des Todes haften geblieben ist. Die Hoffnung auf Auferstehung, auf Teilhabe am Leben Gottes in einer verklärten Existenz hat sich abgeschwächt, ja ist erloschen. Könnte das nicht die Ursache dafür sein, dass sich unsere Zeitgenossen in die Hoffnung flüchten, sie könnten, auf dem Umweg über eine zahlenmäßig nicht festgelegte Reihe aufeinander folgender Inkarnationen, überleben?

Vielleicht ist auch die Tatsache, niemandem als sich selbst für seine Taten Rechenschaft ablegen zu müssen, so verführerisch für unsere von allem Moralismus befreite Mentalität. Der Gedanke, dass, alles in allem, das Unrecht, das ich meinem Bruder zugefügt habe, es diesem ermöglicht, sein Karma zu verändern, ist sehr befreiend. Gewiss stehe ich in der Verantwortung und muss in einer späteren Existenz die Konsequenzen meiner Taten tragen. Aber es „richtet" mich niemand: weder Gott noch ein Gesetz, einzig und allein das *Karma,* das ich mir selbst gebe. Ich bin mein eigener Henker und mein eigener Retter.

Deshalb kann die Befreiung aus der Gewalt des schuldzuweisenden, mit dem Gott der Bibel gleichgesetzten Über-Ichs ein wichtiger psychologischer Faktor dafür sein, dass Menschen sich für die Reinkarnation begeistern, in der sie eine Möglichkeit sehen, dem Zorngericht des Vatergottes zu entrinnen!

Das mag sein. Bietet das Evangelium denn eine Alternative an?

Das einzige „Wort", das das Fundament einer echten Hoffnung darstellt, ist die Auferstehung Christi. In diesem zentralen Ereignis der Menschheitsgeschichte enthüllt sich uns unsere glorreiche Bestimmung in ihrem vollen Licht. Im auferstandenen Jesus werden alle Menschen, die sich ja in der menschlichen Natur des fleischgewordenen Wortes wiederfinden, in den Dialog der Liebe zwischen Vater und Sohn hineingenommen, und zwar nicht nur in ihrer spirituellen, sondern auch in ihrer psychischen und physischen Dimension. Der glorreiche Leib des Retters, des Siegers über den Tod, ist ein vergeistigter Leib, der bis in seine „Materialität" hinein ein Ausdruck des dialogalen Wesens des Sohnes ist. Das ist unser Glaube und unsere Hoffnung: dass das Feuer der göttlichen Liebe uns, auch unseren Leib, teilhaben lässt am Mysterium der Liebe, auf das hin wir geschaffen sind.

Diese Perspektive ist zweifelsohne verlockend; sie unterstreicht aber umso mehr eine Ungerechtigkeit, die meines Erachtens darin liegt, dass dann jedermann sich vor eine derartig radikale Entscheidung innerhalb eines einzigen Lebens gestellt sähe, in dem – und das müssen Sie zugeben – die „Chancen" recht ungleich verteilt sind!

Das Argument wäre stichhaltig, wenn wir unser Heil selber wirken müssten. Das ist aber nicht der Fall: das Heil ist unverdientes Geschenk, in Empfang genommen im Glauben an Christus, den Herrn und Retter.

Und es kann auch gar nicht anders sein, da die Tragödie der Sünde im Bruch der Beziehung mit Gott besteht, und nur Er allein diese Beziehung durch und in einer Initiative der reinen Barmherzigkeit wiederherstellen kann.

Allein unsere Dünkelhaftigkeit kann die Wiederherstellung des Bildes Gottes in uns behindern. Es gab Heilige aus jedwedem Milieu, aus allen Gesellschaftsschichten und mit allen möglichen Lebensbedingungen; es gab Heilige, die schwere Prüfungen zu bestehen hatten, die anderen wiederum erspart blieben. Was ihnen allen im Leben gemeinsam war, ist die Radikalität, mit der sie die Gute Nachricht vom Heil in Jesus Christus angenommen haben, eine Radikalität, die ihr Leben umgestaltet hat.

Keiner von denen, die Jesus Christus wirklich begegnet sind und die in Ihm bleiben so wie Er in ihnen bleibt,[14] fasst auch nur einen

---

14 Joh 14,40

Augenblick lang die Perspektive der Wiedergeburt ins Auge. Jesus hat mein Menschsein angenommen, er hat alle meine Leiden getragen, er ist durch meinen Tod hindurchgegangen und hat mir einen Platz zur Rechten Seines Vaters bereitet, wo er mich mit Ungeduld erwartet – und ich sollte mich durch aufeinander folgende Inkarnationen auf dieser Erde festhalten lassen? Auf was sollte ich denn warten? Was könnte ich denn mehr erhoffen als das göttliche Leben, das mir in Jesus dem Auferstandenen angeboten ist? Die Perspektive der Reinkarnation ist für den Glaubenden nicht nur absurd, sondern steht in glattem Widerspruch zu seinem Glauben. Sagt uns der hl. Paulus doch: *„Mit Christus wurdet ihr in der Taufe begraben, mit ihm auch auferweckt, durch den Glauben an die Kraft Gottes, der ihn von den Toten auferweckt hat."*[15] Wenn wir schon durch die Taufe am göttlichen Leben teilhaben, dann leuchtet es mir nicht ein, wie wir nochmals zu einem bloß natürlichen Leben wiedergeboren werden könnten!

Sie werden mir jedoch zugestehen, dass nicht alle Menschen die gleiche Chance haben, Christus zu begegnen, Ihn als Herrn und Retter anzunehmen! Ich denke dabei nicht nur an die wenigen Regionen auf unserem Planeten, in denen das Evangelium noch nicht verkündet worden ist, sondern auch an all die Menschen, die durch eine jansenistische Erziehung oder eine strangulierende Religiosität dem Glauben entfremdet worden sind ...

Der Herr sucht alle seine Kinder, ohne Ausnahme, und bietet ihnen das Heil an; denn es ist sein Wille, dass alle Menschen gerettet werden: *„Der Vater richtet niemanden, sondern er hat das Gericht ganz dem Sohn übertragen"*[16]. Aber auch dieser richtet nicht: *„Ich bin nicht gekommen, um die Welt zu richten, sondern um sie zu retten"*[17]. Es wird zwar nicht allen das Evangelium ausdrücklich verkündigt, und viele erkennen in der jeweiligen Verkündigung nicht den Heilsweg; wir glauben jedoch, dass der Geist Christi an die Herzen aller klopft.[18] Wir werden gerichtet werden

---

15 Kol ,12 - 16 Joh 5,22 - 17 Joh 12,47 - 18 Offb 3,20

nach der Bereitwilligkeit, mit der wir uns der Stimme des Hl. Geistes öffnen, die wir in unserem Gewissen vernehmen und die uns den Weg der Liebe zeigt[19] : *„Wahrlich, wahrlich, ich sage Euch: Wer mein Wort hört und dem glaubt, der mich gesandt hat, hat das ewige Leben; er kommt nicht ins Gericht, sondern ist aus dem Tod ins Leben hinübergegangen“*[20]. Der Herr ist zu allen gerecht, ohne Ansehen der Person: allen ist das Heil verkündet mit den Gnaden, die notwendig sind, um es erkennen und zu ergreifen, selbst wenn diese Erkenntnis nicht immer in ein ausgesprochenes Glaubensbekenntnis zu Jesus dem Retter einmündet.

„Das Wort war das wahre Licht, das in die Welt kam und jeden Menschen erleuchtet ... Allen aber, die ihn aufnahmen ... gab er Macht, Kinder Gottes zu werden, allen, die nicht aus dem Blut, nicht aus dem Willen des Fleisches, nicht aus dem Willen des Mannes, sondern aus Gott geboren sind“[21].

Wir sind im Fleisch geboren, um in Gott wiedergeboren zu werden durch den Tod und die Auferstehung Jesu, dem einzigen Sohn, der Mensch geworden ist, um uns an seinem göttlichen Leben teilhaben zu lassen. Die Geschichte – des Einzelnen wie der ganzen Menschheit – verläuft nicht zyklisch mit der Perspektive einer ewigen Wiederkehr, sondern linear und endet in Gott, im Stall des Vater-Hirten, wo jeder Mensch durch Jesus Christus Einlass erhält: *„Ich bin die Tür zu den Schafen: wer durch mich hineingeht, wird gerettet werden; er wird ein- und ausgehen und Weide finden ... Ich bin gekommen, damit sie das Leben haben und es in Fülle haben“*[22].

---

19 Dieses Thema haben wir bereits im Kap. VI, abgehandelt.
20 Joh 5,24 - 21 Joh 1,9-13 - 22 Joh 10,7-10

Ausblick

P. Verlinde, Sie haben uns durch eine Vielfalt kultureller Welten geführt, und Sie haben von Ihren Erfahrungen und Überzeugungen gesprochen, die Sie sich in der Auseinandersetzung mit östlichen Traditionen und dem Christentum zu Eigen gemacht haben.

Aber wir würden Sie gerne auch zu einem anderen Thema hören, dessen Aktualität nicht weniger brennend ist. Ein Thema, dessen Behandlung eine scharfe Unterscheidung erfordert: ich spreche von New Age, auf das Sie sich nach Ihrer Rückkehr aus Fernost auch in der Praxis intensiv eingelassen haben.

In der Chronologie Ihres Zeugnisses waren wir an dem Punkt stehen geblieben, wo Sie sich vom Guru getrennt haben und in Ihre Heimat zurückgekehrt sind. Sie landen in Brüssel, und Ihre einzige „Habe", Ihr ganzer Reichtum besteht darin, dass Sie dem Herrn Jesus begegnet sind, der Ihr neuer Herr werden sollte.

Der Weg vom Ashram ins Kloster ist freilich lang und voller Hindernisse jeglicher Art: Esoterik, Okkultismus, Spiritismus ... Zu all dem möchten wir Ihnen in einem weiteren Buch Fragen stellen.

Bevor wir für diesmal auseinander gehen, möchte ich Sie jedoch kurz zu dem befragen, was Sie heute bewegt. Zu Beginn unseres Treffens haben Sie uns anvertraut, dass Sie einer neuen Gemeinschaft angehören, die in der charismatischen Erneuerung angesiedelt ist, nämlich der Familie des hl. Josef. Genauer gesagt, Sie haben ihre ewigen Gelübde innerhalb des Zweiges der Geweihten abgelegt, die nach einer monastischen Regel leben. Warum gerade der hl. Josef? Gibt es da einen Bezug zu Ihrer Lebensgeschichte?

Der hl. Josef ist ein Heiliger, von dem man wenig spricht. Seine Rolle im Geheimnis der Menschwerdung ist jedoch von allererster

Bedeutung. Wer im Lichte der modernen Psychologie entdeckt, welche Rolle der Vater bei der Persönlichkeitsentwicklung des Kindes spielt, der steht betroffen vor der Größe der Mission dessen, der diesen Dienst an dem im Fleisch gekommenen Sohn Gottes übernommen hat.

Mir scheint, diese demütige und diskrete Persönlichkeit hat unserer Zivilisation, die auf der Suche nach einer neuen Identität ist und damit auch einen „neuen Vater" sucht, einiges zu sagen. Er ist nicht der Erzeuger des Kindes, für das er Verantwortung trägt, aber er führt den ihm anvertrauten Auftrag vollkommen durch. Er besetzt nicht den Platz, der Gott gebührt, aber er entzieht sich auch nicht dessen Ruf. Er beansprucht nicht die Gaben seines Herrn, aber steht voll zu seiner Verantwortung. Und in diesem ständigen Dialog mit seinem Gott, vor dem er in Ehrfurcht steht und den er vertrauensvoll liebt, entdeckt er seine Identität als Vater und lässt so das Kind seine Identität finden.

Könnte es nicht sein, dass der Mensch im demütigen Ja zum Anruf des Herrn, den er als den ganz Anderen erkannt hat, seine Identität als Diener des Allerhöchsten und Sohn des Vaters entdeckt? Findet der Mensch nicht in dieser freudigen Unterwerfung die wahre Freiheit und das Glück? Zu einer Zeit, wo die westliche Kultur den Zweifel an sich hegt und pflegt und ihr der Blick in die Mystik der Leere ein Schwindelgefühl verursacht, gerade da lädt uns der hl. Josef ein, in friedvoller Gelassenheit auf das starke Fundament der christlichen Hoffnung und den ewigen Fortbestand der christlichen Werte zu vertrauen.

Wie wird diese Spiritualität im Alltag erlebt?

Die Betrachtung der hl. Familie von Nazareth erhellt unser ganzes Leben in all seinen Aspekten und leuchtet es aus bis ins Detail. Nichts ist mehr banal in einer Lebensform, die Gott selbst gewählt hat: Gebet, Arbeit, Familienleben, Leben mit Nachbarn, kulturelles

Leben, auch Freizeit. Von der Gegenwart des Wortes im Alltag soll eine umfassende Erneuerung ausgehen.

Dabei sollte man diejenigen nicht vergessen, für die sich Hoffnung schwieriger gestaltet: Menschen, die, vom Leid niedergedrückt, nicht mehr an Liebe glauben. Das ist vielleicht am Ende des 20. Jahrhunderts unsere größte Herausforderung. Die Dinge nehmen einen Lauf, als hätten die Menschen unserer Generation sich mit ihrer Unfähigkeit abgefunden, gegen die alten Nöte unseres durch die Sünde verwundeten Menschseins anzugehen: Kriege, Rechtlosigkeit, Ungleichheit, das Sterben Unschuldiger. Am Ende ihrer Möglichkeiten angelangt, bleibt ihnen nur noch die Vogel-Strauß-Politik: nämlich unter Berufung auf das Gesetz des *Karma* Verantwortung von sich zu weisen und schließlich das Leiden dadurch abzuschaffen, dass man den Leidensträger zur Illusion erklärt.

Und während nun der Mensch des Westens die Heilmittel für seine Übel im Osten sucht, trifft er dort, im Herzen jenes vermeintlich „paradiesischen" Indiens, zu seinem großen Erstaunen auf eine kleine Westlerin im blaugesäumten weißen Sari, die Sterbende einsammelt und Neugeborene aus den Mülltonnen zieht! Ist es nicht von großer Bedeutung, dass einer der größten Propheten unserer Tage, Mutter Teresa, von Gott mitten in ein Land geschickt worden ist, von dem der müde Westen das Heil erwartet: um diesem Land die Hoffnung im Namen Jesu zu verkünden.

Die Wahrheit der Inkarnation scheint da auf, wo Männer und Frauen durch ihr Verhalten aufzeigen, dass, seitdem Gott Mensch geworden ist, jeder Mensch das Antlitz Gottes widerspiegelt; dass wir nicht aus der menschlichen Bedingtheit flüchten müssen, um Ihn zu finden; sondern dass Er sich in jedem unserer Brüder begegnen, dienen und lieben lässt. Nichts Außergewöhnliches ist dazu nötig: es genügt, Herz und Hände zu öffnen, dienen zu wollen und sein Leben dadurch zu verlieren, dass man es verschenkt.

Das ist es, was der hl. Josef getan hat, als er sein Ja sagte zu seiner

Aufgabe bei der Ankunft dessen, der *„reich war, aber um unsertwillen arm wurde, um uns durch seine Armut reich zu machen.“*[1] Auf diesem Weg versucht die Familie des hl. Josef dem Beispiel ihres heiligen Schutzpatrons zu folgen und sich, wie er es getan hat, in den Dienst jenes Gottes zu stellen, der sich unserer Erde derart anvermählt hat, dass er im Herzen eines jeden unserer Brüder wohnt, vor allem derer, deren Verletzung am tiefsten und deren Armut am größten ist.

Père Joseph-Marie, eine allerletzte Frage: Wie fühlen Sie sich jetzt, da wir gerade rückblickend Ihren Weg nachgezeichnet haben?

Um die Wahrheit zu sagen: angesichts all dessen, was Gott für mich getan hat, bin ich voller Staunen, und mein Herz fließt über vor Dank: *Wie überragend groß hat sich seine Macht an mir erwiesen*[2]*! Daher beuge ich meine Knie vor dem Vater, nach dessen Namen jedes Geschlecht benannt wird*[3]. Und daher: *Wehe mir, wenn ich das Evangelium nicht verkünde*[4]! Deshalb möchte ich nochmals bezeugen: Jesus ist der Gute Hirte, der vor Freude jubelt über das wiedergefundene Schaf[5]. Gott ist dieser Vater, der im Gleichnis vom verlorenen Sohn einem undankbaren Sohn entgegenläuft, um ihn an sein Herz zu drücken und seine Sohneswürde wiederherzustellen[6]; *denn die Liebe Gottes ist ausgegossen in unsere Herzen durch den Hl. Geist, der uns gegeben ist*[7].

Wie kann ich dem Herrn all das vergelten, was er mir Gutes getan hat? Ich will den Kelch des Heils erheben und anrufen den Namen des Herrn[8]. Ich will den Kelch deiner Barmherzigkeit erheben, Herr, die für mich überreich geflossen ist und anrufen den Namen, der größer ist als alle Namen, den Namen, vor dem alle im Himmel, auf der Erde und unter der Erde ihre Knie beugen und den jeder Mund bekennt[9]: den heiligen Namen Jesus, denn es ist

---

1 2 Kor 8,9 - 2 Eph 1,19 - 3 Eph 3,14 - 4 1 Kor 9,16 - 5 Lk 15,3-7
6 Lk 15,11.32 - 7 Röm 5,5 - 8 Ps 116, 12-13 - 9 Phil 2,9-11

uns Menschen kein anderer Name unter dem Himmel gegeben, durch den wir gerettet werden sollen[10].

Mit jedem Atemzug und jedem Herzschlag bringe ich meine Sehnsucht und meine Dankbarkeit vor Dich, Herr; und dieser Lobpreis möge mir die Kraft schenken, demütig dein Wort zu bewahren und Dir so meine Liebe zu beweisen, damit Du in mir bleibst und ich in Dir bleibe.

Eines tue ich: Ich vergesse, was hinter mir liegt, und strecke mich nach dem aus, was vor mir ist. Das Ziel vor Augen, jage ich nach dem Siegespreis: der himmlischen Berufung, die Gott uns in Jesus Christus schenkt[11].

Das Alte ist vergangen, Neues ist geworden. Alles kommt von Gott, der uns durch Christus mit sich versöhnt und uns den Dienst der Versöhnung aufgetragen hat.

Ja, Gott war es, der in Christus die Welt mit sich versöhnt hat, indem er den Menschen ihre Verfehlungen nicht anrechnete und uns das Wort von der Versöhnung anvertraute. Wir sind also Gesandte an Christi statt, und Gott ist es, der durch uns mahnt: Wir bitten an Christi statt: Lasst euch mit Gott versöhnen[12].

---

10 Apg 4,12 - 11 Phil 3,13-14 - 12 2 Kor 5,17-20

Glossar

Advaita: Advaita oder Non-Dualismus, eine der bedeutenden Lehren der indischen Philosophie; advaita widerpricht den Schöpfungsgedanken, demzufolge die Erstursache des Universums (der Schöpfer) unterschieden bleibt von allen Lebewesen, die von der Erstursache jeden Moment ins Dasein gerufen werden (Geschöpfe). Im System *advaita* sind *Brahman* (das Absolute) und atman (das eigene Ich) nicht zwei Realitäten, die voneinander verschieden sind, oder verschieden bleiben sollen. Das Ziel der mystischen Erhebung besteht im Überschreiten der Dualität Schöpfer – Geschöpf und im Einswerden von *Brahman* und *atman.* Diese in den *Upanishaden* vorgestellte Philosophie hat sich im philosophischen System des *vedanta* seit dem 2. Jh. unserer Zeitrechnung entwickelt.

Anga: bezeichnet die 8 Stufen des *Yoga,* welche der Schüler unter der Anleitung eines *Guru* durchlaufen und nacheinander in seinem Leben integrieren muss, um *samadhi* zu erreichen.

Anatta: (oder *anattman*) ein verblasster Begriff, bedeutet „Nichtvorhandensein von atman". Deshalb bezeichnet man dieses „Nichtvorhandensein von *atman*" als Lehre vom „Nichtvorhandensein des eigenen Ichs". Nach der Lehre von *Buddha* existiert kein wirklicher personaler Träger. Es gibt keine bleibende Realität, die man „Seele" oder „eigenes Ich" nennen könnte. All das ist nur eine Verknüpfung körperlicher und geistiger Kräfte, die in fünf Aggregaten zusammengefasst sind und miteinander den Anschein eines Ichs erwecken. Diese Lehre stellt die Eigenart und Originalität der buddhistischen Philosophie dar.

Aranyaka: wörtlich „vom Wald", weil sie gesondert kommentiert werden müssen. Die aryanakas werden zu den veden gezählt, obwohl sie einen späteren Zusatz darstellen. Sie befassen sich mit

Spezialriten geheimen Charakters und behandeln eine Sammlung esoterischer Spekulationen über Opferformeln und -praktiken der Ur-veden.

Arhat: bezeichnet im ursprünglichen Buddhismus *(Theravada)* den Asketen, der an seinem eigenen Heil arbeitet und der, wenn er ins Nirvana eingetreten ist, endgültig die Illusion der Individualität hinter sich lässt und von jeder Verbindung mit der Menschheit abgeschnitten wird.

Asana: bezeichnet die Arbeit des Yogi auf dem physischen und psycho-physiologischen Gebiet. Der Begriff bezeichnet die dritte Etappe auf dem achtstufigen Weg der *Yoga sutras.* Später auch *Hatha Yoga* genannt.

Ashram: Ort, an dem sich Schüler um einen Meister oder Guru sammeln, um sich der Meditation und der philosophischen Reflexion hinzugeben.

Astralkörper: ein energetischer Körper, der sich in der esoterisch-okkulten Anthropologie zwischen dem geistigen (göttlichen) und dem materiellen (physischen) Körper befindet. Die göttliche Idee verwirklicht sich in der Materie durch die Zwischenschaltung seiner astralen Projektion. Beim Tod erhält das astrale Double des physischen Körpers eine neue fleischliche Hülle, was es der Seele möglich macht, ihren Aufstieg, der sie zur Identifikation mit dem absoluten göttlichen Sein führen soll, weiter zu verfolgen.

Atharva Veda: Veda der magischen Formeln, später Zusatz zu den drei anderen Vedasammlungen. Magische Formeln, hymnische Gesänge, Beschwörungen, Formeln für Krankenheilung oder gegen Besessenheit.

Atman: bezeichnet das Absolute, auf das man im Yoga am Ende des Weges nach Innen trifft. Es ist das Existenzprinzip von allem und letztlich identisch mit *Brahman.*

Avatar: bedeutet etymologisch „Herabkunft“. Der Begriff bezeichnet die mythischen Erscheinungsformen von *Vishnu,* der herabsteigt, um das durch Nichtwissen oder durch ein unheilbringendes Wesen bedrohte dharma wiederherzustellen. Die geläufigste Anschauung spricht von zehn Avataren, von denen die ersten in Gestalt von Tieren auftreten. Die bekanntesten sind die drei letzten: *Rama, Krishna* und *Buddha,* der in unserer Zeit als Letzter kommen soll, wird Kalkin heißen.

Bhagavad-gita: „Gesang der Glückseligen“. Es handelt sich um ein religiöses Gedicht, das zu Mahabharata gehört und die Unter-weisungen des höchsten Gottes *Krishna* enthält, der dem Prinzen Arjuna die befreiende Weisheit mitteilt. Dieses Gedicht genießt einen sehr hohen Grad der Verehrung und wird, obwohl es relativ spät verfasst wurde (erst in der christlichen Ära), zu den heiligen Texten des Hinduismus gezählt. Es ist ein Juwel der bhakti-Literatur.

Bhakti: bezeichnet die Beziehung eines Gläubigen zu einer bestimmten Gottheit, die er verehrt oder einem Guru, den man für eine göttliche Manifestation hält und mit dem der Gläubige eins werden will.

Brahmarcharya: einer der beiden großen asketischen Orden des Hinduismus. Die *brahmacharya* sind weiß gekleidet, wohingegen der Orden der *samnyasin* einen safranfarbenen Sari trägt. Die Gelübde der brahmacharya sind nicht so radikal wie die der samnyasin, ihr Lebensstil gleicht eher dem des westlichen Mönchtums.

Bodhisattva: wörtlich „erweckt sein“. Er repräsentiert das Lebensideal des Mahayana-Buddhismus. Der *bodhisattva* entspricht dem *arhat* des Theravada, außer dass er, nachdem er die „Natur des *Buddha*“ verwirklicht hat, sich dazu entschließt, aus Mitleid in der Welt zu bleiben, solange auch nur ein einziger Mensch noch Gefangener der Unwissenheit und der Illusion ist.

Bon: vorbuddhistische, tibetanische Religion, deren Hauptinteresse dem Leben nach dem Tod gilt; sie hat für die Verstorbenen eine große Anzahl Riten erarbeitet.

Buddha: wörtlich: „der Erweckte". Dieser Begriff meint jede Person, die das tiefste Wesen der Dinge, d.h. ihre Leere, vollkommen erkannt hat, und die dadurch dem *samsara* entrinnt und Zugang zum *nirvana* hat. Im *Mahayana* Buddhismus gibt es unzählig viele existierende Buddhas, die allesamt nachweislich Emanationen eines Ur-*Buddhas (Svayambhu)* sind und von denen einige tatsächlich existierten, wie Siddharta Gautama (563-483 v. Christus), dem Begründer des auch *Sakyamouni* genannten Buddhismus.

Brahman: bezeichnet das allgegenwärtige Absolute, die letzte Realität, den ontologischen Grund allen Seins und aller Lebewesen. Da *Brahman* von Natur unpersönlich ist, kann es nicht angebetet werden. Trotzdem ist Brahman das Ziel des Weges der natürlichen Mystik: die angestrebte befreiende Intuition besteht in der Identifikation mit *Brahman.*

Chakra: gemäß tantristischer Anthropologie energetisches Zentrum des menschlichen Körpers, wieder aufgenommen von den westlichen esoterisch-okkulten Schulen. Demnach existieren nach hinduistischer Lehre sieben Hauptchakren, die mehr oder weniger auf der gleichen somatischen Ebene liegen wie die Nervengeflechte oder die endokrinen Drüsen. Auf der okkulten Ebene sind sie verantwortlich für den Energieaustausch zwischen den verschiedenen subtilen Körpern, die den physischen Körper umhüllen, sowie zwischen dem menschlichen Mikrokosmos und dem als göttlich eingestuften Makrokosmos.

Dalaï-Lama: der Begriff *dalaï* bedeutet im Mongolischen „Ozean", und weist hin auf die Weite und Tiefe des Wissens der Person, die diesen Namen trägt. Der Begriff *lama* ist tibetanisch; wörtlich bedeutet *la:* „überragend" (was das Wissen anbetrifft) und *ma:*

„Mutter" (wegen des Mitleids). Der *Dalaï Lama* ist geistiges Oberhaupt Tibets. Er wird als Emanation von *Chenrézi* betrachtet, dem Herrn des unendlichen Mitleids, welcher der Schutzgott Tibets ist. Der augenblickliche Dalaï-Lama heißt Tnzi Gyatsho.

Dao: siehe Tao

Darshana: bedeutet „Vision" oder auch „Standpunkt". Der Begriff bezeichnet ein Denksystem, einen Zugang zum Verständnis der Welt, soll aber zu einer direkten Erfahrung der letzten Wahrheit aller Dinge führen. Es handelt sich also nicht nur um eine theoretische Interpretation der Wirklichkeit: *darshana* will die Befreiung vom Nichtwissen und der Illusion durch die Erfahrung der Erleuchtung erreichen. Sechs darshanas werden als orthodox betrachtet, sie stellen die normativen Deutungen des veda dar. Man zählt sie paarweise auf: *nyaya* (Logik) und *vaisheshika* (Physik), purva-mimansa (Exegese des *veda*) und *vedanta* (metaphysische Interpretation), *samkhya* (Anthropologie) und *yoga*.

Dharma: Ableitung einer Wortwurzel, die „aufrechterhalten" bedeutet. Dieser Begriff bezeichnet das universelle göttliche Gesetz, welches die Ordnung auf allen Ebenen garantiert: von den Manifestationszyklen des göttlichen Seins bis zur persönlichen Moral, einschließlich der kosmischen, religiösen oder sozialen Ordnung. In Übereinstimmung mit dem *dharma* zu handeln ist die einzigartige Weisheit, die zur höchsten Entfaltung führt. Sich ihr zu widersetzen, auch nur aus Unkenntnis, ist immer ein Fehler, der eine karmische Beeinträchtigung nach sich zieht.

Dojo: von dô: „der Weg", und jô: „der Platz". Der Begriff bezeichnet „den Saal des Weges", einen Ort, der der Praxis des zazen und bestimmter Kriegskünste vorbehalten ist.

Eleusis: Kleinstadt nahe Athen, wo eine der bedeutendsten religiösen Bewegungen des antiken Griechenlands ihren Ausgang nahm. Es handelte sich um Mysterienfeiern zweier Göttinnen: Demeter und ihrer Tochter Persephone. Der Initiationsritus wurzelte in alten ländlichen Riten und sollte die Einheit mit beiden Göttinnen, Herrinnen über Leben und Tod, darstellen, und schon hier auf Erden ein Glück vermitteln, das ein glückliches Leben nach dem Tod vorwegnimmt.

Gnosis: „Die Gnosis stellt einen Versuch dar, den tiefen Sinn der christlichen Offenbarung zu einem geheimen, sublimen vollständigen Wissen zu verfälschen, das einer Elite vorbehalten ist, weil diese als Einzige die Fähigkeit habe, die im Evangelium oder in irgendeiner Ur-Offenbarung verborgene Bedeutung herauszuarbeiten; dabei ist vorausgesetzt, dass das, was die Bibel und die allgemeine Tradition aussagen, nicht den Glauben an einen transzendenten Gott wiedergibt, der in unsere Welt eingreift, sondern die Entdeckung des Menschen zum Inhalt hat. Die christlichen Geheimnisse seien nichts anderes als eine symbolische Verkleidung, reiner Aberglaube, wenn man nicht durch die Bedeutung hindurchdringt, die sie fürschwache Geister haben".[1]

Guru: bedeutet im Sanskrit „tief". Der Begriff bezeichnet den geistigen Meister oder Lehrer, von dem man glaubt, dass seine auf persönliche Erfahrung basierende Kenntnis der tiefen geistigen Zustände groß genug ist, um seine Schüler auf dem Weg zu führen, den er selbst durchlaufen hat. Das Leben des Meisters wird für den Schüler, der in diesem eine Manifestation des Göttlichen sieht, zum Vorbild. Aus diesem Grund kann der *Guru* Objekt eines echten Kultes sein.

Holotropische Atmung: eine Methode in der klinischen Psychotherapie, die von Dr. Grof aktualisiert wurde. Dieser nimmt Techniken der intensiven Tiefenatmung zu Hilfe, die in Zustände der Hyperventilation führen, um so verschiedene Arten von Erfahrung zu ermöglichen, von denen bestimmte als Regressionen in frühere Leben interpretiert werden.

---

1 H. de Lubac, Entretien autour de Vatican II, éd. du Cerf, Paris, 1985, S. 79-80

Hatha-yoga: wörtlich: „Yoga der Anstrengung". Siehe *asanas*

Henoch: vorsintflutlicher Patriarch, von dem in der Bibel die Rede ist in Gen 5,21-24 (und Sir 44,16).

Hesychasmus: „Einsamkeit – Sammlung". Geistige Erneuerungsbewegung im Herzen der Orthodoxie, entstanden im 14. Jh. in der Mönchsgemeinschaft des Berges Athos, die die Gebetsweise des sogenannten „Jesusgebetes" strukturiert hat.

Hinayana: wörtlich „kleines Fortbewegungsmittel" oder „kleines Fahrzeug". Eine herabsetzende Bezeichnung des ursprünglichen Buddhismus durch die Träger der Reform des Mahayana oder des „Großes Fahrzeugs". Hinyana legt die Betonung auf das Heil des Einzelnen durch radikale Loslösung, zu der nur Mönche Zugang haben. Von den zahlreichen Abwandlungen des Hinayana ist als Einzige noch *Theravada* stark vertreten in Südostasien: Sri Lanka, Indochina und Burma.

Ida: einer der drei Haupt*nadis*, durch die die okkulten Energien in den menschlichen Körper fließen. Genauer gesagt, soll das *nadi* ida die aufsteigende Mondenergie leiten, die mit *shakti* identisch ist. Das nadi beginnt am unteren Ende der Wirbelsäule, setzt sich, zusammen mit dem *nadi pingala* entlang der Wirbelsäule in einer Spiralbewegung fort und endet am linken Nasenloch.

Karma: Sanskrit, aus einer Wortwurzel entstanden, die „tun" bedeutet. Der Begriff hat sich zur Bezeichnung einer Lehre entwickelt, nach der jede absichtlich ausgeführte Tat, sei sie gut oder böse, mehr oder weniger von Egozentrik gefärbt, in diesem oder in einem anderen Leben notwendigerweise Früchte zeitigt und so die Illusion der Individualität nährt. So gesehen ist *karma* der Motor von *samsara*. Nur die vollkommen selbstlose Handlung ist frei von karmischen Folgen, die den Menschen sich selbst entfremden.

Krishna: mythischer Held, dessen kriegerische Heldentaten im

Mahabharata berichtet werden. Er zählt zu den populären Gottheiten des Hinduismus und wird als avatar von *Vishnu,* des Beschützers der Welt, angesehen.

Kundalini: wörtlich „die Eingerollte". Der Begriff bezeichnet shakti oder „irdische" Polarität der göttlichen Energie im Menschen, die der *Yogi* durch die wichtigsten nadis hindurch zum Aufstieg bewegen will, bis sie auf den „himmlischen" Pol der gleichen besagten Energie trifft. Kundalini wird traditionell in der Gestalt einer an der Basis der Wirbelsäule zusammengerollten, am Zugang von *shushumna* schlafenden Schlange dargestellt. Wird sie durch die geeigneten Yogaübungen geweckt, steigt die Göttin *Kundalini* wie ein Feuer zum Kranz*chakra* auf, wo sie auf die maskuline Energie *shiva* trifft. Mit dieser vereinigt sie sich und verursacht so die Auflösung des illusorischen persönlichen Bewusstseins.

Lama: der Begriff kommt aus dem Tibetanischen. *La* bedeutet wörtlich „überragend" (auf Grund von Erkenntnis) und *ma:* „Mutter" (auf Grund des Mitleids). Im tibetanischen Buddhismus bezeichnet er einen geistigen Führer, den die Eigenschaften Weisheit und Mitleid auszeichnen.

Long rounding: englischer Ausdruck, der in der Gefolgschaft des Guru Maharishi Mahesh Yogi, des Begründers der Transzendentalen Meditation, dazu verwendet wird, die Perioden intensiver Praxis von TM zu bezeichnen, die sich von einigen Wochen bis zu einigen Monaten hin erstrecken können. Während dieser Perioden wird Anzahl und Dauer der Meditationseinheiten allmählich so erweitert, dass sie den ganzen Tag einnehmen. Der Schüler kann auch allmählich die Nahrungsaufnahme drosseln, bis hin zu einem mehrtätigen absoluten Fasten. Die eigentlichen Meditationszeiten wechseln ab mit Übungszeiten für eine bestimmte Zahl von *asanas* und *pranayama*-Übungen.

Magie: absichtliche Manipulation okkulter Energien. „Weiß", wenn eine positive Absicht zu Grunde liegt, und „schwarz", oder

„Hexerei“ bei zerstörerischer Absicht. Beide werden von der Kirche verworfen, auf Grund der ausgesprochen eindeutigen Verdammung dieser Art von Praktiken durch das Wort Gottes.

Mahabharata: „Die große Schlacht Bharata“, ein Epos, das den Krieg zwischen zwei verfeindeten Zweigen der Bharata-Dynastie beschreibt. Das Werk legt den Hindus in Gedichtform ein Lebensmodell vor, dessen Kern *dharma* darstellt. Man schätzt, dass dieses Sammelwerk zwischen dem IV. Jh. vor und dem IV. Jh. nach Christus entstanden ist. Es enthält eine große Anzahl philosophischer Abhandlungen, deren wichtigste das berühmte Bhagavad Gita darstellt.

Mahayana: das „große Fortbewegungsmittel“ oder „Großes Fahrzeug“, im Unterschied zu Hinayama. Eine Bewegung, die in Indien zu Beginn unserer Zeitrechnung im Buddhismus ihren Anfang nahm. Die heutigen Mitglieder glauben, dass die Lehre der Alten nicht die vollständige Lehre des *Buddha* enthalten und nur vorbereitenden Charakter gehabt habe. Das Lebensideal wird dargestellt durch die Beschreibung des Charakters des bodhisattva, der, nachdem er „die Natur Buddhas“ verwirklicht hat, sich dazu entschließt, aus reinem Mitleid in der Welt zu bleiben, und zwar so lange, wie auch nur ein einziger Mensch Gefangener des Nichtwissens und der Illusion ist. Mahayana besagt also, dass die Erweckung auch Laien gilt, die ihrerseits echte Buddhisten sein können. Diese Form des Buddhismus hat Tibet und China, auch Korea und Japan erfasst. Daher heißt sie auch „Schule des Nordens“.

Maïtrena: bezeichnet den sechsten historischen Buddha unseres kosmischen Zyklus, der in einigen Zehntausenden von Jahren auf *Gautama Buddha* oder *Sakyamouni* folgen soll.

Mantra: etymologisch: „Gegenstand zum Nachdenken“. Es handelt sich um ein Phonem oder eine heilige Formel, die der Schüler im Laufe von mentalen Konzentrationsübungen (Buddhismus,

Hinduismus) in sich zum Klingen bringen soll, um die Chakren zu aktivieren und *Kundalini* zu wecken. Diese Phoneme sind oft aus veda genommen und stellen subtile Bezeichnungen für Objekte aus dem real existierenden Bereich dar oder aber den Namen der entsprechenden Gottheit. Der Schüler empfängt im Verlauf eines Weiheritus, der innerhalb einer liturgischen Feier *(puja)* stattfindet, sein Mantra von seinem Lehrer.

Marga: wörtlich „Glieder". So wie der Begriff im *Patanjali* zugeordneten *Yoga sutras* verwendet wird, bezeichnet er die acht Stufen des Yoga. Der Schüler ist aufgefordert, diesen achtfachen Weg unter der Führung eines *Guru* zu gehen und ihn zu integrieren, um in der Erfahrung des *samadhi* die Befreiung zu erlangen.

Medium: eine Person, die in der Lage ist, sich den okkulten Energien oder den Geistern, die diese Energien beherrschen, zu öffnen. Die mediale Fähigkeit kann erworben werden durch Einüben von Techniken, die Zustände der Bewusstseinsauflösung (sogenannte Zustände des „erweiterten Bewusstseins" oder des „veränderten Bewusstseins") begünstigen.

Nadis: von der Wurzel nad gebildet, bedeutet „Bewegung". Der Begriff bezeichnet Kanäle, in denen angeblich die okkulten Energien fließen, die den Körper beleben. Der *Tantrismus* spricht von zahllosen kleinen *nadis* und benennt drei Haupt*nadis: ida, pingala* und *sushumna.*

Neue-östliche Gruppen: dieser Gattungsbegriff bezeichnet die aus den östlichen Traditionen hervorgegangenen Bewegungen, die sich im Westen seit der Gründung der Gesellschaft Vedanta im Jahr 1897 durch Swami Vivekananda und der Einführung des Zen in die Vereinigten Staaten seit 1950 durch den japanischen Meister D.T. Suzuki verbreitet haben. Die Bewegung griff in den 60er-Jahren um sich, in denen sich eine große Anzahl von Gurus im Westen niederließ, deren Orthodoxie in den traditionellen Kreisen meistens angezweifelt wurde. Hierher gehören Bewegungen wie die

TM von Maharishi Mahesh Yogi; Hare Krishna; die Bewegung der Schüler des Guru Maharaj Ji; des Ghagwan Shree Rajneesh, das Shri Chinmoy und sogar die des Koreaners Sun Myung Moon.

Nirvana: wörtlich „Erlöschen". Bezeichnet das endgültige Ende der Unwissenheit und der Welt des Leidens *(dukkha)* durch die Bewusstwerdung der Leere aller Dinge und durch das Erlöschen aller Sehnsucht.

Okkult: bezeichnet den Bereich der „Energien" oder der „Kräfte", worüber die Physik nichts aussagen kann, weil sie sich jedem Versuch der Analyse, der Quantifizierung oder Theoretisierung, die im Einklang stehen mit den praktizierten Verfahrensweisen dieser Wissenschaft, entziehen.

Orphismus: eine Geistesbewegung, die in Griechenland im VI. Jh. entsteht und durch einen radikalen Dualismus gekennzeichnet ist. Die menschliche Seele ist Gefangene des Körpers, und, auf Grund einer Ur-beschmutzung, dazu verurteilt, fortlaufend wiedergeboren zu werden. Nichtsdestoweniger kann sie aber durch die Initiationspraktiken der „Orpheotelesten" darauf hoffen, dem infernalen Kreislauf zu entrinnen und selig weiterzuleben.

Patanjali: indischer Grammatiker des II. Jh. v. Chr.; ihm werden die *yoga-sutras* zugeschrieben.

Pingala: Einer der drei Hauptnadis, durch die im menschlichen Körper die okkulten Energien fließen. Genauer gesagt, soll nadi pingala die sich abwärts bewegende Sonnenenergie befördern, die *Shiva* gleichzusetzen ist. Sie entfaltet sich von der Basis der Wirbelsäule aus, ist mit *nadi ida* spiralförmig verflochten und mündet am rechten Nasenloch.

Prajna: viell. mit „Weisheit" zu übersetzen im Sinne eines experimentellen Erkennens der Leere der Dinge: ein rettendes und befreiendes Erkennen, durch das man Zugang zu *nirvana* bekommt.

Prakriti: nach dem dualistischen philosophischen System des *samkhya* einer der beiden konstitutiven Prinzipien des Realen. Das andere ist *purusha. Prakriti* steht für die Natur als Materie, ist aktive und wirksame Kraft, hat aber kein Bewusstsein und verfolgt keinen Zweck. Drei *Entwicklungsprinzipien,* gunas genannt, sind in ihr wirksam: das *sattva,* ein heller und friedlicher Faktor; das rajas, ein kraftvoller, leidenschaftlicher Faktor; und das tamas, ein verschwommener, schwerfälliger Faktor. Zu Beginn einer neuen Weltenperiode entstehen aus diesen drei Kräften die 24 Grundelemente als materielle Komponenten der Welt, zu ihnen gehören Verstand, Selbstbewusstsein und Sinneswahrnehmung.

Prana: vitale Energien, die unseren Körper beleben; okkulte Energien, die durch die *nadis* verteilt werden.

Pranayama: eine Disziplin *(ayama)* der Kontrolle des Atems *(prana),* die darauf abzielt, den Atemrhythmus zu verlangsamen und so ein tieferes atmen zu ermöglichen, und das Einatmen und Ausatmen stärker voneinander abzusetzen, damit prana genügend Zeit hat, zum ersten Chakra am untersten Ende der Wirbelsäule zu gelangen, um dort *kundalini* zu wecken. Das Ziel dieses Zurückhaltens des Atems *(kumbhaka)* besteht also darin, auf die Erfahrung des *samadhi* vorzubereiten, die man nur im Zustand extrem gedrosselten Atmens machen kann, - ja zu dieser hinzuführen.

Puja: liturgische Zeremonie der Verehrung und Anbetung einer Gottheit oder eines Guru, von dem man glaubt, dass sich die Gottheit in ihm manifestiert. Puja besteht aus einem von Mantra-Rezitation und Hymnengesang begleiteten Ensemble ritueller Gesten und symbolischer Gaben, das vor der Person des Guru oder der Abbildung einer Gottheit abläuft.

Purusha: gemäß dem dualistischen philosophischen System des *samkhya* eines der beiden konstitutiven Prinzipien des Realen. Das andere ist *prakriti. Purusha* steht für den reinen Geist, der total von der Materie *prakriti* losgelöst ist. Purusha hat ein Bewusstsein, ist aber völlig passiv und kann deshalb nichts hervorbringen: Purusha ist reine Kontemplation, unbeeinflusst vom Zustand der es umgebenden Materie. Ursprünglich hat samkhya ein alles umfassendes *purusha,* spricht später aber von einer Vielzahl von individueller geistiger Monaden.

Pythagoreismus: eine religiöse Philosophie, die sich in Griechenland im VI. Jh. v. Chr. entwickelt und die mathematische Spekulationen auf die Ebene von Heilslehren erhebt. Die Zahl wird als göttliches Wesen aller Dinge gesehen. Die Vorstellung vom Universum und vom Menschen ist rein dualistisch, was den Pythagoreismus dazu führt, der Lehre von der Wiedergeburt anzuhangen und dabei die Hoffnung auf eine endgültige Befreiung der Seele zu nähren, die ihre ursprüngliche Göttlichkeit erlangen soll.

Rinsaï: eine der beiden wichtigsten Zen-Sekten. *Rinsaï* kam 1191 von China aus nach Japan. Es ist gekennzeichnet durch das Streben nach satori, das auch nicht vor einem Schockeffekt zurückschreckt, der den Intellekt dazu veranlassen soll „loszulassen" und so aus dem normalen psychologischen Ich herauszukommen. Die Meditation von *Koan* ist für *rinsai* typisch: es handelt sich dabei um kurze, rätselhafte oder paradoxe Geschichten, die vom rationellen Denken nicht erfasst werden können und im Hörer einen brutalen Wechsel der Erfahrensebene hervorrufen, der ihn allmählich für die unbeschreibbare Erfahrung des *satori* öffnet.

Samadhi: etymologisch bedeutet der Begriff eine absolute Fixierung des Geistes auf den betrachteten Gegenstand. Dadurch kommt es zur Enstase zwischen Subjekt und Objekt. Wo noch ein Unterschied zwischen den beiden Polen Subjekt und Objekt vorhanden ist, spricht man von *samadhi* mit Differenzierung; wenn die Konzentration zu einer völligen Vereinigung von Objekt und Subjekt führt, wird die Erfahrung samadhi ohne Differenzierung genannt; in diesem Fall besteht kein Raum mehr für das Ich und seine intellektuellen, willenshaften, affektiven oder imaginativen

Betätigungen. Diese Erfahrung ist das Ziel und Ende aller vom Yogi unternommenen Anstrengungen.

Samkhya: wörtlich: „Aufzählung"; enthält auch die konstitutiven Prinzipien des Realen. Hinduistisches philosophisches System, das als eines der sechs *darshanas* von *veda* gilt. Samkhya unterscheidet zwei Prinzipien: *purusha* – die Gesamtheit der geistigen Monaden oder eines jeden einzelnen Bewusstseins – und *prakriti* – d.h. die Gesamtheit der Substanzen oder die natürliche Welt. Dieses dualistische Prinzip hat teilweise Yoga, Buddhismus und Tantrismus inspiriert.

Samsara: (wörtlich "kreisförmiger Lauf") Der Begriff bezeichnet den Kreislauf der Wiedergeburten, deren Motor das Karma ist.

Sanskrit: indo-europäische Ursprache, in der die Texte des Vedismus, Brahmanismus sowie die anderen großen Werke des klassischen Hinduismus verfasst und tradiert sind.

Satori: japanisches Wort, das „Erwachen" bedeutet. Die Erfahrung von *satori* im *Zen* entspricht dem hinduistischen *samadhi.* Die Lehre stellt jedoch als Tatsache heraus, dass jeder Mensch bereits im Besitz der „Buddha-Natur" ist: satori ist lediglich die oft brutale Bewusstwerdung dessen, was schon da ist.

Schamanismus – Schamane: der Begriff Schamane kommt aus dem Sibirischen und bezeichnet eine Person, die mit den spirituellen Wesen der okkulten Welt Kontakt aufnehmen kann, um diese versöhnlich zu stimmen und deren Wissen und Können zu nutzen. Der Schamanismus ist als eine Gesamtheit magischer Glaubenssätze und Praktiken zu sehen, in deren Mittelpunkt die Person des Schamanen steht, und deren zentrales Element die rituelle Ekstase ist, die oft mittels halluzinogener Pflanzen erreicht wird und es dem Schamanen ermöglicht, in Kontakt mit den „parallelen Welten" zu treten.

Shakti: bezeichnet „Energie“. Es handelt sich um die Macht, die der Gott *Shiva* in der Welt ausübt. Der Tantrismus beinhaltet Techniken, die angeblich diese göttliche Macht im Menschen freisetzen.

Shiva: Hauptgottheit des Hinduismus. Er zerstört die Illusion, die den Menschen an den Reinkarnationszyklus bindet, da er ja der Herr über *samsara* ist. Nach dem Tantrismus geschieht diese Befreiung durch das Einswerden von *shakti* und *shiva* am Ende des Aufstiegs von *kundalini.*

Siddhi: aus der Wortwurzel *sidh:* „erlangen“: in erweiterter Bedeutung „verwirklichen“, „gelingen“. Der Begriff kann die Macht über Materie, Zeit, Raum, ... ausdrücken, über welche der Yogi in dem Maße verfügt, wie es ihm gelingt, seine *Chakren* zu aktivieren und so kundalini zum Aufsteigen zu veranlassen. Die 35 von *Patanjali* erwähnten *siddhis* unterteilen sich in 9 große, übergeordnete, 8 mittlere und 18 kleine siddhis. „Sie stellen Hindernisse dar bei dem Streben nach höchster Bewusstwerdung, lassen sich aber als magische Kräfte in den objektiven Welten nutzen.“[2]

Soto: eine der beiden Hauptsekten des Zen. Soto kam 1227 von China aus nach Japan. Es regt dazu an, *Satori* durch friedliches Dasitzen *(Zazen)* zu verwirklichen.

Sushumna: einer der drei Haupt-*Nadis,* die unseren Körper beleben und ihm okkulte vitale Energien vermitteln. Genauer gesagt, soll *nadi sushumna* der zentrale *nadi* sein, der zwischen *ida* und *pingala* die Wirbelsäule entlang nach oben läuft bis zum Scheitel des Kopfes. Diesen Kanal benütze *kundalini,* wenn sie durch Yoga-Praktiken erweckt ist.

Tao (oder Dao): Im Taoismus bezeichnet der Begriff das Unbedingte, die absolute Ursache, das aus sich selbst Existierende, das

---

2 Patanjali, Yoga Sutras, Band III, 37.

alles beinhaltet und den letzten Grund allen Seins darstellt. In sich selbst ungreifbar und unauslöschlich, lässt es sich in dem gemeinsamen Wirken zweier komplementären Prinzipien, Yin/Yang wahrnehmen, steht selbst aber über ihnen.

Tantrismus: (von tantra: „Bücher") Die umfangreichen Texte stellen die extreme Ausfaltung des Hinduismus dar. Die hier angewandten Praktiken führen zur Erfahrung der inneren Verschmelzung mit dem Absoluten. Der Tantrismus basiert auf der Vorstellung, dass die illusorische Vielfalt der Welt aus der Spannung zwischen den beiden Polaritäten der göttlichen Urenergie entstanden ist – der weiblichen Energie shakti und der männlichen Energie shiva. Bringt man diese beiden Energien in Kontakt zueinander, so wird die ursprüngliche undifferenzierte Einheit wieder hergestellt. Der Tantrismus bietet eine Summe von Techniken an, mit deren Hilfe die Energie shakti – sie heißt auf den Menschen bezogen kundalini – geweckt werden und von der Basis der Wirbelsäule bis zum Kopfscheitel gelenkt werden kann. Dort trifft sie auf shiva, mit dem sie in einer Verschmelzung eins wird.

Theravada: die bedeutendste und repräsentativste der Schulen, die zusammen Hinayma darstellen, das „kleine Fahrzeug". Theravada ist der Lehre der Alten, d.h. dem ursprünglichen Buddhismus, treu geblieben und hat sich auf Sri Lanka, Burma, Thailand, Laos und Kambodscha ausgedehnt.

Upanishaden: der Begriff bezeichnet im Hinduismus Lehrmeinungen zu wesentlichen geistigen Glaubenssätzen, die vom Meister an den Schüler weitergegeben werden. Die 15 ältesten Upanishaden sind der zeitlich letzte Bestandteil der vedischen Literatur (VI. Jh. v. Chr.). Sie stellen die These von der Identität von *atman* und *brahman* auf, die in *vedanta* entwickelt wird. Während der ersten 1600 Jahre unserer Zeitrechnung kommen noch etwa 100 nichtvedische *Upanishaden* dazu. Die *Yoga-Upanishaden* sind Teil dieser späteren anonymen, undatierten Schriften. Ihre Absicht ist yoga in die veden zu integrieren dadurch, dass *yoga* auf diese Weise traditionelle Bezugstexte erhält.

Vajrayana: bezeichnet „den Weg“ oder „das diamantene Fahrzeug“. Es handelt sich um den tibetanischen Buddhismus, der im 7. Jh. unserer Zeitrechnung in Tibet aus der Begegnung von Buddhismus und Tantrismus hervorgegangen ist. Der Tantrismus hatte sich dort seit dem 3. Jh. verbreitet. Es ist die Form des Buddhismus mit der weltweit geringsten Zahl von Anhängern, (nur etwa vier Millionen). Bis zum Erscheinen des Dalaï-Lama in Europa beschränkte sich ihr Verbreitungsgebiet auf Nepal, Sikkim, Bhutan, Birma und die Mongolei. Der Dalaï-Lama ist die höchste Autorität einer der beiden Schulen des vajrayana, die zu seinem Bekanntheitsgrad im Westen beitrug.

Veda: (in der Einzahl oder auch im Plural) bedeutet „wissen“. So wird eine Textsammlung in Sanskrit bezeichnet, die zwischen dem XVIII. und dem VII. Jh. vor unserer Zeitrechnung verfasst wurden. Nach der Zeit ihres Erscheinens umfassen sie: *rig veda,* eine Sammlung von an Gottheiten gerichteten Hymnen; *yajur veda,* eine Sammlung von Opferformeln und *sama veda,* weitere, von jeweils eigener Melodie begleitete Lobgesänge. Zu diesen drei veden kam, zeitlich verzögert, *atharva veda* oder *veden* der magischen Formeln. Andere Werke gesellten sich zu diesem ersten Ensemble von Bezugstexten hinzu: die *brahmanas,* eine riesige Masse von Prosakommentaren zu den ersten *Veden,* die zur Jahrtausendwende gesammelt wurden und für sich allein zwei Drittel der *Veden* stellen; die *aranyaka,* esoterische Spekulationen zu Opfern; schließlich die Upanishaden aus dem VI. Jh. v. Chr., ungefähr 15 kurze Abhandlungen, die der reinen Spekulation, unter anderem zur näheren Bestimmung von atman und brahman, gewidmet sind. Mit den *Upanishaden* schließt der vedische Kanon. Die Gesamtheit der Werke stellen *shruti* oder „Auditionen“ dar, welche die *rishis* oder „Seher“ von *Brahma* bekommen und treu weitergegeben haben sollen.

Vedanta: „Schluss der Veden“. Wie der Name besagt, bezeichnet *vedanta* die letzten Schriften der *Veden,* nämlich die Upanishaden. Aber der Begriff umfasst auch ein philosophisches System oder darshana, das im II. Jh. unserer Zeitrechnung entstand, die Metaphysik der *upanishaden* zum Inhalt hat und auch das Thema *advaida* (Nicht-Dualität) entfaltet.

Yin/Yang: etymologisch: Kontrast zwischen Schatten (yin) und Licht (yang). Yin und yang stellen die beiden komplementären Pole dar, die durch ihr Ineinanderwirken die Schöpferkraft des Atems (qi) zum Ausdruck bringen, welcher seinerseits die Dynamik von Dao offenbart. Dao ist sowohl das Absolute, als auch das Innerste eines jeden Lebewesens und seine unsichtbare, unfassbare und unauslöschliche Grundlage.

Yoga: kommt von einer Sanskritwurzel und bedeutet so viel wie „anschirren“, „einen“. Der Begriff bezeichnet die Gesamtheit der psycho-physischen Disziplinen, die auf die Erfahrung der befreienden Enstase abzielen, d.h. auf die Verschmelzung mit dem Absoluten. Die empfohlenen Techniken bezwecken Geist-*purusha* aus Materie-*prakriti* freizusetzen, oder aber die beiden Energien *shakti* und *shiva,* deren Spannung unentwegt die illusorische Welt der Einzelwesen schafft, zu vereinen. Ein archaisches Yoga existierte in Indien vor der arischen Invasion im 2. Jahrtausend vor unserer Zeitrechnung in der proto-dravidischen Zivilisation des Mohenjo-Daro. Die mündliche Tradition hat diese alten Techniken bewahrt, die in den *yoga-sutras* oder „Aphorismen des Yoga“, die dem *Patanjali* zugeschrieben werden, in den ersten Jahrhunderten unserer Zeitrechnung schriftlich festgehalten worden sind.

Yogi: Yoga-Schüler

Yoga-sutras: „Aphorismen des Yoga“: eine Sammlung kurzer Sätze, die aus der mündlichen Überlieferung kommen und zu Beginn unserer Zeitrechnung schriftlich aufgezeichnet wurden. Sie handeln von den Techniken, die zur Erfahrung vom *samadhi* führen können. Die *yoga-sutras* zählen acht Etappen *(anga),* die der Schüler durchlaufen und integrieren muss um befreit zu werden. Das Werk wird *Patanjali* zugeschrieben.

Zen: japanische Übersetzung des chinesischen Begriffes *ch'an,* der selbst aus Sanskrit *dhyana* (Meditation), abgeleitet ist. Zen ist ein Neuguss des mahayana Buddhismus im chinesischen Kontext und ist beeinflusst vom Taoismus. Der Buddhismus kam im VI. Jh. nach China, von wo aus er am Ende des XII. Jh. in Japan Eingang fand. *Zen* möchte zum ursprünglichen Wesen des Buddhismus zurückkehren und bietet eine einfache, von allem Beiwerk gereinigte Technik an, die vom Meister an den Schüler weitergegeben wird: So kann Letzterer sich seiner eigenen Buddha-Natur bewusst werden, ohne Umweg über die Meditation der heiligen Schriften. Zen zerfällt in Japan in zwei Strömungen: *rinsai* und *soto,* die bezüglich der Vorstellung von der Erleuchtung *(satori)* und des Weges dahin verschiedene Meinungen vertreten.

Anhang 1

Verlautbarungen des Apostolischen Stuhls (Nr. 95)

Kongregation für die Glaubenslehre

Schreiben an die Bischöfe der katholischen Kirche über einige Aspekte der christlichen Meditation. 15. Oktober 1989

I. Einführung

1. In vielen Christen unserer Zeit lebt das Verlangen, echt und tief beten zu lernen, auch wenn die moderne Kultur dem spürbaren Bedürfnis nach Schweigen, Sammlung und Meditation nicht wenige Schwierigkeiten in den Weg legt. Wenn sich auch Christen in den letzten Jahren für Meditationsformen, die mit einigen östlichen Religionen und ihren besonderen Gebetsweisen zusammenhängen, interessiert haben, so ist das ein nicht geringes Zeichen für dieses Bedürfnis nach geistlicher Sammlung und tiefreichendem Kontakt mit dem göttlichen Geheimnis. Dennoch ist vielen angesichts dieses Phänomens auch die Notwendigkeit bewusst geworden, über sichere lehrmäßige und pastorale Kriterien verfügen zu können, die eine Erziehung zum Gebet in seinen vielfältigen Äußerungen gestatten, wobei man im Licht der in Jesus geoffenbarten Wahrheit bleiben möchte, die von der echten Überlieferung der Kirche vermittelt wird. Auf dieses dringende Anliegen möchte das vorliegende Schreiben antworten, damit in den verschiedenen Teilkirchen bei der Vielfalt auch neuer Gebetsformen die genaue personale und gemeinschaftliche Natur des Gebetes nicht übersehen wird. Diese Hinweise richten sich vor allem an die Bischöfe, damit sie diese so zum Gegenstand der pastoralen Sorge für die ihnen anvertrauten Kirchen machen, dass das ganze Volk Gottes - Priester, Ordensleute und Laien - sich mit neuer Kraft zum Gebet zu Gott dem Vater im Geist Christi unseres Herrn aufgerufen fühlt.

2. Der immer häufigere Kontakt mit anderen Religionen und ihren unterschiedlichen Gebetsstilen und -methoden hat in den letzten Jahrzehnten viele Gläubige zur Frage nach dem Wert geführt, den nichtchristliche Meditationsformen für Christen haben können. Die Frage betrifft vor allem die östlichen Methoden. (1) Manche Menschen wenden sich heute aus therapeutischen Gründen diesen Methoden zu: Die geistige Unruhe eines Lebens, das dem quälenden Rhythmus der technologisch fortgeschrittenen Gesellschaft ausgesetzt ist, drängt auch eine gewisse Anzahl Christen dazu, in ihnen den Weg zu innerer Ruhe und psychischem Gleichgewicht zu finden. Dieser psychologische Aspekt wird im vorliegenden Schreiben nicht behandelt, denn er möchte mehr die theologischen und spirituellen Implikationen der Frage herausstellen. Andere Christen sind im Zuge der Bewegung zur Öffnung und zum Austausch gegenüber anderen Religionen und Kulturen der Auffassung, ihr eigenes Gebet könne von diesen Methoden viel gewinnen. Da sie feststellen können, dass in letzter Zeit nicht wenige überlieferte, dem Christentum eigene Meditationsformen nicht mehr verwendet werden, fragen sie sich: Sollte es nicht möglich sein, durch eine neue Erziehung zum Gebet unser Erbe zu bereichern, wenn wir auch das aufnehmen, was ihm bisher fremd war?

3. Wollen wir auf diese Frage antworten, müssen wir wenigstens in großen Zügen bedenken, worin die innere Natur des christlichen Gebetes besteht, um dann zu sehen, ob und wie es durch Meditationsformen, die innerhalb anderer Religionen und Kulturen entstanden sind, bereichert werden kann. Dazu ist die Formulierung einer entscheidenden Voraussetzung notwendig. Das christliche Gebet wird immer von der Struktur des christlichen Glaubens bestimmt, in dem die Wahrheit Gottes selber und die Wahrheit über die Schöpfung aufleuchtet. Daher nimmt es im eigentlichen Sinn den Charakter eines persönlichen, intimen und tiefen Gesprächs zwischen Mensch und Gott an. Es bringt so die Gemeinschaft der erlösten Geschöpfe mit dem inneren Leben der Personen der heiligsten Dreifaltigkeit zum Ausdruck. Zu dieser Gemeinschaft, die sich auf die Taufe und die Eucharistie, Quelle

und Gipfel des Lebens der Kirche, gründet, gehört eine Haltung der Bekehrung und des Herausgehens aus dem eigenen Ich auf das Du Gottes zu. Christliches Gebet ist damit immer zugleich echt persönlich und gemeinschaftsbezogen. Es meidet unpersönliche oder auf das Ich konzentrierte Techniken, die automatische Abläufe hervorbringen, bei denen der Betende in einem rein innerlichen Spiritualismus gefangen bleibt und zum freien Sich- Öffnen für den transzendenten Gott unfähig wird. In der Kirche muss das berechtigte Erforschen neuer Methoden der Meditation sich immer vor Augen halten, dass ein echt christliches Gebet wesentlich die Begegnung zweier Freiheiten ist, der unendlichen Freiheit Gottes mit der begrenzten des Menschen.

II. Das christliche Gebet im Licht der Offenbarung

4. Wie ein Mensch, der die biblische Offenbarung annimmt, beten muss, lehrt die Bibel selber. Im Alten Testament gibt es eine herrliche Sammlung von Gebeten, die die Jahrhunderte hindurch auch in der Kirche Jesu Christi lebendig geblieben ist, wo sie zur Grundlage des amtlichen Gebetes wurde: das Buch der Loblieder oder der Psalmen. (2) Gebete nach Art der Psalmen finden sich bereits in den älteren Texten oder werden in den jüngeren Texten des Alten Testaments aufgegriffen. (3)

Die Gebete im Buch der Psalmen erzählen vor allem die Großtaten Gottes für das auserwählte Volk. Israel betrachtet, erwägt und setzt die Großtaten Gottes erneut gegenwärtig, indem es sich ihrer im Gebet erinnert.

In der biblischen Offenbarung gelangt Israel zur Anerkennung und zum Lob Gottes, der in der gesamten Schöpfung und im Geschick eines jeden Menschen gegenwärtig ist. So ruft es Ihn z. B. als Helfer an in Gefahr, in Krankheit, in Verfolgung und in Trübsal. Endlich wird Gott immer im Licht seiner Heilswerke, in seiner göttlichen Macht und Güte gefeiert, in seiner Gerechtigkeit und Barmherzigkeit sowie in seiner königlichen Größe.

5. Aufgrund der Worte und Taten, des Leidens und der Auferstehung Jesu Christi erkennt der Glaube im *Neuen Testament* in Ihm die endgültige Selbstoffenbarung Gottes, das menschgewordene Wort, das die innersten Tiefen seiner Liebe enthüllt. Der Heilige Geist ist es, der in diese Tiefen Gottes eindringen lässt, er, der in die Herzen der Gläubigen ausgegossen, „alles ergründet, auch die Tiefen Gottes" (1 Kor 2,10). Nach der Verheißung Jesu an seine Jünger wird der Geist ihnen alles das erklären, was er selber ihnen noch nicht sagen konnte. Doch wird dieser Geist „nicht aus sich selbst heraus reden. Er wird mich verherrlichen, denn er wird von dem, was mein ist, nehmen und es auch verkünden" (Joh 16, 13 f). Was Jesus hier „sein" nennt, ist auch von Gott Vater, wie er gleich anschließend erklärt, denn „alles, was der Vater hat, ist mein; darum habe ich gesagt: Er nimmt von dem, was mein ist und wird es euch verkünden" (Joh 16, 15).
Die Verfasser des Neuen Testaments haben ganz bewusst von der Offenbarung Gottes in Christus stets innerhalb einer vom Heiligen Geist erhellten Sicht gesprochen. Die synoptischen Evangelien erzählen die Werke und Worte Jesu Christi aufgrund des tieferen Verständnisses, das sie nach Ostern von dem, was die Jünger gesehen und gehört hatten, gewannen; das ganze Johannesevangelium schöpft aus der Betrachtung dessen, der von Anfang an das fleischgewordene göttliche Wort ist; Paulus, dem Jesus auf dem Weg nach Damaskus in seiner göttlichen Majestät erschien, sucht die Glaubenden zu erziehen, dass sie „zusammen mit allen Heiligen dazu fähig sind, die Länge und Breite, die Höhe und Tiefe (des Geheimnisses Christi) zu ermessen und die Liebe Christi zu verstehen, die alle Erkenntnis übersteigt"1, um so "von der ganzen Fülle Gottes erfüllt" zu werden (Eph 3, 18). Für Paulus ist das göttliche Geheimnis Christus, „in dem alle Schätze der Weisheit und Erkenntnis verborgen sind" (Kol 2, 3), und der Apostel präzisiert: „Das sage ich, damit euch niemand durch Überredungskünste täuscht" (Kol 2, 4).

6. Zwischen der Offenbarung und dem Gebet liegt daher eine enge Beziehung vor. Die dogmatische Konstitution *Dei Verbum* lehrt

uns, dass der unsichtbare Gott „in seiner Offenbarung aus überströmender Liebe die Menschen wie Freunde anredet (vgl. Ex 33,11; Joh 15,14-15) und mit ihnen verkehrt (vgl. Bar 3, 38), um sie in seine Gemeinschaft einzuladen und aufzunehmen". (4) Diese Offenbarung ist in Worten und Taten erfolgt, die immer gegenseitig aufeinander verweisen; von Anfang an und beständig konvergiert das Ganze auf Christus, der Fülle der Offenbarung und der Gnade, sowie auf die Gabe des Heiligen Geistes. Dieser befähigt den Menschen, die Worte und Werke Gottes aufzunehmen und zu betrachten, ihm zu danken und ihn anzubeten, in der Gemeinde der Gläubigen und im Inneren des eigenen, von der Gnade erleuchteten Herzens.

Daher empfiehlt die Kirche immer die Lektüre des Wortes Gottes als Quelle des christlichen Gebetes und regt zugleich zum Entdecken des tiefen Sinns der Heiligen Schrift durch das Gebet an, „damit (die Lesung) zu einem Gespräch werde zwischen Gott und Mensch; denn ihn reden wir an, wenn wir beten; ihn hören wir, wenn wir Gottes Weisungen lesen". (5)

7. Aus dem Gesagten ergeben sich sogleich einige Folgen. Wenn sich das *Gebet der Christen* in die trinitarische Bewegung in Gott einfügen muss, so muss sein wesentlicher Inhalt notwendig auch von der doppelten Richtung dieser Bewegung bestimmt werden: Im Heiligen Geist kommt der Sohn in die Welt, um diese mit dem Vater durch seine Werke und Leiden zu versöhnen; andererseits kehrt in dieser Bewegung und im gleichen Geist der menschgewordene Sohn zum Vater zurück, indem er in Leiden und Auferstehung dessen Willen erfüllt. Das „Vaterunser", das Gebet Jesu, zeigt klar die Einheit dieser Bewegung auf. Der Wille des Vaters muss wie im Himmel so auf Erden erfüllt werden (die Bitten um Brot, Verzeihung und Schutz aber verdeutlichen die grundlegenden Dimensionen des Willens Gottes für uns), damit eine neue Erde sich im himmlischen Jerusalem erfülle.

Das Gebet Jesu (6) wird der Kirche anvertraut („so sollt ihr beten"), und daher ist das christliche Gebet, auch wenn es in der Einsamkeit erfolgt, in Wirklichkeit immer ein Gebet innerhalb jener „Gemeinschaft der Heiligen“, in und mit der wir beten, sowohl in der öffentlichen und liturgischen als auch in der privaten Form. Daher muss es auch immer im echten Geist der betenden Kirche vollzogen werden und damit unter ihrer Leitung, die zuweilen in einer auf Erfahrung beruhenden geistlichen Anleitung konkretisiert werden kann. Auch wenn er allein ist und im Verborgenen betet, ist sich der Christ bewusst, immer in Vereinigung mit Christus im Heiligen Geist und gemeinsam mit allen Heiligen für das Wohl der Kirche zu beten. (7)

III. Verfehlte Gebetsweisen

8. Bereits in den ersten Jahrhunderten drangen verfehlte Weisen des Betens in die Kirche ein. Einige Texte des Neuen Testamentes (vgl. 1 Joh 4,3; 1 Tim 1,3-7 und 4, 3-4) lassen schon Spuren davon erkennen. Später zeigen sich zwei grundlegende Abweichungen: die Pseudognosis und der Messalianismus, mit denen sich die Kirchenväter auseinandergesetzt haben. Aus dieser frühchristlichen Erfahrung und der Haltung der Väter lässt sich viel für das Eingehen auf die heutige Problematik lernen.
Gegen die Fehlform der *Pseudognosis* (8) machen die Väter geltend, dass die Materie von Gott geschaffen und als solche nicht schlecht ist. Sie halten ferner daran fest, dass man die Gnade, deren Quelle immer der Heilige Geist ist, nicht als Eigentum der Seele ansehen darf, sie vielmehr als Geschenk von Gott erbitten muss. Daher macht die Erleuchtung oder höhere Erkenntnis des Geistes („Gnosis“) den christlichen Glauben nicht überflüssig. Schließlich ist für die Väter das echte Zeichen für eine höhere Erkenntnis als Frucht des Betens immer die christliche Liebe.

9. Wenn die Vollkommenheit des christlichen Gebetes einerseits nicht nach der Erhabenheit der Erkenntnis im Sinn der Gnosis bewertet werden darf, dann kann andererseits auch die Erfahrung des Göttlichen im Sinn des Messalianismus (9) kein Maßstab sein.

Die unechten Charismatiker des 4. Jahrhunderts identifizierten die Gnade des Heiligen Geistes mit der psychologischen Erfahrung seiner Gegenwart in der Seele. Gegen sie betonten die Väter die Tatsache, dass sich die Vereinigung der betenden Seele mit Gott im Geheimnis vollzieht, zumal durch die Sakramente der Kirche. Sie kann sich ferner sogar in den Erfahrungen der Trübsal oder Trostlosigkeit zeigen. Anders als die Messalianer meinen, sind diese Erfahrungen nicht notwendig ein Zeichen dafür, dass der Geist die Seele verlassen hat. Sie können vielmehr, wie die Lehrer des geistlichen Lebens immer klar anerkannt haben, eine echte Anteilhabe an der Verlassenheit unseres Herrn am Kreuze sein, der für immer Vorbild und Mittler des Gebetes bleibt. (10)

10. Diese beiden Fehlformen bilden weiterhin eine *Versuchung für den sündigen Menschen.* Sie verleiten ihn, eine Überwindung des Abstands, der das Geschöpf vom Schöpfer trennt, zu suchen, als ob er nicht sein dürfte; den Weg Christi auf Erden, auf dem er uns zum Vater führen wollte, als überholt zu betrachten; das aber, was auf der Ebene der natürlichen Psychologie als reine Gnade gewährt wird, als „höhere Erkenntnis" oder „Erfahrung" anzusehen. Von Zeit zu Zeit sind diese Fehlformen im Verlauf der Geschichte in den Randzonen des Gebetes der Kirche aufgetaucht, und heute scheinen sie erneut zahlreiche Christen zu beeindrucken und sich ihnen als psychologisches oder geistliches Heilmittel oder zum raschen Verfahren, um Gott zu finden, zu empfehlen. (11)

11. Doch *können* diese Fehlformen, wo immer sie auftreten, sehr einfach fest*gestellt werden.* Die betend vollzogene christliche Betrachtung sucht in den Heilswerken Gottes in Christus, dem menschgewordenen Wort, und in der Gabe seines Geistes die göttliche Tiefe zu erfassen, die sich dort aber immer in der menschlich-irdischen Dimension offenbart. Dagegen sucht man bei ähnlichen Betrachtungsmethoden, auch wenn man von Worten und Werken Jesu ausgeht, möglichst weitgehend alles auszuschließen, was irdisch, sinnenhaft und vom Begriff her begrenzt ist, um zum Bereich des Göttlichen emporzusteigen oder sich darin zu versen-

ken, das als solches weder irdisch noch den Sinnen zugänglich noch in Begriffe zu fassen ist. (12)
Diese Tendenz, die bereits in der späten griechischen Frömmigkeit (vor allem im „Neuplatonismus") vorliegt, findet sich im Grunde bei der religiösen Auffassung vieler Völker, sobald sie den schwachen Charakter ihrer Darstellungen des Göttlichen und ihrer Versuche, ihm nahe zu kommen, erkennen.

12. Bei der heutigen Verbreitung östlicher Meditationsformen im Raum des Christentums und in kirchlichen Gemeinschaften erleben wir erneut den ernsthaften Versuch, *die christliche Meditation mit der nichtchristlichen zu verschmelzen,* was nicht ohne Risiken und Irrtümer abgeht. Die Vorschläge in dieser Richtung sind zahlreich und mehr oder weniger radikal: Einige verwenden östliche Methoden lediglich, um sich psycho-physisch auf eine wirklich christliche Kontemplation vorzubereiten. Andere gehen weiter und suchen mit unterschiedlichen Techniken geistliche Erfahrungen zu erzeugen, analog denen, die in den Schriften gewisser katholischer Mystiker beschrieben werden. (13) Wieder andere scheuen sich nicht, das Absolute ohne Bilder und Begriffe, wie es der Theorie des Buddhismus eigen ist, (14) mit der Majestät Gottes, die in Christus geoffenbart wurde und die über die endliche Wirklichkeit erhaben ist, auf eine Stufe zu stellen. Sie verwenden zu diesem Zweck eine „negative Theologie", die jede inhaltlich bestimmte Aussage über Gott übersteigt und leugnet, dass die Dinge der Welt eine Spur bieten können, die zur Unendlichkeit Gottes hinführt. Daher schlagen sie nicht nur das Aufgeben der Betrachtung der Heilswerke vor, die der Gott des Alten und des Neuen Bundes innerhalb der Geschichte vollbracht hat, sondern auch das Aufgeben des Gedankens an den einen und dreifaltigen Gott, der die Liebe ist, um statt dessen „in den weiselosen Abgrund der Gottheit" einzutauchen. (15)
Diese oder andere analoge Vorschläge, die christliche Meditation mit östlichen Techniken zu harmonisieren, müssen ständig genau nach Gehalt und Methode überprüft werden, will man nicht in einen verderblichen Synkretismus verfallen.

13. Um den richtigen „Weg" für sein Gebet zu finden, muss der Christ das beachten, was oben über die wichtigen Züge des Weges Christi gesagt wurde, dessen „Speise (es ist), den Willen dessen zu tun, der ihn gesandt hat und sein Werk zu Ende zu führen" (Joh 4,34). Jesus lebt in keiner innigeren und engeren Vereinigung mit dem Vater als dieser, der sich für ihn ständig in tiefem Gebet vollzieht. Der Wille des Vaters sendet ihn zu den Menschen, zu den Sündern, ja zu seinen Mördern, und er kann, diesem Willen gehorsam, mit dem Vater nicht enger verbunden sein. Das hindert ihn aber keineswegs daran, sich auf seinem Erdenweg betend in die Einsamkeit zurückzuziehen, um sich mit dem Vater zu vereinigen, um von ihm zugleich neue Kraft für seine Sendung in der Welt zu erhalten. Auf Tabor, wo er gewiss in offenkundiger Weise mit dem Vater vereint ist, wird sein Leiden angesprochen (vgl. Lk 9,31), und es wird nicht einmal als Möglichkeit erwogen, in den „drei Hütten" auf dem Berg der Verklärung zu bleiben. Jedes kontemplative christliche Gebet verweist ständig auf die Liebe zum Nächsten, auf das Tun und das Leiden, und gerade so lässt es uns am meisten Gott näher kommen.

14. Um sich jenem Geheimnis der Vereinigung mit Gott zu nähern, das die griechischen Väter *Vergöttlichung* des Menschen nennen, und um genau die Weisen zu erfassen, nach denen sie erfolgt, muss man sich vor allem vor Augen halten, dass der Mensch wesentlich Geschöpf ist (16) und es ewig bleibt; es wird daher nie ein Aufgehen des menschlichen Ich im göttlichen Ich, auch nicht auf den höchsten Stufen der Gnade, möglich sein. Man muss freilich anerkennen, dass die menschliche Person „nach dem Bild und Gleichnis" Gottes geschaffen und die Urgestalt dieses Bildes der Sohn Gottes ist, in dem und auf den hin wir geschaffen sind (vgl. Kol 1, 16). Dieses Urbild enthüllt uns nun das größte und schönste Geheimnis des Christentums: Der Sohn ist von Ewigkeit her gegenüber dem Vater „verschieden" und doch im Heiligen Geist ihm „wesensgleich"; folglich bedeutet die Tatsache, dass etwas

anderes da ist, kein Übel, sondern vielmehr das höchste aller Güter. In Gott selbst gibt es Verschiedenheit, denn er ist eine Natur in drei Personen, und es gibt diese Verschiedenheit von Gott und Geschöpf, die ihrer Natur nach anders sind. In der heiligen Eucharistie wie auch in den anderen Sakramenten endlich - und analog in seinen Werken und Worten - schenkt Christus sich selber und macht uns seiner göttlichen Natur teilhaftig, (17) ohne dabei unsere geschaffene Natur aufzuheben, an der er ja selber durch seine Menschwerdung Anteil hat.

15. Wenn wir diese Wahrheiten als Ganzes betrachten, entdecken wir mit tiefem Staunen, dass in der christlichen Wirklichkeit alle im Gebet anderer Religionen präsenten Anliegen über jedes Maß hinaus erfüllt werden, ohne dass damit das persönliche Ich und seine Geschaffenheit aufgelöst werden und im Meer des Absoluten untergehen muss. „Gott ist Liebe“ (1 Joh 4,8): Diese zutiefst christliche Aussage kann die vollkommene Vereinigung und die *Verschiedenheit* von Liebendem und Geliebtem, zwischen ewigem Austausch und ewigem Dialog verbinden. Gott selber ist dieser ewige Austausch, wir aber können in voller Wahrheit als „Adoptivsöhne“ Christi teilhaftig werden und mit dem Sohn im Heiligen Geist rufen: „Abba, Vater“. In diesem Sinn sprechen die Väter mit vollem Recht von einer Vergöttlichung des Menschen, der, einverleibt in Christus, den Sohn Gottes von Natur aus, durch seine Gnade der göttlichen Natur teilhaftig und „Sohn im Sohne“ wird. Wenn der Christ den Heiligen Geist empfängt, verherrlicht er den Vater und nimmt wirklich am dreifaltigen Leben Gottes teil.

V. Fragen der Methode

16. Der größere Teil der *Hochreligionen,* welche die Vereinigung mit Gott im Gebet gesucht haben, hat auch die Wege bezeichnet, wie man dahin gelangt. Da „die Kirche nichts von alledem ablehnt, was in diesen Religionen wahr und heilig ist“, (18) darf man diese

Hinweise nicht von vornherein als unchristlich verachten. Man kann im Gegenteil daraus das Nützliche aufgreifen, wenn man dabei nicht die christliche Auffassung vom Gebet, seine Logik und seine Erfordernisse übersieht, denn innerhalb dieses Ganzen müssen jene Fragmente neu umschrieben und aufgenommen werden. Unter diesen Hinweisen darf man vor allem die demütige Annahme eines im Gebetsleben kundigen Lehrers und seiner Weisungen zählen; in der christlichen Erfahrung war man sich dessen seit den alten Zeiten, seit der Zeit der Wüstenväter, immer bewusst. Dieser im „Empfinden mit der Kirche" kundige Lehrer soll nicht nur anleiten und auf bestimmte Gefahren aufmerksam machen, sondern als „geistlicher Vater" auch lebendig, von Herz zu Herz, in das Gebetsleben als Geschenk des Heiligen Geistes einführen.

17. Die nichtchristliche Spätantike unterschied mit Vorliebe drei Stufen im Leben der Vollkommenheit: den Weg der Reinigung, den der Erleuchtung und den der Vereinigung. Diese Lehre diente vielen Schulen christlicher Spiritualität als Modell. Obwohl es an sich gültig ist, bedarf es doch einiger Verdeutlichungen, um zu einer korrekten christlichen Auslegung zu kommen und gefährliche Missverständnisse zu vermeiden.

18. Dem Suchen nach Gott im Gebet muss die Aszese und Reinigung von den eigenen Sünden und Irrtümern vorausgehen, und sie muss es auch begleiten, weil nach dem Wort Jesu nur „die reinen Herzen Gott schauen" (Mt 5,8). Das Evangelium zielt vor allem auf eine sittliche Reinigung von dem Mangel an Wahrheit und Liebe, und, auf einer tieferen Ebene, von allen egoistischen Bestrebungen, die den Menschen daran hindern, den Willen Gottes in seiner Reinheit zu erkennen und anzunehmen. Nicht die Leidenschaften als solche sind negativ (wie die Stoiker und Neuplatoniker dachten), sondern vielmehr deren egoistische Tendenz. Von dieser hat der Christ sich zu befreien: Um jenen Zustand positiver Freiheit zu erreichen, den die christliche Klassik „Apatheia" nannte, das Mittelalter „Gelassenheit" und die ignatianischen Geistlichen Übungen „Indifferenz" (19).

Dies ist ohne radikale Selbstverleugnung unmöglich, wie man auch beim hl. Paulus sieht, der offen das Wort „Abtötung" (der sündhaften Neigungen) verwendet. (20) Nur eine solche Selbstverleugnung macht den Menschen frei, so dass er den Willen Gottes tun und an der Freiheit des Geistes Anteil haben kann.

19. Es muss daher die Lehre jener Meister richtig interpretiert werden, die ein „Entleeren" des Geistes von jeder sinnenhaften Vorstellung und allen Begriffen empfehlen, wobei aber eine liebevolle Aufmerksamkeit für Gott bleiben soll, so dass im Beter eine Leere ist, die dann vom göttlichen Reichtum ausgefüllt werden kann. Die Leere, die Gott braucht, ist jene des Entsagens gegenüber dem eigenen Egoismus, nicht notwendig die des Entsagens gegenüber den geschaffenen Dingen, die er uns geschenkt und in die er uns hineingestellt hat. Zweifellos muss man sich im Gebet gänzlich konzentrieren und möglichst alle Dinge dieser Welt ausschließen, die uns an unseren Egoismus fesseln. Hier ist der hl. Augustinus ein ausgezeichneter Lehrer. Willst du Gott finden, sagt er, so verlasse die äußere Welt und kehre bei dir selber ein. Aber, so fährt er fort, bleibe nicht in dir selber, sondern übersteige dich, denn du bist nicht Gott: Er ist tiefer und größer als du. „Ich suche sein Wesen in meiner Seele, finde sie aber nicht; da begann ich ein Suchen nach meinem Gott, und durch die geschaffenen Dinge auf ihn hin ausgespannt, vermochte ich die ‚unsichtbare Wirklichkeit Gottes' (Röm 1,20) zu erkennen". „In sich selber bleiben" , darin liegt die eigentliche Gefahr. Der große Kirchenlehrer empfiehlt, sich auf sich selber zu konzentrieren, aber auch das Ich, das nicht Gott ist, sondern lediglich ein Geschöpf, zu übersteigen. Gott ist „tiefer als mein Innerstes und höher als mein Höchstes". Gott ist nämlich in uns und mit uns, übersteigt uns aber in seinem Geheimnis. (23)

20. *Vom dogmatischen Standpunkt* aus ist es unmöglich, zur vollkommenen Liebe zu Gott zu gelangen, wenn man von seiner Selbsthingabe in seinem menschgewordenen, gekreuzigten und auferstandenen Sohn absieht. Unter dem Wirken des Heiligen Gei-

stes nehmen wir in Ihm aus reiner Gnade am innergöttlichen Leben teil. Wenn Jesus sagt: „Wer mich gesehen hat, hat den Vater gesehen“ (Joh 14,9), meint er nicht ein bloß äußerliches Sehen und Erkennen seiner menschlichen Gestalt („das Fleisch nützt nichts“, Joh 6,63). Er meint vielmehr ein „Sehen“, das durch die Gnade des Glaubens möglich geworden ist: durch die sichtbare Gestalt Jesu hindurch das sehen, was dieser uns als Wort des Vaters in Wahrheit zeigen will („Der Geist ist es, der lebendig macht ... ; die Worte, die ich zu euch gesprochen habe, sind Geist und Leben“, ebd.). Bei diesem „Sehen“ handelt es sich nicht um eine rein menschliche Abstraktion („abstractio“) der Gestalt, in der sich Gott geoffenbart hat, sondern um das Erfassen der göttlichen Wirklichkeit in der menschlichen Gestalt Jesu, um das Erfassen seiner göttlichen und ewigen Dimension in seiner zeitgebundenen Gestalt. Der hl. Ignatius sagt in seinen Geistlichen Übungen, wir sollten versuchen, „den unendlichen Duft und die unendliche Süße der Gottheit“ zu erfassen (Nr. 124), indem wir von der endlichen geoffenbarten Wahrheit ausgehen, mit der wir angefangen haben. Wenn er uns erhebt, ist Gott frei, uns von allem, was uns in dieser Welt beschäftigt, zu „entleeren“ und uns völlig in das trinitarische Leben seiner ewigen Liebe hineinzuziehen. Doch kann diese Gabe nur „in Christus durch den Heiligen Geist“ gewährt, aber nicht mit eigener Kraft unter Absehung seiner Offenbarung erreicht werden.

21. Auf dem Weg des christlichen Lebens folgt auf die Reinigung die Erleuchtung durch die Liebe, die uns der Vater im Sohn schenkt, und durch die Salbung, die wir von Ihm im Heiligen Geist empfangen (vgl. 1 Joh 2, 20).
Seit dem christlichen Altertum ist von der in der Taufe empfangenen „Erleuchtung“ die Rede. Diese führt die in die göttlichen Geheimnisse eingeweihten Gläubigen zur Kenntnis Christi durch den Glauben, der in der Liebe tätig wird. Ja, einige kirchliche Schriftsteller sprechen ausdrücklich von der in der Taufe empfangenen Erleuchtung als Grundlage jener erhabenen Erkenntnis Jesu Christi (vgl. Phil 3,8), die als „theoria“ oder Kontemplation bezeichnet wird. (24)

Die Gläubigen sind mit der Taufgnade aufgerufen, in der Kenntnis der Geheimnisse des Glaubens und im Zeugnis dafür voranzuschreiten „durch innere Einsicht, die geistlicher Erfahrung entstammt“. (25) Keine göttliche Erleuchtung macht die Wahrheiten des Glaubens überflüssig. Die eventuellen Gnaden der Erleuchtung, die Gott gewähren kann, helfen vielmehr zur besseren Klärung der tieferen Dimension der Geheimnisse, die die Kirche bekennt und feiert im Warten darauf, dass der Christ Gott einmal in seiner Herrlichkeit schauen darf, wie er ist (vgl. 1 Joh 3, 2)

22. So Gott will, kann der betende Christ schließlich zu einer besonderen Erfahrung der *Vereinigung* gelangen. Die Sakramente, zumal Taufe und Eucharistie, (26) sind der objektive Beginn der Vereinigung des Christen mit Gott. Auf dieser Grundlage kann der Betende durch eine besondere Gnade des Geistes zu jener besonderen Form der Vereinigung mit Gott berufen werden, die im Raum des Christentums als *Mystik* bezeichnet wird.

23. Gewiss braucht der Christ bestimmte Zeiten der Einkehr in der Einsamkeit, um sich zu sammeln und in Gottes Nähe seinen Weg neu zu finden. Doch da er Geschöpf bleibt, ein Geschöpf, das sich nur in der Gnade sicher weiß, beruht die Weise, wie er sich Gott naht, nicht auf irgendeiner *Technik* im strengen Sinn dieses Wortes. Das würde dem vom Evangelium geforderten Geist der Kindschaft widersprechen. Die echte christliche Mystik hat nichts mit Technik zu schaffen: Sie ist immer ein Geschenk Gottes, dessen sich der Empfänger unwürdig fühlt. (27)

24. Es gibt bestimmte *mystische Gnaden,* die zum Beispiel Gründern von kirchlichen Instituten für die gesamte Gründung oder anderen Heiligen geschenkt werden. Diese kennzeichnen dann ihre ganze Gebetserfahrung und können als solche nicht von anderen Gläubigen nachgeahmt und angestrebt werden, auch wenn sie zum gleichen Institut gehören und nach einem immer vollkommeneren Gebet verlangen. (28) Es kann ferner verschiedene Ebenen und Weisen der Teilhabe an der Gebetserfahrung eines

Gründers geben, ohne dass allen die gleiche Form der Teilhabe gewährt werden müsste. Außerdem bleibt jede Gebetserfahrung, die in allen echt kirchlichen, alten und modernen Instituten einen besonderen Platz hat, letztlich immer etwas Persönliches. Der Person aber schenkt Gott im Hinblick auf das Gebet seine Gnade.

25. Bei der Mystik muss man zwischen den *Gaben des Heiligen Geistes und den Charismen* unterscheiden, die von Gott in völlig freier Weise gewährt werden. Die ersteren kann jeder Christ in sich durch ein eifriges Leben in Glaube, Hoffnung und Liebe verlebendigen. So kann er auch durch eine ernsthafte Aszese zu einer gewissen Erfahrung Gottes und der Glaubensinhalte kommen. Zu den Charismen bemerkt der hl. Paulus, sie seien vor allem zugunsten der Kirche und der anderen Glieder am mystischen Leib Christi gegeben (vgl. 1 Kor 12,7). Hier sei daran erinnert, dass einmal die Charismen nicht das Gleiche sind wie außerordentliche („mystische“) Gaben (vgl. Röm 12,3-21) und dass ferner die Unterscheidung zwischen den „Gaben des Heiligen Geistes“ und den „Charismen“ fließend sein kann. Sicher ist, dass ein für die Kirche fruchtbares Charisma im Rahmen des Neuen Testamentes nicht ohne einen bestimmten Grad persönlicher Vollkommenheit ausgeübt werden kann, und dass andererseits jeder „lebendige“ Christ eine besondere Aufgabe (und in diesem Sinn ein „Charisma“) hat, zum „Aufbau des Leibes Christi" (vgl. Eph 4,15-16), (29) in Gemeinschaft mit der Hierarchie, der es in besonderer Weise zukommt, den Geist nicht auszulöschen, sondern alles zu prüfen und das Gute zu behalten“ (Lumen gentium Nr. 12).

VI. Psychophysische-körperbezogene Methoden

26. Die menschliche Erfahrung zeigt, dass *Stellung und Haltung des Körpers* nicht ohne Einfluss auf die Sammlung und Bereitschaft des Geistes sind. Verschiedene geistliche Schriftsteller aus dem christlichen Osten und Westen haben dieser Tatsache Aufmerksamkeit geschenkt.

Auch wenn ihre Überlegungen mit den nichtchristlichen östlichen Meditationsmethoden gemeinsame Punkte aufweisen, so vermeiden sie doch jene Übertreibungen und Einseitigkeiten, die heute oft nicht genügend vorbereiteten Personen nahegelegt werden. Diese geistlichen Schriftsteller haben jene Elemente aufgegriffen, die die Sammlung beim Gebet erleichtern, ohne zugleich ihren bloß relativen Wert zu übersehen: Sie sind dann nützlich, wenn sie im Hinblick auf das Ziel des christlichen Gebetes umformuliert werden. (30) Das Fasten besitzt zum Beispiel im Christentum vor allem die Bedeutung einer Bußübung und eines Opfers, doch schon bei den Vätern konnte es auch dazu dienen, den Menschen für die Begegnung mit Gott aufgeschlossener zu machen; der Christ gewann damit größere Selbstbeherrschung und wurde zugleich aufmerksamer für die Menschen in Not.
Im Gebet muss der ganze Mensch zu Gott in Beziehung treten, also auch sein Leib, der die zur Sammlung geeignetste Stellung einnehmen muss. (31) Die Haltung kann symbolhaft das Gebet selber zum Ausdruck bringen und je nach der Kultur und dem persönlichen Empfinden verschieden sein. In einigen Gebieten werden die Christen heute mehr dessen bewusst, wie viel die Haltung des Körpers beim Beten helfen kann.

27. Die christliche Meditation im Osten (32) hat den *psychophysischen Symbolismus* ausgewertet, der im Gebet des Westens oft zu kurz kam. Er kann von einer bestimmten körperlichen Haltung bis zu den fundamentalen Lebensfunktionen wie Atem und Herzschlag reichen. Die Übung des „Jesusgebetes" zum Beispiel passt sich dem natürlichen Atemrhythmus an und kann - wenigstens eine gewisse Zeit lang - vielen eine wirkliche Hilfe sein. (33) Andererseits haben auch die östlichen Lehrer festgestellt, dass nicht alle gleichermaßen für die Anwendung dieses Symbolismus geeignet sind, weil nicht alle vom materiellen Zeichen zur gesuchten geistlichen Wirklichkeit übergehen können. Wird der Symbolismus unangemessen oder falsch verstanden, kann er sogar zum Idol werden und infolgedessen ein Hindernis für die

Erhebung des Geistes zu Gott. Im Raum des Gebetes die ganze Wirklichkeit des eigenen Körpers als Symbol zu erleben, ist noch schwieriger: Es kann zu einem Körperkult entarten und dahin führen, alle seine Empfindungen fälschlich mit geistlichen Erfahrungen gleichzusetzen.

28. Einige physische Übungen erzeugen automatisch das Gefühl der Ruhe und Entspannung, Gefühle der Befriedigung, vielleicht sogar Empfindungen von Licht und Wärme, die einem geistlichen Wohlbefinden gleichen. Sie aber als echte Tröstungen des Heiligen Geistes anzusehen, wäre eine gänzlich falsche Art, sich den geistlichen Weg vorzustellen. Würde man ihnen eine für die mystische Erfahrung typische symbolische Bedeutung zuschreiben, ohne dass die sittliche Haltung des Betreffenden dem entspricht, so hätten wir eine Art geistiger Schizophrenie vor uns, die sogar zu psychischen Störungen und zuweilen zu moralischen Verirrungen führen kann.
Das hebt freilich die Tatsache nicht auf, dass echte Praktiken der Meditation, die aus dem christlichen Osten und aus den nichtchristlichen Hochreligionen stammen und auf den gespaltenen und orientierungslosen Menschen von heute Anziehungskraft ausüben, ein geeignetes Hilfsmittel für den Betenden darstellen können, sogar mitten in äußerem Trubel innerlich entspannt vor Gott zu stehen.
Es ist allerdings darauf aufmerksam zu machen, dass die habituelle Vereinigung mit Gott oder die Haltung innerer Wachsamkeit und das Anrufen der Hilfe Gottes, die das Neue Testament als „immerwährendes Gebet" bezeichnet, (34) nicht notwendig unterbrochen wird, wenn man sich Gottes Willen gemäß auch der Arbeit und der Sorge für den Nächsten widmet. Der Apostel sagt uns: „Ob ihr also esst oder trinkt oder etwas anderes tut: tut alles zur Verherrlichung Gottes!" (1 Kor 10,31). Wie die großen Meister des geistlichen Lebens festhalten, weckt das echte Gebet in den Betenden nämlich eine brennende Liebe, die sie zur Mitarbeit an der Sendung der Kirche im Dienst an den Brüdern und Schwestern zur größeren Ehre Gottes antreibt. (35)

29. Jeder Gläubige kann und muss aus den verschiedenen Formen und dem Reichtum des christlichen Gebetes, wie es die Kirche lehrt, seinen eigenen Weg und seine eigene Gebetsmethode herausfinden; doch fließen alle diese persönlichen Wege am Ende in jenen *Weg zum Vater* zusammen, als den sich Jesus Christus bezeichnet hat. Beim Suchen nach dem eigenen Weg soll sich der Einzelne daher nicht so sehr von seinem persönlichen Geschmack als vielmehr vom Heiligen Geist leiten lassen, der ihn durch Christus zum Vater führt.

30. Für den, der sich ernstlich Mühe gibt, werden freilich Zeiten kommen, da es ihm scheint, er würde in einer Wüste umherirren und trotz aller Anstrengungen nichts mehr von Gott „spüren“. Er muss dann wissen, dass diese Prüfungen niemandem, der das Gebet ernst nimmt, erspart bleiben. Er darf diese Erfahrung, die allen betenden Christen gemeinsam ist, aber nicht unmittelbar mit der mystischen „dunklen Nacht“ verwechseln. In solchen Zeiten kann ihm das Gebet, das er entschlossen fortzusetzen sucht, auf jeden Fall den Eindruck einer gewissen „Künstlichkeit“ machen, obwohl es sich in Wirklichkeit um etwas ganz anderes handelt: Es ist nämlich gerade dann Ausdruck seiner Treue zu Gott, in dessen Gegenwart er bleiben will, auch wenn er nicht mit irgendeinem subjektiven Trost belohnt wird.
In diesen offenkundig negativen Augenblicken wird das deutlich, was der Betende eigentlich sucht: wirklich Gott, der in seiner unendlichen Freiheit ihn immer überragt, oder nur sich selber, ohne dass ihm ein Hinausgehen über die eigenen „Erfahrungen“ gelingt, ob es sich nun um anscheinend positive „Erfahrungen“ der Vereinigung mit Gott oder um negative „Erfahrungen“ der mystischen „Leere“ handelt.

31. Die Liebe Gottes, einziger Gegenstand der christlichen Kontemplation, ist eine Wirklichkeit, deren man sich mit keiner Methode oder Technik „bemächtigen“ kann; ja, wir müssen den

Blick immer auf Jesus Christus gerichtet halten, in dem die göttliche Liebe für uns am Kreuz so weit gegangen ist, dass sie auch die Gottverlassenheit auf sich genommen hat (vgl. Mk 15,34). Wir müssen also Gott die Entscheidung darüber überlassen, wie er uns an seiner Liebe teilhaben lassen will. Wir dürfen aber nie irgendwie versuchen, uns mit dem betrachteten Gegenstand, der freien Liebe Gottes, auf eine Stufe zu stellen; auch dann nicht, wenn uns durch die Barmherzigkeit Gottes des Vaters, durch den in unsere Herzen gesandten Heiligen Geist in Christus aus Gnade ein spürbarer Widerschein dieser göttlichen Liebe geschenkt wird und wir uns von der Wahrheit, Güte und Schönheit des Herrn gleichsam angezogen fühlen.
Je näher ein Geschöpf Gott treten darf, desto mehr wächst in ihm die Ehrfurcht vor dem dreimal heiligen Gott. Man versteht daher das Wort des hl. Augustinus: „Du magst mich Freund nennen, ich erkenne mich als Knecht." (36) Oder das uns noch vertrautere Wort, das jene gesprochen hat, die mit dem innigsten Verhältnis zu Gott beschenkt wurde: „Auf die Niedrigkeit seiner Magd hat er geschaut" (Lk 1,48).

Papst Johannes Paul II. hat in einer dem unterzeichneten Kardinalpräfekten gewährten Audienz das vorliegende Schreiben, das in der Vollversammlung dieser Kongregation beschlossen worden war, gebilligt und zu veröffentlichen angeordnet.

Rom, am Sitz der Kongregation für die Glaubenslehre,
den 15. Oktober 1989, am Fest der heiligen Theresia von Jesu.

Joseph Kardinal Ratzinger
Präfekt

+ Alberto Bovone
Tit.-Erzbischof von Cäsarea in Numidien
Sekretär

1 Unter „östlichen Methoden“ werden hier Methoden verstanden, die sich wie „Zen“, die „transzendentale Meditation“ oder „Yoga“ am Hinduismus und Buddhismus inspirieren. Es handelt sich also um Meditationsweisen des nichtchristlichen Fernen Ostens, die heute nicht selten auch von manchen Christen bei ihrer Meditation verwendet werden. Die Grundausrichtung und die methodischen Hinweise im vorliegenden Dokument wollen nicht nur bei diesem Problem, sondern auch allgemeiner für die verschiedenen Gebetsformen, die heute in der kirchlichen Praxis, zumal in Verbänden, Bewegungen und Gruppen verwendet werden, einen Bezugspunkt bieten.

2 Zum Buche der Psalmen im Gebet der Kirche vgl. *Institutio generalis de Liturgia Horarum, nn. 100-109.*

3 Vgl. z. B. *Ex 15; Dtn 32; 1 Sam 2; 2 Sam 22,* einige prophetische Texte und 1 Chr 16.

4 Dogm. Konst. *Dei Verbum,* Nr. 2. Dieses Dokument bietet weitere wesentliche Hinweise für ein theologisches und geistliches Verständnis des christlichen Gebetes; vgl. z. B. Nr. 3,5,8,21.

5 Dogm. Konst. *Dei Verbum,* Nr. 25.

6 Zum Gebet Jesu vgl. *Institutio generalis de Liturgia Horarum,* nn. 3-4.

7 Vgl. *Institutio generalis de Liturgia Horarum,* n. 9.

8 Die Pseudognosis betrachtete die Materie als etwas Unreines und Verderbtes, das die Seele in eine Unwissenheit führte, aus der das Gebet sie hat befreien sollen, um sie zur wahren höheren Erkenntnis und damit zur Reinheit zu erheben. Gewiss waren nicht alle dazu befähigt, vielmehr nur die wahrhaftig geistlichen

Menschen; für die einfachen Gläubigen genügten der Glaube und die Beobachtung der Gebote Christi.

9 Die Messalianer wurden schon vom hl. EPHREM DEM SYRER angezeigt (*Hymni contra Haereses* 22, 4, ed, E. Beck, CSCO 169,1957,79) und später u. a. von EPIPHANIUS VON SALAMIS (Panarion, auch als Adversus Haereses bezeichnet: PG 41,156-1200; PG 42,9-832) und AMPHILOCHIUS, Bischof von Ikonium (Contra haereticos: G. Ficker Amphilochiana 1, Leipzig 1906, S. 21-77).

10 Vgl. z.B. HL. JOHANNES VOM KREUZ, *Aufstieg zum Berge Karmel,* II. Kap. 7, 11.

11 HL. THERESA VON JESUS, *Leben* 12, 5 und 22,1-5)

12 *Abulae habita in honorem Sanctae Teresiae:* ASS, 75 (1983), S. 256-257.

13 Vgl. z. B. „Die Wolke des Nichtwissens", das spirituelle Werk eines unbekannten englischen Schriftstellers aus dem 14. Jahrhundert.

14 Der Begriff des „Nirvana" wird in den religiösen Texten des Buddhismus als ein Zustand der Ruhe verstanden, die im Erlöschen jeder konkreten Wirklichkeit, insofern sie vergänglich und daher enttäuschend ist und Schmerz bereitet, besteht.

15 Meister Eckhart spricht von einem Eintauchen „in den weiselosen Abgrund der Gottheit, der eine Finsternis ist, in der das Licht der Dreifaltigkeit nie geschienen hat" Vgl. die Predigt *„Ave gratia plena"* gegen Ende (J. Quint, *Deutsche Predigten und Traktate,* Hanser 1955, S. 261).

16 Vgl., Pastoralkonstitution *Gaudium et spes,* Nr. 19, 1: „Ein besonderer Wesenszug der Würde des Menschen liegt in seiner

Berufung zur Gemeinschaft mit Gott. Zum Dialog mit Gott ist der Mensch schon von seinem Ursprung her aufgerufen: er existiert nämlich nur, weil er, von Gott aus Liebe geschaffen, immer aus Liebe erhalten wird; und er lebt nicht voll gemäß der Wahrheit, wenn er diese Liebe nicht frei anerkennt und sich seinem Schöpfer anheimgibt."

17 Wie der hl. Thomas bezüglich der Eucharistie schreibt: „... proprius effectus huius sacramenti est conversio hominis in Christum, ut dicat cum Apostolo: Vivo ego, iam non ego; vivit vero in me Christus (Gal 2,20)" (*In IV Sent.,* d. 12 q 2 a 1).

18 Erklärung *Nostra aetate,* Nr. 2.

19 HL. IGNATIUS VON LOYOLA, *Geistliche Übungen,* Nr. 23 und öfter.

20 Vgl. *Kol 3,5; Röm 6,11 ff, Gal 5,24.*

21 HL. AUGUSTINUS, *Enarrationes in Psalmos* XLI, 8: PL 36,469.

22 HL. AUGUSTINUS, *Confessiones 3,6,* 11: PL32,688; vgl.auch *DeveraReligione 39,72: PL 34,* 154.

23 Der positive christliche Sinn des „Sich-Entleerens" von den Geschöpfen leuchtet beispielhaft bei Franz von Assisi auf. Gerade weil er aus Liebe zum Herrn den Geschöpfen entsagt hat, sieht der hl. Franziskus sie alle erfüllt von seiner Gegenwart und strahlend in ihrer Würde als Geschöpfe Gottes, und er stimmt in seinem Sonnengesang die verborgene Melodie des Seins an (vgl. C. Esser, *Opuscula sancti Patris Francisci Assisiensis,* Ed. Ad Claras Aquas, Grottaferrata (Roma) 1978, pp. 83-86). Im gleichen Sinn schreibt er im „Brief an die Gläubigen": „Ihm aber, der so Schweres für uns erduldet und so viel Gutes erwiesen hat und in Zukunft erweisen wird - jegliche Kreatur, die im Himmel, auf der Erde, im Meer und in den Tiefen ist, soll Gott Lob, Herrlichkeit, Ehre und Benedeiung

erweisen (0ffb 5,13), weil er unsere Kraft und Stärke ist, er, der allein gut ist (Lk 18, 19), allein der Höchste, allein allmächtig, bewundernswert, herrlich und allein heilig, lobwürdig und gepriesen durch die unendlichen Ewigkeiten der Ewigkeiten. Amen" (vgl. ebd., *Opuscula...*, n. 124).
Der hl. Bonaventura bemerkt, dass Franziskus in jedem Geschöpf den Anruf Gottes vernahm und seine Seele in einem großen Hymnus der Anerkennung und des Lobes ausbrechen ließ (vgl. *Legenda S. Francisci,* cap. 9, n. 1, *in Opera Omnia,* ed. Quaracchi 1898, Vol. VIII, p. 530).

24 Vgl. z. B. HL. JUSTIN, Apologia 1, 61,12-13: PG 6,420-421; KLEMENS VON ALEXANDRIEN, Paedagogus 1, 6,25-31: PG 8,281-284; HL. BASILIUS VON CÄSAREA, Homiliae diversae, 13, 1: PG31,424-425; HL. GREGORVON NAZIANZ, *Orationes 40,3, 1: PG 36,361.*

25 Dogm. Konst. *Dei Verbum,* Nr. 8.

26 Die Eucharistie wird in der Dogmatischen Konstitution *Lumen gentium* als Quelle und Höhepunkt des ganzen christlichen Lebens" bezeichnet (Lumen gentium, Nr. 1 1); in ihr erhalten wir wirklich Anteil am Leib des Herrn und werden zur Gemeinschaft mit ihm ... erhoben" (Lumen gentium, Nr. 7).

27 Vgl. THERESA VON JESUS, *Seelenburg IV,* 1, 2.

28 Kein Beter wird ohne besondere Gnade eine Gesamtsicht der Offenbarung Gottes anstreben, wie der hl. Gregor der Große sie vom hl. Benedikt schildert, oder jenen mystischen Aufschwung, mit dem der hl. Franz von Assisi Gott in all seinen Geschöpfen betrachtet hat, oder eine ähnlich umfassende Vision, wie die dem hl. Ignatius am Fluss Cardoner zuteil wurde und von der er sagt, sie hätte für ihn im Grunde die Stelle der Heiligen Schrift einnehmen können. Die vom hl. Johannes vom Kreuz beschriebene „dunkle Nacht" ist Teil seines persönlichen Gebetscharismas:

Nicht jedes Mitglied seines Ordens muss es in der gleichen Weise leben, um zu jener Vollkommenheit des Gebetes zu gelangen, zu der es von Gott berufen ist.

29 Zur Berufung des Christen zu „mystischen" Erfahrungen kann sowohl das gehören, was der hl. Thomas als lebendige Erfahrung Gottes durch die Gaben des Geistes bezeichnet, als auch die unnachahmlichen Formen (die man daher auch nicht erstreben darf) einer Mitteilung der Gnade. Vgl. HL. THOMAS VON AQUIN, *Summa Theologiae,* ja IaIIae, 1 c, auch a. 5 ad 1.

30 Vgl. z. B. die alten Schriftsteller, die von der Gebetshaltung betender Christen sprechen: TERTULLIAN, *De oratione* XIV: PL 1, 1170, XVII: Pl 1, 1174-1176; ORIGENES, *De oratione* XXXI,2: PG 1 1, 550-553; zur Bedeutung dieser Geste vgl. BARNABAS, Epistula XII,2-4: PG 2,760-761; HL. JUSTIN, *Dialogus* 90,4-5: PG 6,689-692; HL. HIPPOLYT VON ROM, Commentarium in Dan. Ill, 24: GCS I, 168, 8-17; ORIGENES, Homiliae in Ex. XI, 4: PG 12, 377- 378.
Zur Haltung des Körpers s. a. ORIGENES, *De oratione* XY-XL, 3: PG 11, 553-555.

31 Vgl. HL. IGNATIUS VON LOYOLA, *Geistliche Übungen,* Nr. 76.

32 Wie zum Beispiel jene der hesychastischen Einsiedler. Die äußerliche und innerliche Hesychia oder Ruhe wird von diesen als Vorbedingung des Betens angesehen; in ihrer östlichen Form ist sie durch Einsamkeit und Techniken der Sammlung gekennzeichnet.

33 Die Übung des „Jesusgebetes", das im Wiederholen einer dicht mit biblischen Bezügen, mit Anrufung und Bitte angereicherten Formel besteht (z.B. „Herr Jesus Christus, Sohn Gottes, erbarme dich meiner"), passt sich dem natürlichen Atemrhythmus an. Siehe dazu HL. IGNATIUS VON LOYOLA, *Geistliche Übungen,* Nr. 258.

34 Vgl. *1 Thess 5,17.* Vgl. andererseits *2 Thess 3,8-12.* Aus diesen und anderen Texten ergibt sich das Problem: Wie soll man die Verpflichtung zum ständigen Gebet mit der Verpflichtung zur Arbeit verbinden? Vgl. u. a. HL. AUGUSTINUS, *Epistula* 130,20: PL 33,501-502 und HL. JOHANNES CASSIANUS, *Deinstitutis coenobiorum* III, 1-3: SC109,92-93.Man lese ferner die „Abhandlung über das Gebet" von AFRAHAT, dem ersten Vater der syrischen Kirche und zumal die Nummern 14-15 nach, die den sogenannten „Werken des Gebetes" gewidmet sind (vgl. die Ausgabe von J. Parisot, *Afraatis Sapientis Persae Demonstrationes, IV: PS 1,* pp. 170- 174).

35 Vgl. HL. THERESA VON JESUS, *Seelenburg* VII, 4, 6.

36 HL. AUGUSTINUS, *Enarrationes in Psalmos* CXLII, 6: PL 37, 1849. S. a. HL. AUGUSTINUS, *Tract. in Joh.* IV, 9: PL 35,1410: „quando autem nec ad hoc dignum se dicit, vere plenus Spiritu Sancto erat, qui sic servus Dominum agnovit, et ex servo amicus fieri meruit".

Anhang 2

Erklärung über das Verhältnis der Kirche zu den nichtchristlichen Religionen

Vaticanum II, 28. Oktober 1965

2. Von den ältesten Zeiten bis zu unseren Tagen findet sich bei den verschiedenen Völkern eine gewisse Wahrnehmung jener verborgenen Macht, die dem Lauf der Welt und den Ereignissen des menschlichen Lebens gegenwärtig ist, und nicht selten findet sich auch die Anerkenntnis einer höchsten Gottheit oder sogar eines Vaters. Diese Wahrnehmung und Anerkenntnis durchtränkt ihr Leben mit einem tiefen religiösen Sinn. Im Zusammenhang mit dem Fortschreiten der Kultur suchen die Religionen mit genaueren Begriffen und in einer mehr durchgebildeten Sprache Antwort auf die gleichen Fragen. So erforschen im Hinduismus die Menschen das göttliche Geheimnis und bringen es in einem unerschöpflichen Reichtum von Mythen und in tiefdringenden philosophischen Versuchen zum Ausdruck und suchen durch aszetische Lebensformen oder tiefe Meditation oder liebend-vertrauende Zuflucht zu Gott Befreiung von der Enge und Beschränktheit unserer Lage. In den verschiedenen Formen des Buddhismus wird das radikale Ungenügen der veränderlichen Welt anerkannt und ein Weg gelehrt, auf dem die Menschen mit frommem und vertrauendem Sinn entweder den Zustand vollkommener Befreiung zu erreichen oder - sei es durch eigene Bemühung, sei es vermittels höherer Hilfe - zur höchsten Erleuchtung zu gelangen vermögen. So sind auch die übrigen in der ganzen Welt verbreiteten Religionen bemüht, der Unruhe des menschlichen Herzens auf verschiedene Weise zu begegnen, indem sie Wege weisen: Lehren und Lebensregeln sowie auch heilige Riten.

Die katholische Kirche lehnt nichts von alledem ab, was in diesen Religionen wahr und heilig ist. Mit aufrichtigem Ernst betrachtet

sie jene Handlungs- und Lebensweisen, jene Vorschriften und Lehren, die zwar in manchem von dem abweichen, was sie selber für wahr hält und lehrt, doch nicht selten einen Strahl jener Wahrheit erkennen lassen, die alle Menschen erleuchtet. Unablässig aber verkündet sie und muss sie verkündigen Christus, der ist der „Weg, die Wahrheit und das Leben“ (Joh 14, 6), in dem die Menschen die Fülle des religiösen Lebens finden, in dem Gott alles mit sich versöhnt hat (Vgl. 2 Kor 5,18-19) .
Deshalb mahnt sie ihre Söhne, dass sie mit Klugheit und Liebe, durch Gespräch und Zusammenarbeit mit den Bekennern anderer Religionen sowie durch ihr Zeugnis des christlichen Glaubens und Lebens jene geistlichen und sittlichen Güter und auch die sozialkulturellen Werte, die sie bei ihnen finden, anerkennen, wahren und fördern.

Anhang 3

Christliches Yoga?[1]

Contra:

1. Yoga entzieht dem, der es praktiziert, *alle* körperlichen und geistigen Kräfte, ist eine geistige und auf eine bestimmte Art auch körperliche „Verwirklichung“; vernebelt daher die Notwendigkeit der „Wahrheitsfindung“, ja sogar den Begriff „Wahrheit“: nur die Erfahrung zählt. Verweigerung der kritischen Betrachtung. Flucht vor Problemen.

2. Adogmatismus, der durch die Ausdehnung des Yoga auf den Buddhismus, auf Zen, verstärkt wird.

3. Gleichgültigkeit dem Wahren gegenüber, die durch den Monoideismus verstärkt wird, den Yoga aus sich hervorbringt. Konzentration auf eine Form der Darstellung – oder, auf höherer Ebene, sogar auf das Nichtvorhandensein jeglicher Darstellung ...

4. Gewöhnung an ein Leben ohne Gnade. Unerschütterlichkeit, Unabhängigkeit des Yogi, der alles seiner Willenskraft *verdankt*. ...

5. Gewöhnung sogar an ein Leben ohne Gott: die Idee Gott, wenn sie aufrechterhalten wird, kommt von außen zum Yoga hinzu. Ohne Fremdeinfluss ist Yoga ein Pragmatismus *„ohne Gott.“* Historischer Ursprung theistisch oder atheistisch? Entwicklung atheistisch. Später Theismus.

---

1 „Le témoignage de Jules Monchanin“, von Francoise Jacquin, Internationale kath. Zeitschrift „Communio“, XIII, 4. Juli-August 1988, S. 111-112.
Diese Bemerkungen stammen sicher aus den Jahren 1948-1949; veröffentlicht in der Zeitschrift Axes vom Oktober-November 1969, S. 29-30 und aufgegriffen von S. Siauve, Die Lehre von Madhva, Draita-vedanta, Pontichèry, 1968, S. 241-242

6. Lange Prägung durch das theoretische Yoga-Samkhya-: Darin kommt Gott teils nicht vor, teils ist er zumindest untätig: der dynamische Ursprung ist Prakriti.
Neigung zum Naturalismus. Die Wertschätzung des Yogi gilt jedoch nur der *gezähmten Dynamik,* nicht der Ruhe.
7. Lange tantrische Prägung. Subtile Sexualität, die sich sogar in die Hirnfunktionen einschleicht. Zweideutige Sublimation in „physischer", „koenästhésischer" Ruhe und Beseligung. Sogar nach dem „Tod", sagen diejenigen, die daran glauben.

8. Suche nach dem Wunderbaren: *siddhi,* nach thaumaturgischer Kraft oder deren Erscheinungsformen.

9. Der Begriff Sünde hat in diesem System keinen Platz.

10. Nimmt, um eine Herausforderung zu haben, ein „Zeitalter" christlichen Glaubens an. Liefert sich ganz dem Guru aus. Also Mischung von Suggestion und Autosuggestion.

Pro:

1. Wegen seiner Adogmatik kann man Yoga aus dem hinduistischen Rahmen herauslösen. Daher kann Yoga buddhistische, dschinistische, islamistische Färbung annehmen und wird auch von bestimmten Sufis praktiziert.[2]

2. Der panindische Charakter des Yoga erfährt eine Schwächung dadurch, dass sich Yoga zur gleichen Zeit (in Indien vielleicht

2 In diesem Fall trennt sich unsere Auffassung von der des Père Monchanin, denn Yoga hat eine ihm eigene, praktische Dogmatik, nämlich, dass „die letzte Wahrheit" in der Erfahrung des Seins liegt, zu der Yoga hinführt. Deshalb konnte Père Monchanin als Beispiel nur religiöse Strömungen anführen, die tatsächlich der Naturmystik zuzurechnen sind. Das trifft auf den Sufismus zu, sofern man genauer präzisiert. Wir melden aber ernsthaften Widerspruch an, wenn davon die Rede ist, dass der „orthodoxe" Islam Yoga akzeptiert.

etwas früher: Moahenjo daro) ausgedehnt hat auf Zentralasien, Tibet, China und über den Buddhismus – auf Japan.
Wenn Yoga nicht christianisiert wird, bleibt ein wesentlicher Aspekt Indiens, nämlich seine Einstellung zum Körper, für Christus nicht zugänglich.

3. Körperliche Askese bereitet den Weg für die Beherrschung der Sinne, der Vorstellung, des Gedächtnisses, sogar des Denkens. Vollständiger als jede westliche Methode.

4. Der Hesychasmus ist ihm ähnlich, vielleicht sogar schon mit ihm identisch geworden.

5. Ermöglicht nach Nummer 3 eine Sammlung, eine Zurückweisung jeglicher Furcht, und das totaler als irgendeine andere Methode. Also besteht eine Disposition für Mystik. Die Seele ist leer.[3]
... Christliches Yoga kann bezüglich der Absicht und des Zeitaufwandes nichts anderes als begrenzt sein: der Gnade untergeordnet und für diese ständig offen – schließt Gebet und Hingabe nicht aus – Demut des Geistes und kristallene Reinheit. Die mystische Passivität ist das Gegenteil zur Selbsterschaffung des autarken Yogi.

6. Unter der Führung eines weisen Guru zu vollziehen. Wenn es sich als schädlich erweist: Stopp!

---

3 Wir melden gleicherweise einen Vorbehalt an bezüglich der Einschätzung, dass nur eine Form der Mystik existiere, nämlich die des Seins, die tatsächlich durch Yoga begünstigt wird. Wir behaupten, dass die östlichen Techniken, durch die Auflösung des Bewusstseins, zu der sie führen, nicht die persönliche Begegnung mit dem transzendenten Gott vorbereiten, eine Begegnung, die das Wesen der übernatürlichen mystischen Erfahrung darstellt. Die Heiterkeit, in welche die Yogaübungen münden als Frucht einer Versenkung in sich selbst, macht nicht offen für den Empfang der Gnade; die „leere" Seele des Yogi ist eine in ihre eigene Leere getauchte Seele, und zwar bevor sich das persönliche Bewusstsein gebildet hat. Sie ist daher unfähig, einen Dialog mit einem göttlichen Anderen aufzunehmen, der sie möglicherweise heimsucht.